JN441093

공인중개사,
사무실을 경영하지 못하면
끝이다!

계약보다 무서운 부동산 중개사무소 운영기

공인중개사, 사무실을 경영하지 못하면 끝이다!

김명시 지음

두드림미디어

계약은 배울 수 있었지만, 경영은 오직 버티며 깨달아야 했다

결과는 저녁에 결정되지만, 방향은 아침 문 앞에서 정해집니다. 설명보다 먼저 움직이는 것은 문 손잡이의 각도와 "앉자"라는 한마디입니다.

비 오는 아침이었습니다. 우산에서 떨어지는 물방울이 유리문에 동그란 점을 찍었습니다. 유리문을 미는 순간, 고무 패킹이 짧게 붙들다 놓는 소리가 났습니다. 그 소리가 이상하게 저를 진정시켰습니다. '오늘도 시작이구나' 하는 신호 같았습니다.

불을 켤 때의 순서는 늘 같습니다. 복도, 상담실, 사무실, 그리고 세미나실. 불이 켜질수록 어제 남아 있던 것들이 눈에 들어왔습니다. 상담석 의자 다리 자국, 복도에 굳은 테이프 끝, 화이트보드 귀퉁이에 남은 마커 얼룩. 사무실의 피로가 남긴 잔상들이었습니다. 컵 받침을 반 바퀴 돌려 수평을 맞추고, 전선 한 가닥을 책상 뒤로 살짝 밀어 넣었습니다. 이런 작은 각도부터 잡아놓아야 오늘의 말들이 덜 흔들립니다. 아직 아무도 오지 않은 사무실에서 저는 혼잣말하는 습관이 있습니다.

"오늘은 서두르지 말고, 먼저 앉히자."

제가 하는 일은 화려하지 않습니다. 매일 같은 질문, 같은 종이, 같은 자판의 눌림. 그런데 그 순서를 하루에 몇 번이라도 제대로 맞추면 결과가 달라집니다. 그게 경영이라고, 저는 믿습니다.

복도에서 발소리가 가까워졌습니다.

"대표님, 안녕하세요."

정민우 본부장이 습기 찬 코트를 털고 들어왔습니다. 그러고는 손에 쥔 태블릿을 켜며 말했습니다.

"오늘 11시, 금강리버타운 1층 코너. 카페 인수 보시는 김상훈 대표님, 동선이 카운터 앞에서 살짝 막힙니다. 의자 폭만 줄이면 괜찮을 것 같습니다. 주차는 지하 1층으로 안내했고, 진입로 경사가 조금 급해서 입구 표지를 엘리베이터 방향으로 붙여 두겠습니다."

"좋아요. 현장에서는 설명을 줄이고 먼저 앉게 만들고요. '앉아 보시죠' 한마디가 오늘의 절반입니다."

"네. 오후 4시 새롬프라자 2층 공실은 채광이 좋고, 실외기 소음은 낮에만 좀 들릴 것 같아요. 엘리베이터 앞 시야는 탁 트여 있습니다."

"그것은 제가 직접 들어보고 판단할게요. 오늘은 긴말 없이, 결정하기 좋은 자리를 먼저 만들자고요."

문이 다시 열렸습니다.

"대표님, 사진 두 장만 들고 가요."

유서연 이사가 얇은 폴더를 보여줬습니다. 종이는 무광이었습니다. 반짝거림이 없어서 마음에 들었습니다.

"글자 없이 각도만 보여주는 컷이요. 오전 빛, 오후 그림자."

"좋아요. 자료는 앉은 다음에 먼저 꺼내면 설명이 길어집니다."

"테이블 오른쪽 아래에 조용히 둘게요."

그녀가 폴더를 닫으며 웃었습니다. 우리는 오래 같이 일한 사이처럼 보였지만, 각자 마음속에는 늘 긴장이 있었습니다. 이 일을 하는 사람이라면 누구나 아는 긴장. '오늘은 흐트러지지 않을까?' 하는 두려움이자, '오늘도 버틸 수 있다'라는 희망의 사이에서 벌어지는 줄다리기.

전화가 울렸습니다. 액정에는 '광고 대행-신규 제안'이라는 글자가 떴습니다.

"네, 김명식 대표입니다."

"대표님, 이번 주 메인배너 상단을 고정하면 노출이 확 올라갑니다."

"오늘은 오른쪽 사이드에 '현장 보기' 버튼만 위로 올려 주세요. 예약부터 받겠습니다. 보고서는 저녁에 주세요."

"네, 반영하겠습니다."

전화를 끊고 컵을 들어 올렸습니다. 손잡이의 차가운 감촉이 새삼 느껴졌습니다. 컵을 슬며시 내려놓았습니다. '오전에는 말을 되도록 줄이자. 길면 멀어진다'를 속으로 되뇌었습니다. 그것은 수십 번의 경험으로 배웠습니다. 9시가 가까워지자 다른 직원들이 들어왔습니다. 의자 다리 패드가 들려 '삑' 소리가 났습니다. 저는 몸을 숙여 패드를 눌러 붙였습니다. 복사기에 종이가 걸리자 커버를 열어 모서리를 살며시 들어 올려 뺐습니다.

"대표님, 그냥 껐다 켜시면 안 됩니다. 그건 마지막에…."

직원들이 가볍게 웃었습니다. 이런 순간들이 공기를 만듭니다. 큰 소리나 멋있는 말로 만드는 게 아니라, 작은 소음을 줄이고 작은 틈을 채우는 습관으로 쌓이는 공기. 사무실의 기후는 그래서 쉽게 변하지 않습니다. 변하면 오래갑니다.

10시 10분, 건물주 C에게서 휴대폰 문자가 왔습니다.

〈보증금 +1,000 생각〉

정 본부장이 고개를 들었습니다.

“어제는 그런 이야기가 없었는데요. 점심 전에 통화해서 오픈 날짜부터 고정할게요. 조건은 그다음에 이야기하겠습니다.”

“네.”

저는 답장을 보내지 않았습니다. 문자로 흥정을 시작하면 대화가 길어집니다. 전화로 한 호흡에 말해야 합니다. 차에 오르자 비가 조금 더 굵어졌습니다. 신호 대기 중에 유서연 이사가 봉투를 건넸습니다.

“대표님, 오늘은 이 두 장만요. 낮 11시 빛, 오후 3시 그림자.

“좋아요. 내가 먼저 설명하기보다 보게 하고, 묻자입니다.”

“네.”

정 본부장이 내비게이션 시간을 확인했습니다.

“11시 5분쯤 해가 정면에서 살짝 비스듬히 들어옵니다. 그때 한 장만 보여주면 좋습니다.”

“그러면 제 멘트도 한 줄로 하겠습니다. ‘이 각도면 오후에도 밝습니다.’ 그 이상은 필요 없을 것 같아요.”

현장에 도착했을 때 가게 앞 인도에 짧은 그늘이 생겼습니다. 실내는 생각보다 따뜻했고, 공기 중에 희미한 커피 냄새가 남아 있었습니다. 김

상훈 대표는 이미 와 있었습니다. 검정 패딩을 입고, 얇은 봉투를 들고 있었습니다.

"안녕하세요. 김 대표님."

"아, 대표님. 비가 와서 길이 좀 막히네요."

"오늘은 길게 안 하겠습니다. 먼저 앉아 보시죠."

저는 의자 간격을 한 뼘 조금 더 줄여서 앉고 싶은 폭을 만들었습니다. 김 대표가 앉자마자 손등을 테이블 모서리 위에 가만히 올렸습니다. 그 순간, 덜어낸 설명들이 제 역할을 했습니다. 멈춤은 말보다 빠릅니다.

유 이사가 사진 한 장을 테이블 가운데로 조용히 밀었습니다.

"이게 오전 11시의 빛이고, 이것은 오후 3시의 그림자예요. 저녁 7시는 간판 불빛이 이 라인을 타고 들어옵니다."

김 대표의 눈이 사진에서 실물로, 실물에서 다시 사진으로 옮겨 다녔습니다.

"동선은 어떤가요?"

정 본부장이 계산대 앞 타일 한 칸을 손끝으로 가리켰습니다.

"여기서 20cm만 뒤로 빼면 회전이 짧아집니다. 카운터는 사선 45도면 시선 끊김이 없고요."

저는 한마디만 덧붙였습니다.

"조건은 차후 차분히 정리하고, 일정부터 보시죠. 12월 1일 오픈 어떠세요?"

김 대표는 고개를 끄덕였습니다.

"그날로 하죠."

의자 다리가 바닥을 스치는 소리가 짧게 났습니다. 흔한 소리였지만, 제게는 그 소리가 '결정'이라는 단어로 들렸습니다. 사무실로 돌아오는 길에 건물주 C에게 전화를 걸었습니다.

"사장님. 오늘은 한 가지부터 정하시죠. 오픈은 12월 1일로 잡고, 보증금은 다음 주에 다시 보시죠. 공실이 하루 늘면 손실이 더 큽니다."

전화기 너머에서 숨을 고르는 소리가 났습니다.

"…그래요. 오늘은 오픈 먼저."

"감사합니다. 서류는 오후에 정리해서 전달하겠습니다."

점심은 늘 그렇듯 간단합니다. 짜장면, 짬뽕과 미니 탕수육.

"오후 콜백은 여섯 통만 합시다. 문장은 그대로."

유 이사가 젓가락을 내려놓았습니다.

"'오늘 5시와 내일 11시 중에 어느 시간이 편하세요?' 맞죠?"

"네. '언제 가능하세요?'는 금지. 그 한 문장이 대화 길이를 정합니다."

정 본부장이 웃으며 끼어들었습니다.

"답이 늦으면 '일단 5시로 잡아두고, 필요하면 11시로 바꿀까요?'로 당기기."

"좋아요. 끌어당기되 밀지는 말자."

오후 3시가 조금 넘어, 건물주 부부가 사무실로 들어왔습니다. 남편은 장부를 들고, 아내는 휴대폰으로 찍은 사진들을 보여줬습니다.

"세입자가 자주 바뀌면 이미지가 나빠져요. 이 동네에서 그게 제일 무서워요."

저는 의자 등받이를 조금 뒤로 밀었습니다. 말을 붙잡지 않고 먼저 숨을 길게 두었습니다. 창밖으로 비가 잦아드는 소리가 희미하게 들렸습니다. 손가락이 컵 가장자리를 한 바퀴 돌았다가 멈췄습니다. 그 잠깐의 정적이 방 안의 긴장을 내렸습니다.

"맞습니다. 그래서 오늘은 한 가지만 정하죠. 청소 기준일을 계약서에 넣겠습니다. 입주 전날 오후 4시 완료. 그 날짜 하나면 첫인상은 지켜집니다."

부부가 눈을 마주 보고, 거의 동시에 고개를 끄덕였습니다.

"그걸로 합시다."

"감사합니다. 나머지는 저희가 문서로 정리해서 드리겠습니다."

긴 설명보다 한 줄의 기준이 빠릅니다. 기준을 세우는 게 곧 경영입니다. 새롬프라자 현장에 도착했을 때, 엘리베이터 앞 복도는 긴 은색 라인처럼 빛을 끌어당기고 있었습니다. 실외기 소리가 낮게 깔렸지만, 엘리베이터 도착 음에 곧 묻혔습니다. 손잡이를 천천히 돌려봤습니다. 헐거웠습니다. 관리실에 바로 요청 메모를 보냈습니다. 손잡이가 주는 첫 감각은 생각보다 중요합니다. 싸구려 느낌은 싸구려 마음을 부릅니다.

문의 고객인 30대 부부가 유모차를 밀고 들어왔습니다.

"엘리베이터에서 내리자마자 바로 보여서 좋네요."

"맞습니다. 보이는 곳은 기억됩니다. 답답하지 않으시죠?"

부인이 천천히 고개를 저었습니다.

"층고가 높아서 괜찮네요."

유모차 바퀴가 난간 모서리에 잠깐 걸렸습니다. 정 본부장이 재빨리 각도를 바꿔 줬습니다.

"여기만 고치면 편하실 거예요."

남편이 고개를 끄덕였습니다.

"세세하게 보시네요."

"사무실은 보통 이런 작은 각도에서 오래갑니다."

저는 말을 멈추고, 그들의 표정을 기다렸습니다. 10초 정도 지났을까요? 부인이 먼저 입을 열었습니다.

"이 공간으로 진행하고 싶어요."

"그러면 오늘은 날짜만 정하시죠. 조건은 저녁에 제가 정리해서 보내드리겠습니다."

"네."

결정은 조용히 났습니다. 의자는 그대로였고, 우리는 웃지도, 환호하지도 않았습니다. 대신 마음속의 긴장이 조금 느슨해졌습니다. 그 정도면 충분했습니다. 사무실로 돌아오자 하늘이 조금 개었습니다. 노을이 사무실 유리에 닿아 색을 바꿨습니다. 저는 자리에 앉아 도장 케이스를 열었다 닫았다 했습니다. 잉크 냄새는 늘 하루의 끝을 알려주곤 했습니다.

제가 먼저 말을 시작했습니다.

"오늘 잘한 것부터 말해봅시다."

정 본부장이 손을 들었습니다.

"현장 3곳 모두 '앉히고, 보여주고, 묻는' 순서를 지켰습니다."

유 이사도 고개를 끄덕였습니다.

"문의 문장을 통일하니 답이 빨랐어요. '언제 가능하세요?'는 확실히 대화가 길어져서 제외."

저는 오전에 화이트보드에 적은 문장을 손으로 문질러 지웠습니다. 손끝에 묻은 검은 가루를 휴지로 닦아내며 생각했습니다.

'오늘 하루를 숫자로 적어도 좋지만, 숫자보다 먼저 남는 것은 표정과 공기다. 우리가 만들고 지키는 것은 사실 '기후'에 가깝다.'

어느 날 갑자기 확 좋아지거나 확 나빠지는 것이 아니라, 아주 서서히 변하기 시작해 어느 순간 다른 곳이 되어 있는 상태. 그게 사무실의 기후, 곧 경영의 얼굴이었습니다.

6시 10분, 사무실은 조용해졌습니다. 몇몇 직원이 쓰레기봉투를 묶는 소리가 멀리서 났습니다. 창문을 한 뼘 여니 밤공기가 들어왔습니다. 작은 바람이 화이트보드의 종이 모서리를 살짝 들었습니다. 그 종이에 짧게 적었습니다.

〈내일의 첫 문장 : 앉게 만들고, 보게 하고, 묻는다.〉

그게 전부였습니다. 거창한 계획도, 새로 배운 기술도 아니었습니다. 그런데 이상하게도, 그 세 동사는 나를 편하게 했습니다. 내일도 해낼 수 있겠다는, 근거 없는 자신감을 줬습니다. 이런 자신감은 어쩌면 근거가 있었습니다. 작은 일을 같은 순서로 꾸준히 하는 일. 그게 결국 우리를 살렸습니다. 결과는 저녁에 쓰이지만, 경영은 아침 문 앞에서 시작한다는 사실을 오늘도 다시 확인했으니까요.

문을 잠그기 전에 마지막으로 사무실을 둘러봤습니다. 의자 간격, 문 손잡이, 카운터의 각도, 전선의 위치, 종이컵 받침의 수평. 누군가 내일 아침에 문을 열었을 때, 사무실이 먼저 인사할 수 있도록요.

"오늘도 수고했다."

조용히 말했습니다. 누구에게 하는 말인지 모르겠지만, 사무실이 듣고 알아듣는 것 같았습니다. 밖으로 나와 우산을 폈습니다. 빗소리가 조금 잦아들었습니다. 바닥에 비친 간판 글자가 흔들렸습니다. 한 발짝 더 걸어가다 멈추고 뒤돌아봤습니다. 불이 꺼진 사무실이 유리 뒤에서 저를 내려다보고 있었습니다. 그 유리 안에는 오늘의 말과 멈춤, 의자 간격과 사람들의 표정, 그리고 몇 번의 결정을 향해 나아간 몸의 움직임이 그대로 남아 있었습니다.

저는 웃음을 삼켰습니다. 마음이 조금 부드러워졌습니다.

내일도 같은 순서로, 그게 우리 사무실의 가장 긴 계약서입니다.

김명식

차례

6장. 철학이 없는 사무실은 금세 방향을 잃는다

7장. 사무실을 넘어, 나 자신을 경영하라

에필로그

1장

일은 쉬워졌는데, 왜 사무실은 더 어려워졌을까?

경영의 첫 단계는 '나'를 운영하는 일이다

아침 7시, 건물 복도는 조용했고 엘리베이터 문이 닫히는 소리가 멀어질 때쯤 저는 사무실 문 앞에서 숨을 길게 들이켰습니다.

'오늘도, 나부터 정리하자.'

속으로 말하고 나서야 마음이 조금 가벼워졌습니다. 유리문을 열고 들어가 조명을 하나씩 켰습니다. 복도, 상담실, 사무실, 세미나실 순서로, 마치 스위치를 올리는 것이 아니라 하루의 장면을 한 컷씩 여는 느낌으로요. 커튼 사이로 아직 흐릿한 아침 빛이 들어왔습니다.

제일 먼저 향한 곳은 커피머신이었습니다. 전원을 켜니 안에서 물이 데워지는 소리가 조용히 울렸습니다. 포터 필터를 빼내어 어제 남은 커피 찌꺼기를 털어내고, 원두를 다시 갈아 담은 뒤 손바닥으로 살짝 눌러 단단하게 다져 줬습니다. 그다음에는 늘 그렇듯 서랍에서 작은 연필깎이를 꺼냈습니다. 검은색 연필을 천천히 돌려 깎을 때 나는 나무 냄새를 저는 유난히 좋아합니다.

'이 냄새를 맡으니 사람들 이야기를 들을 준비가 되는 것 같네.'

마음속으로 중얼거리며 연필 끝을 한번 손등에 톡 찍어 봤습니다. 너무 뾰족하지도, 너무 무디지도 않게요. 예전에는 이 시간에 바로 컴퓨터를 켜고 문자와 카톡, 메일부터 확인하곤 했습니다. 그러다 보면 아침부터 남의 말에 끌려다니기 시작했습니다. 매출이 어떻고, 민원이 어떻고, '대표님, 이거 어떻게 해야 할까요?'라는 메시지에 정신이 빼앗기면, 저도 모르게 하루 종일 쫓기는 사람이 되어 있었습니다. 그래서 어느 순간부터 순서를 바꿨습니다.

'먼저 나부터 정렬하고, 그다음에 사람과 숫자를 본다.'

커피머신에서 첫 샷이 떨어지기 시작하자, 저는 컵에 적당히 받아 한 모금 마셨습니다. 따뜻한 커피가 목을 지나 배 쪽으로 내려가는 느낌이 들 때까지 일부러 천천히 삼켰습니다. 입안이 정돈되는 느낌이 오면, 그때 비로소 오늘의 첫 문장을 노트에 적습니다.

〈오늘 나의 역할 : 뛰는 사람이 아니라, 다듬는 사람〉

글씨를 조금 크게 쓰고, 그 밑에 선을 그어 두었습니다.

'현장은 직원들이 각자 알아서 잘 뛴다. 내가 무너지면, 사무실이 흔들린다.'

이렇게 한 번 더 마음속으로 되뇌고 있을 때, 유리문이 조심스럽게 열렸습니다.

"대표님, 출근했습니다."

유서연 이사가 우산을 접으며 들어왔습니다. 머리카락 끝에 빗물이 맺혀 있었습니다.

"이사님, 오늘 일정은 어떻게 짜셨습니까?"

커피를 한 잔 더 내리며 물었습니다.

유서연 이사가 폴더를 꺼내 펼치며 말했습니다.

"오늘은 오전에 매물 세 군데, 오후에 두 군데입니다. 전부 혼자 움직일 예정이고요. 첫 번째 고객은 이미 한번 보셨던 매장이라 오늘은 '결정' 쪽으로 대화를 가져가 보려고 합니다."

"좋습니다. 오늘도 누구랑 같이 나가시는 것은 없습니까?"

"네, 없습니다. 각자 1인 미팅으로 운영하는 쪽이 리듬이 더 잘 맞는 것 같습니다. 정말 복잡한 건이 생기면 그때 정민우 본부장님과 같이 움직이는 정도로 생각하고 있습니다."

저는 고개를 끄덕였습니다.

"좋습니다. 우리가 가끔 둘이 같이 나가거나 셋이 같이 움직이는 날이 있기는 한데, 그것은 정말 '예외'일 때만 하시죠. 1년에 서너 번이면 충분합니다. 나머지는 각자 자신의 무대에서 한 번에 한 고객씩, 그 흐름이 사무실 전체 흐름이기도 합니다."

그때 복도 쪽에서 무언가 툭 부딪히는 소리가 났습니다.

"대표님, 저도 들어왔습니다."

정민우 본부장이 태블릿을 들고 들어왔습니다. 가볍게 인사하고 제 앞에 앉자마자 이렇게 말했습니다.

"대표님, 어제 마지막 건에서 제가 감정에 조금 휘둘렸던 것 같습니다."

저는 웃으며 커피를 건넸습니다.

"그렇게 느끼셨군요. 어제 표정이 조금 그랬습니다. 자, 오늘은 그 이야기부터 정리해보시죠."

정민우 본부장이 숨을 한번 고르고 말을 이었습니다.

"건물주분이 갑자기 보증금 이야기를 꺼내시면서 목소리가 조금 올라가니까 저도 괜히 속도가 같이 올라가더라고요. 돌아오는 길에 생각해보니까, 그냥 '언제까지 결정하시겠습니까?' 이 한마디만 여쭤봐도 됐는데, 괜히 이것저것 덧붙였습니다."

"좋습니다. 그러면 오늘은 그 지점부터 출발하죠."

저는 연필로 노트에 간단히 적었습니다.

〈오늘 정민우 본부장 미션 : 목소리가 올라갈수록, 말은 짧게〉

"민우 본부장님."

"네, 대표님."

"우리가 '경영을 배운다'라고 하면 다들 돈, 시스템, 직원 관리 이런 이야기를 떠올리시는데, 사실 제일 먼저 봐야 할 것은 자기 목소리입니다. 감정이 올라가면, 사람은 본인도 모르게 말을 많이 합니다. 그게 다 나중에 피로로 돌아오고요."

정민우 본부장이 고개를 끄덕이며 미소를 지었습니다.

"맞는 말씀입니다. 어제 딱 그랬습니다. 설명을 너무 많이 했습니다."

"현장은 본부장님께서 알아서 잘 뛰시면 됩니다. 저는 오늘 본부장님이 감정의 속도만 잘 조절하고 들어오셔도 그것으로 충분합니다."

잠시 침묵이 흐르다가 정민우 본부장이 조심스럽게 물었습니다.

"대표님은 이런 상황에서 본인을 어떻게 관리하십니까?"

저는 잠시 창밖을 바라봤습니다. 빗방울이 유리창을 타고 길게 내려오고 있었습니다.

"저는요. 일단 아침에 아무리 급해도 메시지부터 보지 않습니다. 커피 한 잔을 마시고, 연필 한번 깎고, 오늘 제 표정을 먼저 확인합니다.

거울을 봤을 때 눈이 너무 날카로워 보이면 일부러 웃는 연습도 조금 합니다. 이게 다 '저를 운영하는 일'입니다. 대표가 자기 표정이 어떤지도 모른 채 하루를 시작하면, 직원분들은 금방 눈치를 챕니다. 그 공기가 하루 종일 사무실 안에 남습니다."

유서연 이사가 옆에서 가볍게 웃었습니다.

"맞습니다. 대표님이 말씀 안 하셔도 기분이 안 좋으신 날은 저희도 다 안다니까요?"

저는 손으로 이마를 한번 쓸어내리며 말했습니다.

"그래서 아침에 연필을 깎는 겁니다. 나무 냄새를 맡으면서 '오늘은 조금 부드럽게 가보자'라고 스스로에게 말하는 거죠."

9시가 가까워지자 직원들이 하나둘 들어오기 시작했습니다. 어떤 직원은 파일을 가슴에 안고도 여전히 휴대폰 화면을 들여다보고 있었고, 다른 직원은 "안녕하세요" 인사를 하면서도 얼굴에 피곤이 그대로 남아 있었습니다. 저는 사람들의 걸음걸이와 어깨 모양을 훑어보며 세 사람만 골라 작은 테이블로 불렀습니다.

"자, 오늘은 길게 이야기하지 말고, 짧게만 나눠 보겠습니다. 각자 요즘 머릿속에 제일 많이 도는 생각 한 가지씩 말씀해보실래요?"

첫 번째 직원이 망설이다가 입을 열었습니다.

"저는… '왜 이렇게 일이 안 풀리지?' 이 생각이 자꾸 납니다."

두 번째 직원은 한숨을 쉬고 나서 말했습니다.

"저는 '저만 뒤처지는 것 같다'라는 생각이요."

세 번째 직원은 조금 머쓱한 듯 웃으며 말했습니다.

"저는 솔직히 '이 일을 끝까지 할 수 있을까?'라는 생각이요."

저는 세 사람의 얼굴을 차례대로 바라보다가 이렇게 물었습니다.

"세 분 다 아주 솔직하고 좋은 말씀입니다. 그런데 한 번만 바꿔 볼까요? 질문을 '왜?'로 시작하면 마음이 금방 지칩니다. '왜 나만?', '왜 이것만?' 이런 식으로요. 대신 '그럼 오늘 한 가지만 바꾼다면'으로 시작해보겠습니다. 하루에 딱 한 가지만."

첫 번째 직원에게 고개를 돌렸습니다.

"그러면 오늘 한 가지만 바꾸신다면, 뭐부터 바꾸고 싶으십니까?"

그가 잠시 생각하다가 말했습니다.

"음… 고객이 '생각해볼게요'라고 하실 때 그냥 '네, 알겠습니다'로 끝내지 않고, 최소한 한 번은 시간을 잡아 보겠습니다."

"아주 좋습니다. 그게 바로 '경영'입니다."

직원이 눈을 동그랗게 뜨며 물었습니다.

"그냥 한마디 더 하는 건데, 그게요?"

"네. 그 한마디가 없으면, 본인은 늘 당하는 쪽에 서 있는 겁니다. 그런데 그 한마디를 스스로 꺼내면, 오늘 하루의 방향을 조금은 본인이 움직인 겁니다. 그게 '나를 운영하는 첫걸음'입니다."

두 번째 직원에게 시선을 돌렸습니다.

"그러면 오늘 한 가지만 바꾸신다면요?"

"저는… 다른 직원분들 실적을 오늘은 안 보겠습니다. 단톡방에서 누가 계약서를 썼다는 메시지만 봐도 자꾸 비교되어서요."

저는 미소를 지었습니다.
"아주 현명한 선택입니다. 오늘 하루만, 남의 숫자 말고 본인 통화 수만 보시죠. 몇 통 했는지, 그것만 세시면 됩니다. 비교는 사실 경영의 반대편에 있는 행동입니다."

세 번째 직원이 머뭇거리다가 입을 열었습니다.
"저는… 오늘은 퇴근 전에 '그만두고 싶다'라는 말을 입 밖으로 안 꺼내 보겠습니다."

주변이 잠깐 조용해졌습니다. 저는 그의 어깨를 한번 바라보다가 최대한 담담한 목소리로 말했습니다.
"그것도 아주 좋은 경영입니다. 사람은 말하는 대로 움직입니다. 스스로한테 던지는 말이 결국 자신을 데리고 가거든요. 오늘 하루만큼은 적어도 말로는 그만두겠다는 표현을 하지 말아 보시죠. 대신 '오늘 하루는 그래도 여기까지 왔다'라는 말을 퇴근 전에 한 번만 해보시면 좋겠습니다."

짧은 아침 회의가 끝나고 직원들은 각각 자리로 돌아갔습니다. 누군가는 바로 전화를 걸었고, 또 누군가는 프린터 옆에서 서류를 정리했습니다. 그 모습을 보며 저는 속으로 이렇게 정리했습니다.
'경영의 첫 단계는 결국 자기 머릿속 문장을 바꾸는 일이다.'

점심 무렵, 정민우 본부장이 다시 제 자리로 와 의자에 털썩 앉았습니다.
"대표님, 오늘 첫 미팅 때 고객분께서 '생각 좀 해보겠다'라고 하셔서요. 순간 어제처럼 '네, 알겠습니다'가 나올 뻔했는데, 아침에 연습한 대로 '그럼 오늘 오후랑 내일 오전 중에 언제 한 번 더 통화를 드리면 좋으시겠습니까?'라고 여쭤봤더니 내일 오전 11시로 잡혔습니다."

저는 손뼉을 한번 가볍게 쳤습니다.

"보이시죠? 어제와 오늘 달라진 것은 현장이 아니라, 본부장님의 머릿속 문장 한 줄입니다."

정민우 본부장이 웃으면서 말했습니다.

"솔직히 오늘 아침에는 '이게 무슨 경영 공부인가?' 싶었는데, 막상 써보니까 제 마음이 훨씬 덜 급해졌습니다. 그냥 '아, 이렇게도 할 수 있구나' 싶어서요."

"그게 바로 '나를 운영하는 힘'입니다. 마음이 급해지면, 계약이랑 상관없는 말까지 자꾸 나오게 됩니다. 그러면 집에 가서 후회하고, 다음 날 또 지치고요."

그때 옆에서 듣고 있던 유서연 이사가 말을 보탰습니다.

"대표님, 그래서 출근 시간이 그렇게 빠르신 거죠? 늘 7시 전에는 오시잖아요."

저는 웃으며 고개를 끄덕였습니다.

"그렇습니다. 저도 사람인데, 그냥 대충 출근하면 하루 종일 휘둘릴 수 있습니다. 그래서 마음이 어지러울수록 아침을 조금 더 길게 씁니다. 커피를 내리고, 연필을 깎고, 오늘 쓸 문장 하나 적고 나서야 비로소 카톡을 엽니다. 그러면 같은 메시지도 다르게 읽힙니다. '아이, 또 사고 났네'가 아니라, '오늘은 이 일부터 차분하게 정리해보자'라는 마음으로요."

오후에는 직원 한 분이 살짝 붉어진 얼굴로 사무실에 들어왔습니다. 막 미팅을 마치고 온 듯했습니다.

"대표님, 잠깐 시간 괜찮으십니까?"

저는 자리에서 몸을 돌려 고개를 끄덕였습니다.

"네, 말씀해보세요. 무슨 일입니까?"

"오늘 고객분이요… 말씀을 자꾸 끊으셔서, 결국 제가 하고 싶었던 이야기를 거의 하지 못했습니다. 나오는데 괜히 제가 작아진 느낌이 들어서요."

저는 그를 맞은편에 앉게 하고 물 한 컵을 건넸습니다.

"자, 그러면 한번 돌려 보죠. 지금 제일 속상한 포인트가 어디입니까? 고객분 때문입니까, 본인 때문입니까?"

직원은 조금 생각하다가 말했습니다.

"솔직히… 저 자신 때문입니다. 왜 거기서 한마디도 제대로 못했을까, 이 생각만 계속 납니다."

"좋습니다. 그러면 지금 당장은 그 생각만 바꿔 보시죠. '왜 못했지?' 대신에, '그 상황을 내일 그대로 다시 만나면, 내가 무슨 말부터 꺼내야 할까?'로요."

직원이 눈을 크게 뜨며 저를 바라봤습니다.

"그럼… '사장님, 그러면 오늘 결정은 여기까지로 하고, 제가 정리해서 내일 오전에 한 번만 더 확인 전화를 드리겠습니다'라고 먼저 말씀드리고 싶습니다."

"그렇죠. 그 한 문장만 준비해가셔도 충분합니다. 오늘은 그 생각 하나만 챙겨가시면 됩니다. 현장은 이미 끝났고, 이제 남은 것은 자기 자신을 어떻게 다루느냐입니다. 그게 경영의 시작입니다."

퇴근 시간이 다가올수록 사무실 소리는 자연스럽게 줄어들었습니다. 프린터가 마지막으로 몇 장을 뽑아냈고, 쓰레기봉투를 묶는 소리, 의자

다리를 들어 올렸다 내려놓는 소리가 차례로 지나갔습니다. 저는 컴퓨터를 끄고, 마지막으로 노트를 펼쳤습니다.

〈오늘 하루, 나를 운영한 세 가지

① 아침에 메시지보다 먼저 내 표정을 점검했다.

② 직원들의 고민을 대신 해결하려 들지 않고, 각자 한 문장씩 바꾸게 도왔다.

③ 감정이 올라간 순간, 말을 줄이는 연습을 했다.〉

마지막 줄을 적고 펜을 덮으면서 혼잣말처럼 중얼거렸습니다.

"사무실을 경영하기 전에, 나를 먼저 경영하자."

불을 끄고 사무실을 나서며 유리문에 비친 제 얼굴을 한번 바라봤습니다. 피곤한 티가 조금 나기는 했지만, 아침에 들어올 때보다는 눈빛이 한결 부드러워져 있었습니다.

'그래, 이 정도면 오늘은 괜찮다' 속으로 그렇게 정리하고 밖으로 나섰습니다. 내일도 문을 열기 전에 똑같이 연필을 깎을 것이고, 커피를 내릴 것이고, 오늘과는 조금 다른 한 문장을 노트에 적게 될 것입니다.

경영의 첫 단계는 숫자, 시스템이 아니라 이렇게 매일 아침 나를 다시 세우는 짧은 루틴이라는 것을 저는 이제야 조금 알 것 같았습니다.

사무실을 움직이는 한 문장

경영의 첫 단계는 숫자가 아니라, 아침 7시 전에 연필을 깎으며 오늘의 나를 정리하는 그 3분이다.

매출이 늘어도 마음은 늘 불안하다

비가 그치고 난 아침, 사무실 공기는 유난히 차분했습니다. 전날 밤, 직원들이 늦게까지 상담을 잡아놓은 덕에 오늘은 모두가 분주할 것임을 이미 알고 있었습니다. 그런데 이상하게도, 매출이 차곡차곡 올라가는 날일수록 저는 마음 한쪽이 더 시끄러웠습니다. 숫자가 좋아질수록 오히려 긴장감이 올라오는 기묘한 감정. 그것을 직원들은 모릅니다. 대표만 압니다.

커피머신 스팀봉에서 나는 짧은 치익 소리를 듣고 있자니, 문이 조심스럽게 열렸습니다.

"대표님, 출근했습니다."

정민우 본부장이 인사를 하며 들어왔습니다. 태블릿을 든 손이 바빠 보였지만 표정은 평소보다 밝았습니다.

"어제 계약 건이 잘 마무리된 모양이군요."

제가 말하자 그는 가볍게 미소 지었습니다.

"네, 대표님. 그런데… 이상합니다."

"뭐가요?"

"계약을 쓰고 나니까 오히려 마음이 조금 허해졌습니다. 잘된 건데, 기분이 계속 나아지지 않습니다."

저는 커피잔을 테이블 위에 내려놓으며 고개를 끄덕였습니다.

"본부장님, 그게 정상입니다."

정 본부장이 놀란 듯 눈을 크게 떴습니다.

"정상이라고요?"

"매출이 올라갈수록 대표와 리더들은 '더 잘해야겠다는 압박'이 번저 옵니다. 기쁨보다 불안이 먼저 옵니다. 그것을 경험하고 있다는 것은 아주 잘 크고 있다는 증거입니다."

정 본부장이 조용히 숨을 내쉬었습니다.

"그럼… 이 감정은 사라지지 않는 건가요?"

"아쉽게도 그렇습니다. 대신, 다루는 법은 배울 수 있습니다."

그때 유서연 이사가 출근했습니다.

"대표님, 민우 본부장님. 또 마음이 들썩거리는군요?"

"네, 이사님. 좋은 건데 불안하다네요."

유 이사가 웃으며 외투를 벗었습니다.

"그건 민우 본부장님이 '이제 리더가 됐다'라는 말이죠. 실적이 안 나올 때보다, 실적이 나올 때가 더 무섭다는 것을 아는 사람만 압니다."

정 본부장이 체념한 듯 의자에 기대며 물었습니다.

"이사님은 그런 적 없으십니까?"

유 이사는 피식 웃었습니다.

"저요? 매달 있죠. 제가 마음이 불안할 때 대표님이 그러셨잖아요."

"뭐라고 했는데요?"

유 이사가 제 쪽을 쳐다봤습니다.

"매출을 쫓지 말고 리듬을 관리해라."

저는 그 말을 듣고 천천히 커피를 마셨습니다.

"맞습니다. 매출은 결과라서 조절할 수 없지만, 리듬은 매일 조절할 수 있습니다."

직원들이 하나둘 도착해 사무실이 조금씩 시끌시끌해지기 시작했습니다. 그런데 이상하게도 오늘은 유난히 직원들의 목소리가 조금 더 높았습니다. 좋은 의미의 밝음이 아니라, 어딘가 들떠 있는 듯한 명랑함이었습니다. 저는 커피잔을 내려놓고 조용히 물었습니다.

"오늘 사무실 공기가 조금 날카로운데, 두 분도 느끼십니까?"

정 본부장이 주위를 둘러봤습니다.

"…그러네요. 다들 웃고 있는데, 조금 과하게 들립니다."

유서연 이사가 덧붙였습니다.

"맞아요. 아마 어제 계약 건들이 많아서 다들 기분이 뜬 것 같습니다. 그런데 이 분위기가 오래가면 오후에 분명 사고가 납니다."

저는 고개를 끄덕였습니다.

"오늘 첫 미팅을 시작하기 전에 싹 잡아줘야겠군요."

잠시 후, 직원 셋을 불러 조용히 앉혔습니다.
"다들 표정은 좋은데, 목소리가 조금 올라갔습니다. 느끼셨습니까?"

직원 한 분이 머쓱하게 웃었습니다.
"어제 계약이 있어서… 조금 기분이 좋았습니다."
"좋은 건 좋습니다. 하지만 기분이 올라가면 실수할 확률도 같이 올라갑니다."

두 번째 직원이 고개를 끄덕였습니다.
"실제로요… 방금 고객과 통화하면서 제가 괜히 말을 길게 했습니다."
"맞습니다. 말이 길어지는 건, 마음이 흔들릴 때 나타나는 첫 신호입니다."

유서연 이사가 조용히 말을 이었습니다.
"여러분, 매출이 잘 나오는 시기에 제일 중요한 것은 '기쁨을 길게 가져가려고 하지 않는 것'입니다."

세 직원이 동시에 고개를 들어 그녀를 바라봤습니다.
"기쁨은 순간이에요. 그걸 잡으려고 하면 손에서 빠져나갑니다. 대신 우리는 루틴을 유지하면 됩니다. 루틴은 사라지지 않거든요."

저는 그 말을 이어받아 말했습니다.
"그래서 오늘 여러분 세 분에게 하나씩만 부탁드리겠습니다. 오전에는 '말 줄이기', 오후에는 '서두르지 않기', 퇴근 전에는 '하루를 다시 정리하기' 이 세 가지만 지킵시다. 매출이 잘 나온 날은 더 잘해야 하는 날이 아니라, 평소 리듬으로 돌아가는 날입니다."

직원들은 돌아가며 고개를 끄덕이며 자리를 떠났습니다. 사무실은 다시 차분해졌고, 정 본부장이 속삭이듯 말했습니다.

"대표님, 확실히 공기가 눌렸습니다. 아까랑 완전히 다릅니다."

"그렇죠. 사무실의 기후는 원래 이 정도가 가장 좋습니다. 너무 조용해서도 안 되고, 너무 들떠서도 안 됩니다."

그때 유 이사가 제 자리 옆으로 와서 말을 이어갔습니다.

"대표님, 사실 어제 저도 살짝 흔들렸습니다."

"무슨 일이 있었습니까?"

"오후 늦게 고객 한 분이 '계약금을 조금만 늦추면 어떻겠냐?'라고 하셨는데… 순간 머릿속에서 여러 계산이 복잡하게 돌았습니다. 그런데 대표님이 예전에 하신 말이 떠올랐습니다."

"제가 뭐라고 했길래요?"

"'고객에게 이끌려서 만든 매출은 당장은 들어와도, 불안은 다음 달에 온다' 그 말이요. 그래서 바로 거절했습니다."

저는 웃으며 고개를 끄덕였습니다.

"잘하셨습니다. 현명하십니다."

정 본부장이 말없이 두 손을 모으더니 조용히 질문했습니다.

"대표님… 그런데 대표님은 매출이 잘 나올 때는 어떤 마음이 드십니까?"

저는 잠시 생각에 잠겼다가 이렇게 말했습니다.

"저는요… 매출이 잘 나오는 날이면 더 불안해집니다."

"왜요?"

"매출은 우리가 직접 만드는 게 아니라, 시장이 허락하는 겁니다. 그래서 매출이 늘어날수록 '이 흐름을 내가 잘 지켜낼 수 있을까?' 하는 두려움이 생깁니다."

정 본부장이 천천히 고개를 끄덕였습니다.

"…그렇군요."

"그렇습니다. 그래서 저는 매출이 늘어날수록 마음을 더 낮춥니다. 낮춰야 오래갑니다."

잠시 정적이 흘렀고, 저는 두 사람을 보며 덧붙였습니다.

"여러분도 반드시 경험하실 겁니다. 실적이 없을 때보다 있을 때가 더 무섭습니다. 대신 이 두려움은 나쁜 게 아닙니다. 잘하고 싶다는 증거니까요."

세미나실로 이동해 노트북을 켜니 다음 주 강연 일정이 떠 있었습니다.

"대표님, 또 강의 있으십니까?"

정 본부장이 물었습니다.

"네. 이번에는 구청 두 군데서 연수교육 요청이 왔습니다. 연달아 두 타임입니다."

"대표님은 현장보다 강의가 더 많으시네요."

저는 미소를 지었습니다.

"그렇죠. 그래서 직원들이 각자 뛰는 구조를 만들어놓은 겁니다. 제가 현장에 나가버리면, 누가 사무실 전체를 살폈습니까?"

유 이사가 고개를 끄덕이며 말을 보탰습니다.

"맞습니다. 대표님이 사무실에 계셔야 저희 리듬이 안 무너집니다."

오후가 되어 직원들이 하나둘씩 미팅에서 돌아오기 시작했습니다. 누군가는 자신감 있는 얼굴로, 누군가는 피곤한 얼굴로, 누군가는 조금 굳은 표정으로 문을 열고 들어왔습니다. 그 모습을 보면서 저는 새삼스레 느꼈습니다.

'우리는 매일 다른 표정으로 같은 꿈을 꾸는 사람들이구나.'

정 본부장이 제 쪽으로 다가와 작은 목소리로 말했습니다.

"대표님, 솔직히 오늘 아침에는 조금 흔들렸는데… 지금은 괜찮습니다."

"왜 괜찮아졌습니까?"

"하루 종일 머릿속에 계속 남은 말이 있습니다."

"어떤 말입니까?"

"'기쁨을 길게 가져가려 하지 마라. 대신 루틴을 지켜라' 이 말이요."

저는 천천히 고개를 끄덕였습니다.

"맞습니다. 루틴이 우리가 버티는 힘입니다."

퇴근 몇 분 전, 사무실 불을 부분적으로 끄고 나서 창밖을 봤습니다. 하늘은 이미 어두워졌고, 가로등이 비친 사무실 유리에는 직원들이 남긴 하루의 표정이 옅게 묻어 있었습니다. 좋은 날도 있었고, 아쉬운 순간도 있었지만, 전체적으로는 '흐름이 좋다'라는 감각이 분명히 느껴졌습니다.

저는 노트에 짧게 적었습니다.

〈매출은 순간이고, 리듬은 생명이다.〉

그리고 한 줄을 더 적었습니다.

〈잘되는 날일수록, 더 조용히 걸어라.〉

그 문장을 쓰고 나자, 하루 종일 불안하게 흔들리던 마음이 조금 안정되는 느낌이 들었습니다.

'그래, 오늘은 이 정도면 잘했다.'

혼자 그렇게 정리하고 사무실 불을 모두 끄며 문을 닫았습니다. 문이 닫히는 소리가 복도에 가볍게 울렸습니다. 그 소리 하나에도 저는 마음이 묘하게 편안해졌습니다. 오늘도 잘 버틴 하루였습니다. 내일도 지나치지 않게, 들뜨지 않게, 욕심내지 않게. 그저 우리의 리듬으로 가야겠습니다.

사무실을 움직이는 한 문장

매출은 통장에 찍히지만 평안은 구조에서 나오니, 불안할수록 '얼마 벌었나?'보다 '어떻게 들어오고 나가는가?'를 먼저 들여다봐야 한다.

손님보다 직원의 표정이 **더 신경 쓰인다**

아침 공기가 전날보다 훨씬 가벼운데도, 저는 사무실 문을 열면서 가장 먼저 카운터 쪽이 아니라 책상들이 늘어선 안쪽을 바라봤습니다. 아직 아무도 출근하지 않은 시간인데도, 머릿속에는 이미 직원들의 얼굴이 하나씩 떠올랐습니다. 어제 늦게까지 계약서 검토를 했던 직원, 처음으로 권리금 협상에 나갔다가 표정이 굳어 돌아왔던 직원, 말없이 프린터 앞에서 오래 서 있던 직원까지, 숫자로는 정리되지 않는 사람들의 얼굴이 아침부터 제 마음을 먼저 차지했습니다.

커피머신 전원을 켜고 포터필터를 장착하는 동안, 저는 자동으로 매출표가 아니라 지난 며칠간 직원들의 표정 변화를 떠올렸습니다. 매출은 시스템에서 클릭 한 번이면 바로 나오지만, 사람 얼굴의 미세한 변화는 하루를 통째로 같이 보내지 않으면 보이지 않기 때문입니다. 전날의 매출 그래프는 상단으로 휘어 올라가 있었지만, 어떤 직원의 어깨는 그 그래프와 반대로 아래를 향하고 있었습니다.

첫 샷이 떨어지는 소리를 들으며 컵을 따뜻하게 데우고 있을 때, 유리문이 살짝 열리고 유서연 이사가 들어왔습니다.

"대표님, 오늘은 좀 일찍 오셨네요."

"이사님도 마찬가지 아닙니까? 어제 늦게까지 정리하셨을 텐데 괜찮으십니까?"

제가 커피를 한 잔 내어주며 묻자, 유 이사는 컵을 받으면서 잠깐 멈칫했습니다.

“저는 괜찮습니다. 그런데 민우 본부장님이 조금 걱정됩니다. 어제 마지막 건이 틀어진 뒤로 표정이 계속 굳어 있었습니다.”

“그래서 오늘은 손님보다 직원을 먼저 보기로 했습니다.”

제가 웃으면서 말하자 유 이사는 고개를 끄덕였습니다.

“대표님, 그런 날이 필요합니다. 요즘은 다들 고객 얼굴만 보느라 서로 얼굴을 잘 못 보는 것 같습니다.”

잠시 뒤, 정민우 본부장이 출근했습니다.

“대표님, 출근했습니다.”

목소리는 평소와 비슷했지만, 눈 밑이 유난히 어두워 보였습니다.

“본부장님, 여기 잠깐 앉으시죠. 오늘은 숫자 보고 전에 얼굴부터 점검하겠습니다.”

제가 의자를 끌어당기며 말하자, 정 본부장은 약간 당황한 듯 웃었습니다.

“얼굴이요? 오늘도 괜찮게 관리하고 왔는데요.”

“어제 마지막 미팅 이후로 본부장님 눈썹이 계속 올라가 있었습니다. 그 상태로 잠자리에 드셨을 것 같아서요.”

그는 한숨을 짧게 내쉬며 고개를 숙였습니다.

“숨길 수가 없군요. 사실 어제 손님이 ‘다른 공인중개사 사무실에서는 이렇게까지 안 한다’라고 계속 비교하셔서, 머리로는 ‘이건 감정싸움이 아니다’라고 알고 있는데도 몸이 먼저 반응했습니다. 집에 가서도 그 말이 계속 맴돌았습니다.”

저는 에스프레소를 한 모금 마시고, 천천히 말을 이었습니다.

"본부장님, 어제 그 손님이 남기고 간 말보다 더 중요한 것은 본부장님이 지금 짓고 있는 표정입니다. 숫자는 괜찮습니다. 이번 달 목표 대비 80%는 이미 채웠습니다. 그런데 본부장님 눈빛이 지금처럼 흐려지면, 다음 달은 숫자보다 사람이 먼저 무너집니다."

정 본부장이 조용히 컵을 내려놓으며 물었습니다.

"대표님은 언제부터 직원 표정을 그렇게 보셨습니까? 저는 아직도 손님 표정만 먼저 보게 됩니다."

잠깐 생각에 빠졌다가, 옛날 한 장면이 떠올랐습니다.

"예전에 말이죠. 하루에 계약서를 세 건 쓴 날이 있었습니다. 그날 저녁에 매출을 보고 혼자 너무 좋았던 기억이 아직도 생생합니다. 그런데 퇴근하려는데, 한 직원이 조용히 제 옆에 와서 그러더군요. '대표님, 축하드립니다. 저는 오늘 한 건도 못 했습니다'라고요. 겉으로는 웃으면서 이야기했지만, 그다음 날 아침에 그 직원이 출근하는 표정을 보니까 눈이 이미 사무실을 떠나 있었습니다. 그날 제가 '우리 이번 달 매출 대단하다'라고만 생각한 것이 얼마나 큰 실수였는지, 그때 처음 알았습니다."

정 본부장이 고개를 끄덕였습니다.

"그때부터 직원분들 표정을 먼저 보신 겁니까?"

"네. 그날 이후로 저는 숫자보다 먼저 사무실에 들어오는 사람들의 걸음걸이와 눈빛을 봅니다. 손님은 우리에게 하루의 일부이지만, 직원들은 사무실의 전부입니다. 전부가 무너지면, 손님은 자연스럽게 빠져나갑니다."

9시가 가까워지자, 직원들이 하나둘 현관문을 열고 들어오기 시작했습니다.

“안녕하십니까. 대표님.”

“좋은 아침입니다.”

인사말은 모두 비슷했지만, 표정은 각자 달랐습니다. 어떤 직원은 입꼬리가 올라갔지만 눈동자가 피곤했고, 또 다른 직원은 입은 굳게 다물었는데 어깨만 유난히 빠르게 움직였습니다. 한 직원은 인사를 하면서도 휴대폰 화면에서 눈을 떼지 않았고, 또 다른 직원은 사무실 한가운데를 멍하니 둘러봤습니다. 저는 그들을 향해 말했습니다.

“어제 집에 늦게 들어간 분은 손 한번 들어보시죠. … 지금 이 순간, ‘솔직히 오늘은 자신이 없다’라고 느끼는 분도 조용히 손을 들어보셔도 됩니다.”

직원들이 웃으면서도 하나둘 손을 들었습니다. 누군가는 장난스럽게, 누군가는 살짝 머뭇거리며, 또 누군가는 정말 용기를 내서 손을 올렸습니다. 저는 그 모습을 보며 확신했습니다.

‘손님 전에, 이 얼굴들을 먼저 챙기는 게 오늘 나의 일이다.’

짧은 아침 회의를 마치고 각자 자리로 돌아가려는 순간, 사무실 전화기 울렸습니다.

“대표님, 신규 건물주님인데 직접 통화 가능하십니까?”

한 직원이 수화기를 손으로 가린 채 물었습니다. 저는 한번 숨을 들이켰다가 조용히 고개를 저었습니다.

“지금은 잠깐 비워 달라고 전해주십시오. 지금은 직원분들 얼굴을 먼저 봐야 합니다. 건물주님 통화는 10분 뒤에도 가능합니다.”

직원은 예상치 못한 대답에 조금 놀란 표정이었지만, 이내 고개를 끄덕이며 정중하게 다시 전화를 받았습니다. 저도 알고 있었습니다. 이런 선택이 당장은 손해처럼 보일 수 있다는 것을요. 하지만 대표 자리에서는 가끔 숫자보다 사람을 먼저 선택해야 하는 순간이 있습니다. 오늘이 바로 그런 날이라고 저는 느꼈습니다.

모든 직원이 자리에 앉자, 저는 사무실 가운데로 나와 조용히 말했습니다.

"여러분, 오늘은 조금 다른 이야기로 시작하고 싶습니다. 요즘 우리 사무실에 손님이 많이 오십니까?"

누군가 대답했습니다.

"네, 대표님. 예약도 많고 문의도 많습니다."

"맞습니다. 저는 그게 반갑기도 하지만, 한편으로는 조금 불안합니다. 손님이 늘어나면 우리가 가장 먼저 놓치는 게 뭔지 아십니까?"

직원들이 서로 눈치를 보다 조용해졌습니다.

"서로의 표정을 놓칩니다. 자기 얼굴도 잘 안 보게 됩니다. 오늘은 그것을 조금 되돌리고 싶습니다. 그래서 잠깐만, 숫자 이야기는 뒤로 미루고 여러분 마음 이야기부터 하려고 합니다."

직원 한 명이 용기를 내서 손을 들었습니다.

"대표님, 그러면 저 먼저 말씀드려도 되겠습니까?"

"물론입니다. 오늘은 매출 순서가 아니라, 솔직함 순서입니다."

"저는… 요즘 들어 손님보다 옆자리에 앉은 직원분 표정이 더 신경 쓰입니다. 제가 계약서를 쓰면 괜히 미안하고, 반대로 제가 못하면 혼자 뒤처지는 것 같고요. 마음이 조금 복잡합니다."

그 말이 나오자, 주변 직원들이 동시에 고개를 돌려 그를 바라봤습니다. 저는 천천히 고개를 끄덕였습니다.

"아주 중요한 이야기입니다. 지금 그 마음을 꺼내 주셔서 고맙습니다. 사실 저도 그렇습니다. 손님이 웃으면 좋지만, 직원이 억지로 웃을 때가 더 마음이 쓰입니다. 괜히 대표니까 눈치 안 보는 척하면서도, 속으로는 하나씩 다 보고 있습니다."

다른 직원이 조심스럽게 말을 보탰습니다.

"저도 비슷합니다. 요즘에는 손님 미소보다 우리 팀 단톡방에 올라오는 실적 인증 사진이 더 무섭습니다. '오늘도 나는 없나'라는 생각이 자꾸 들어서요."

사무실이 조용해졌습니다. 유서연 이사가 옆에서 한 걸음 나와 말했습니다.

"여러분, 솔직해서 고맙습니다. 사실 저와 민우 본부장도 매일 똑같이 싸우고 있습니다. '또 실적을 올려야 하네'보다 더 무서운 생각이 '혹시 내가 누군가를 지치게 만들고 있는 것은 아닐까?'라는 생각입니다."

정 본부장이 그 말을 이어받았습니다.

"맞습니다. 저는 요즘 손님이 '이 사무실은 다들 친절하시네요'라고 칭찬하는 말보다, 퇴근할 때 여러분이 의자에서 일어나는 표정을 더 많이 떠올립니다. 여러분 뒤통수만 보고도 하루가 어땠는지 대충은 알 수 있습니다."

저는 그 두 사람의 말을 들으면서, 이 사무실이 그래도 잘 가고 있다고 생각했습니다. 리더들의 시선이 손님이 아니라 직원들을 향하고 있다는 것, 그게 사실 가장 큰 자산이기 때문입니다.

잠시 침묵이 흐른 뒤, 저는 이렇게 말했습니다.

"좋습니다. 그러면 오늘은 여기까지 나눴으니, 한 가지만 약속해봅시다. 손님 앞에서 너무 애써 웃지 말고, 서로 앞에서 조금 덜 숨길 것. 힘들면 힘들다고, 막막하면 막막하다고 말할 수 있는 사무실이 되어야 합니다. 그래야 손님 앞에서도 자연스럽게 웃을 수 있습니다. 억지로 만드는 미소는 오래 못 갑니다."

직원들이 하나둘 고개를 끄덕이며 흩어졌고, 사무실에는 다시 전화 소리와 키보드 두드리는 소리가 채워지기 시작했습니다. 창가 쪽 자리에 앉은 한 직원이 통화를 마친 뒤, 제 눈치를 보며 작은 웃음을 건넸습니다.

"대표님, 방금 고객이 조금 까다로우셨는데요. 예전 같으면 제가 혼자 속으로 끙끙 앓았을 것 같은데, 오늘은 '이따가 대표님한테 그냥 말씀드리면 되겠다'라는 생각이 먼저 들어서 마음이 덜 무겁습니다."

저는 그 말이 그날 들은 어떤 칭찬보다 더 크게 느껴졌습니다.

저녁이 가까워질수록, 사무실 안 얼굴들은 아침과는 조금 다른 결을 띠기 시작했습니다. 완전히 상쾌한 표정은 아니었지만, 눈빛이 아침보다 훨씬 덜 경직되어 있었고, 누군가는 피곤한 몸으로도 '오늘은 그래도 덜 휘둘렸다'라는 얼굴을 하고 있었습니다. 매출 집계를 열어 보니 숫자는 나쁘지 않았습니다. 하지만 그날 저는 숫자를 보고도 바로 저장 버튼을 누르지 않았습니다. 컴퓨터 화면을 닫고 나서 창문 쪽으로 걸어가 유리창에 비친 사무실을 한번 쭉 바라봤습니다. 비어 있는 의자, 책상 위에 뒤집어 놓은 컵, 모니터 앞에 붙어 있는 작은 메모들, 그리고 집으로 향한 직원들이 지나간 자리에 남아 있는 기운까지, 그 모든 게 오늘 하루의 표정 같았습니다.

'매출이 늘어도 마음이 불안한 이유는 결국 숫자가 아니라 사람 때문이다. 사람이 버겁게 웃고 있을 때, 대표 마음도 따라 흔들린다.'

그렇게 정리하니 그동안 설명하기 어려웠던 감정들이 조금은 이해가 되기 시작했습니다. 사무실 불을 끄고 문을 잠그기 전에 저는 노트 한쪽에 짧게 적었습니다.

〈손님은 내일 또 만날 수 있지만, 직원의 오늘 얼굴은 다시 볼 수 없다.〉

그 문장을 적고 펜을 내려놓은 뒤에야 비로소 마음이 조금 가라앉았습니다. 내일도 숫자와 싸우겠지만, 그 숫자를 만들 사람들의 표정을 먼저 떠올릴 것이라는 확신이 조금은 단단해졌습니다. 밖으로 나와 간판 불빛을 한번 올려다보며 생각했습니다.

'결국, 사무실을 지키는 것은 손님이 아니라 이 안에서 함께 버티는 사람들이다.'

그 사실을 잊지 않는 한, 매출이 늘어도 마음이 완전히 무너지는 일은 없겠다고, 그날은 그렇게 제게 조용히 다짐했습니다.

사무실을 움직이는 한 문장

고객은 계약서를 남기지만 직원은 공기를 남기니, 아침에 제일 먼저 확인해야 할 숫자는 매출이 아니라 직원들의 얼굴 온도다.

사무실 분위기는 '대표의 아침'에서 결정된다

요즘 들어 하루를 시작할 때 제일 먼저 떠오르는 것은 어제 계약이 몇 건이었는지가 아니라 '오늘 내가 어떤 얼굴로 문을 열 것인가?'입니다. 숫자는 전날 저녁에 이미 다 확인했고, 직원들 일정도 단톡방에 모두 공유되어 있습니다. 그런데도 아침이 되면 제일 먼저 걱정되는 것은 오늘 날씨보다 제 표정입니다. 그것을 아주 뼈저리게 느꼈던 날이 한 번 있습니다. 지금도 생각하면 조금 뜨끔한, 제 실수로 시작한 어느 아침 이야기입니다.

전날 밤, 저는 서울에서 강의를 두 타임 연속으로 하고 세종으로 내려왔습니다. 강의장에서는 "대표님, 역시 강의가 다르십니다"라는 말도 듣고, 수강생들이 줄 서서 질문하는 모습을 보면서 '그래, 아직은 현장도, 강의도 할 수 있겠구나' 하는 묘한 자신감이 올라와 있던 상태였습니다. 세종에 도착하니 밤 11시가 훌쩍 넘었고, 집에 들어와 샤워를 마쳤을 때는 이미 날짜가 바뀌어 있었습니다. 평소 같으면 새벽에 한 번 눈이 떠지고, 다시 자더라도 6시 전에는 자연스럽게 일어나는데, 그날은 알람 소리에 번쩍 눈을 떴습니다. 알람 화면 시간이 6시 40분이었습니다. 머릿속이 순간 하얘졌습니다.

'아, 오늘은 출근 준비를 마음 편하게 할 시간이 없겠구나.'

그래도 7시 전에 사무실 문을 여는 것은 제가 스스로에게 한 약속이라서 부랴부랴 옷을 챙겨 입고 나왔습니다. 출근길 내내 머릿속에서는 어제 강의 장면, 질문했던 수강생 얼굴, 받은 메시지 알림들이 뒤섞여 떠올랐습니다. 사무실에 도착해 문을 열면서 깨달았습니다. 오늘은 제가 사무실에 들어가기 전에, 마음이 먼저 사무실 문을 닫아버렸다는 것을요. 문을 열자 그동안 당연하게 느껴졌던 냄새와 온도가 낯설게 들어왔습니다. 평소보다 10분쯤 늦게 들어온 것뿐인데, 제 발걸음은 이미 하루를 따라잡으려고 뛰고 있었습니다. 불을 켜면서도, '좋다. 오늘도 천천히 가자'가 아니라 '아, 오늘 일정이 어떻게 되지?'라는 생각이 먼저 올라왔습니다.

책상 위에 놓인 연필꽂이부터 눈에 들어왔습니다. 늘 아침마다 하나씩 깎아 놓던 연필이 어제 그대로의 모양으로 서 있었습니다. 뾰족하게 정리된 것 하나 없이 길이도, 끝도 제각각인 연필들이 뒤섞여 있는 모습이 어쩐지 제 머릿속 같았습니다. '오늘은 그냥 이렇게 두자' 잠깐 그렇게 생각했다가, 괜히 찜찜한 마음이 들었습니다. 결국 자리에서 일어나 연필깎이를 꺼내 들었지만, 손에 힘이 묘하게 들어가지 않았습니다. 커피머신 앞에서도 마찬가지였습니다. 늘 하던 대로 물통을 채우고, 포터필터를 세게 장착하고, 첫 샷을 내리기까지 딱 정해진 리듬이 있는데, 그날은 동작이 하나씩 비었습니다. 템포가 앞뒤로 덜컹거렸다고 해야 할까요. 커피가 떨어지는 소리가 평소보다 먼저, 혹은 늦게 들리는 것 같은 기분이 들었습니다. 그때 마침 사무실 전화가 울렸습니다. 아직 직원 출근 시간은 아니었습니다.

"네, 상가168 중개법인 김명식 대표입니다."

"대표님, 어제 강의 들었던 수강생인데요. 오늘 오전에 잠깐 전화 상담 가능하실까요? 중개사무소를 열긴 열었는데, 경영이 너무 어렵다는 생각이 자꾸 듭니다.”

짧은 통화였지만, 전화기를 내려놓고 나니 한 가지 생각이 확 올라왔습니다.

‘나도 지금 내 사무실 경영이 버겁다고 느끼고 있는데, 남의 사무실 경영을 도와주겠다는 말을 내가 자신 있게 할 수 있나?’

그 순간, 유리문 너머로 정민우 본부장이 들어오는 모습이 보였습니다. 평소보다 출근이 조금 빠른 편이었습니다. 문을 열면서 그는 밝은 목소리로 인사했습니다.

“대표님, 좋은 아침입니다. 어제 강의는 잘 다녀오셨습니까?”

저는 웃으며 대답하려 했는데, 생각보다 목소리가 크지 않았습니다.

“예, 잘 다녀왔습니다. 그런데 오늘은 제가 조금 느리네요.”

정 본부장이 제 얼굴을 한번 훑어보더니, 자리에 앉기 전에 먼저 물었습니다.

“대표님, 오늘 일정이 조금 버겁게 느껴지십니까?”

“민우 본부장님 눈에는 그렇게 보입니까?”

“네. 평소 같으면 아침에 한 번은 농담을 던지시는데, 오늘은 아직 없으셔서요.”

그 말에 저도 모르게 웃음이 나왔습니다.

“농담이 없으면 그날 분위기가 먼저 긴장된다는 걸, 이제는 본부장님도 아시는군요.”

“솔직히 말씀드리면, 대표님이 조용하신 날은 저희도 조금 움찔합니다. ‘오늘은 뭔가 큰일이 있나?’ 이런 생각이 먼저 들어서요.”

잠시 뒤, 유서연 이사가 들어왔습니다.

"대표님, 민우 본부장님. 오늘 아침에는 뭔가 공기가 다르네요."

"무슨 의미입니까?"

"설명하기가 조금 어려운데요. 대표님 얼굴에서 '오늘은 내가 하루를 끌고 간다'보다는 '오늘 하루를 어떻게 버텨야 하나?' 하는 느낌이 살짝 보입니다. 저는 그런 날이 제일 무섭습니다."

그 말이 제 마음을 콕 찔렀습니다.

"이사님, 오늘은 제가 먼저 들켰군요."

세 사람이 마주 앉은 그 짧은 순간, 저는 하나를 분명히 느꼈습니다. 대표가 조용히 흔들리는 날, 사무실은 소리 없이 같이 흔들린다는 것을요.

그날 오전에 작은 사고가 하나 있었습니다. 직원 한 명이 오랜만에 큰 손님과 첫 상담을 하는 날이었는데, 응대 중에 목소리가 너무 빨라져서 중요한 설명을 앞뒤를 바꿔 말한 것입니다. 고객은 표정 하나 바꾸지 않았지만, 상담이 끝나고 나서 그 직원이 조용히 제 자리로 와서 말했습니다.

"대표님, 오늘 제가 이상하게 긴장했습니다. 평소 같으면 안 그럴 텐데, 설명이 계속 꼬이더라고요."

저는 그때 알았습니다.

'아침에 내가 흔들려 들어온 날은 누군가가 대신 흔들린다.'

그날 퇴근길에 생각했습니다.

'내가 사무실에서 제일 먼저 해야 할 일은 커피 내리는 것도 아니고, 매출표를 여는 것도 아니고, 연필을 깎는 것도 아니구나. 오늘 하루의 공기를 먼저 다잡는 일, 그게 제일 먼저구나.'

그날 이후로 저는 제 아침을 조금 바꿨습니다. 시간은 같은데, 순서를 다르게 했습니다. 첫째, 사무실 문을 열기 전에 차 안에서 숨을 한번 크게 들이마십니다.

'지금 내 마음에 남아 있는 것은 어제 이야기인가? 오늘 이야기인가?'

만약 어제 일 중에 아직 매듭짓지 못한 감정이 있으면, 차 안에서 혼잣말로 털어냅니다.

"어제 그 건은 이미 끝났다. 오늘 직원들한테 가져가지 말자."

혼잣말을 입 밖으로 꺼내면 이상하게도 마음이 조금 현실 시간대로 돌아옵니다.

둘째, 사무실에 들어와 불을 켜기 전에 한 번 더 손을 멈춥니다. 예전에는 습관처럼 스위치를 연달아 올렸는데, 요즘은 한 공간씩 켭니다. 복도, 상담실, 사무실, 세미나실 순서로 켜면서 그 공간이 그날 어떤 표정을 지을지 잠깐 상상해봅니다. 상담실 불을 켤 때는 '오늘 여기서 누가 울고, 누가 안심하고 나갈까?', 세미나실 불을 켤 때는 '오늘은 어떤 질문이 나를 흔들까?' 같은 생각을 짧게 지나가게 둡니다.

셋째, 제 얼굴을 한번 확인합니다. 화장실 거울 앞에서 머리 모양만 보는 게 아니라, 눈썹과 입 끝을 봅니다.

'지금 이 얼굴이 직원들이 보고 싶어 할 얼굴인가? 아니면 숨고 싶어 할 얼굴인가?'

만약 '숨고 싶어 할 얼굴'이라고 느껴지면, 저는 일부러 입술을 한번 크게 움직여 봅니다. 쓸데없는 표정 연기처럼 보일 수 있지만, 그 동작을 한번 해주면 마음이 조금 풀립니다.

그다음부터는 루틴입니다. 연필을 하나 꺼내 천천히 깎습니다. 뾰족하게 만드는 게 목적이 아니라, '내가 오늘도 여기서 하루를 버티겠다는 표시'를 남기는 느낌으로 깎습니다. 커피를 내릴 때도 마찬가지입니다. 처음 떨어지는 한 방울을 흐트러진 마음을 잡는 신호라고 생각합니다.

그렇게 제 아침을 정리하고 나면, 8시가 되기 전에 정민우 본부장과 유서연 이사가 차례로 들어옵니다. 어느 날은 이런 아침이었습니다.

"대표님, 오늘은 표정이 좋아 보이십니다."

정 본부장이 인사를 하며 웃었습니다.

"오늘은 제가 먼저 마음 정리를 하고 들어왔습니다. 어제 일은 다 어제로 보내고요."

"역시 그렇군요. 사실 사무실에 들어오자마자 느꼈습니다. 오늘은 바닥이 단단하다고 해야 할까요. 제가 뛰어도 괜찮겠다는 느낌이 들었습니다."

유서연 이사도 겉옷을 벗으며 말을 보탰습니다.

"대표님, 오늘은 음악을 틀어 놓으셔도 되겠습니다. 적당히 느긋하고, 적당히 집중된 날입니다."

제가 웃으면서 물었습니다.

"이사님, 사무실 공기까지 어떻게 그렇게 표현하십니까?"

"대표님 아침 걸음 소리만 들어도 알 수 있습니다. 문에서 자리까지 걸어오시는 속도가 일정하고, 바닥을 세게 안 찍으셨습니다. 그러면 오늘은 누구한테도 소리 안 나가겠구나, 그렇게 느껴집니다."

그 말을 듣는 순간, 저는 다시 한번 확신했습니다.

'대표는 말하지 않아도 아침 걸음과 숨소리로 사무실에 첫 메시지를 보낸다.'

그날 아침 회의에서 저는 직원들에게 이렇게 말했습니다.

"여러분, 오늘은 제가 아침에 사무실 공기를 조금 신경 쓰고 들어왔습니다. 그래서 부탁 하나 드리겠습니다. 여러분도 각자 아침에 사무실에 들어올 때, 문 손잡이를 잡기 전에 한 번만 스스로에게 물어보셨으면 합니다. '지금 나는 이 사무실에 좋은 공기를 들고 들어가는 사람인가? 아니면 미세먼지를 들고 들어가는 사람인가?' 저도 매일 제가 어떤 사람인지 점검하면서 들어오겠습니다."

직원들이 웃었지만, 그 웃음은 긴장을 풀어버리는 웃음이 아니라, '아, 오늘은 좀 괜찮겠다'라는 표정과 함께 나오는 웃음이었습니다. 그날 하루는 희한하게도 큰 성과가 나온 것도 아닌데, 모두가 "오늘은 덜 힘들었다"라고 이야기했습니다.

저녁에 혼자 사무실을 정리하며 생각했습니다.

'아침에 대표가 바쁘다고 표정을 놓치면, 직원들은 하루 종일 그 빈자리를 자기 걱정으로 채운다. 아침에 대표가 자기 마음을 먼저 정리해두면, 직원들은 그 위에서 자기 걱정을 내려놓고 손님을 만난다.'

결국 사무실 분위기는 특별한 이벤트나 화려한 말로 만들어지는 게 아니었습니다. 대표가 제일 먼저 들어와 문을 열기 전에 한번 숨을 고르는지, 불을 켜면서 마음을 함께 켜는지, 커피를 내리면서 얼굴을 함께 데우는지, 그 작은 습관들이 쌓여서 하루의 표정을 정했습니다.

그래서 요즘은 이런 생각을 자주 합니다.

'손님은 문을 열고 들어오지만, 직원들은 대표의 아침을 보고 하루를 시작한다.'

그리고 스스로에게 이렇게 다짐합니다.
'오늘도 내 표정이 이 사무실의 첫 문장이다!'

사무실을 움직이는 한 문장

대표의 아침 30분이 하루 종일 사무실 기후를 정하니, 출근 시간은 시계가 아니라 표정이 찍는다고 생각해야 한다.

2장

사람은 숫자가 아니라 사무실의 온도다

대표의 눈빛이 직원의 마음을 데운다

겨울이면 유독 사무실 유리가 더 차갑게 느껴집니다. 히터를 아무리 올려도, 사람 마음이 얼어 있으면 그 온도는 끝까지 올라가지 않더군요. 그것을 제대로 느낀 날이 있습니다.

어느 날 아침, 저는 평소처럼 7시 조금 전에 사무실 문을 열었습니다. 불을 켜고, 커피머신을 예열해두고, 오늘 확인해야 할 상담 일정을 머릿속으로 정리하고 있는데, 문밖에서 인기척이 났습니다. 시계를 보니 아직 8시가 되기 전이었습니다.

"대표님, 안녕하십니까. … 오늘부터 출근하는 박지훈입니다."

검정 코트를 깔끔하게 여민 젊은 남자가 문 앞에서 어색한 미소를 지으며 서 있었습니다. 손에 들고 온 가방을 두 번이나 자리 옆에 놓았다가 다시 들고, 어찌해야 할지 몰라 하는 눈빛이었습니다.

"생각보다 일찍 오셨네요."

제가 웃으며 인사를 건넸지만, 그의 어깨는 여전히 굳어 있었습니다.

"지훈 대리님, 코트부터 벗으시고 따뜻한 것 하나 드시죠. 저쪽에 앉으셔도 됩니다."

야외에서 막 들어온 사람 특유의 차가운 공기가 그의 옷에 붙어 사무실 안으로 들어왔고, 저와 잠깐 눈이 마주쳤습니다. 그 순간 저는 문득 이런 생각이 들었습니다.

'지금 이 친구가 내 눈에서 제일 먼저 읽고 싶어 하는 것은 업무 지시가 아니라 '환영합니다'라는 말이겠지.'

그런데 머릿속 한편에서는 다른 생각도 올라왔습니다.

'오늘 오전에 처리해야 할 결제 건이 세 개나 있고, 오후에는 강의 촬영이 있고, 강의 일정 회의도 있지 않나! 이 친구 교육까지 챙기려면 시간이 빠듯하겠는데….'

이 두 가지 생각이 동시에 올라오면서 눈빛이 잠깐 흔들렸다는 것을 저는 나중에야 알았습니다. 반갑게 맞이해주고 싶은 마음과 일정에 쫓기는 마음이 한 번에 섞이면서, 말은 "편하게 앉으시라"라고 했는데, 시선은 그 말만큼 따뜻하지 못했던 것입니다.

그때 마침 8시가 조금 넘어 정민우 본부장과 유서연 이사가 들어왔습니다.

"대표님, 안녕하십니까."

"대표님, 오늘 많이 추워졌습니다."

두 사람이 인사를 하며 들어오다가 낯선 얼굴을 보고 동시에 고개를 끄덕였습니다.

"아, 오늘부터 함께하시는 분이시지요?"

정 본부장이 먼저 나섰습니다.

"네, 박지훈 대리님입니다. 오늘 첫날이라 긴장을 많이 하셨을 겁니다."

잠깐 인사가 오가는 동안, 저는 제 자리에 앉아 그 모습을 지켜봤습니다. 마음 한쪽에서 이런 생각이 떠올랐습니다.

'지금 이 친구가 가장 신경 쓰고 있는 것은 이 사무실의 시스템이 아니라, 이 사무실 사람들이 자기를 어떻게 바라보는가겠지.'

그래서 저는 자리에서 일어나 박 대리 쪽으로 다가갔습니다.

"지훈 대리님."

그가 허리를 곧게 펴고 저를 바라봤습니다.

"네, 대표님."

"긴장되시지요?"

"…조금, 많이 그렇습니다."

"괜찮습니다. 여기 있는 사람들 모두, 첫날에는 다 그랬습니다. 오늘은 그냥 '길 찾는 날'이라고 생각하시고, 모르는 것은 전부 물어보시면 됩니다. 실수는 제가 책임지겠습니다. 대신 숨지 마시고, 계속 눈만 마주쳐 주시면 됩니다."

제가 일부러 마지막 문장을 천천히 말하자, 그제야 그의 입가에 조금 자연스러운 웃음이 올라왔습니다.

"네, 알겠습니다. 열심히 배우겠습니다."

그날 오전 내내 저는 의식적으로 박 대리 쪽을 자주 봤습니다. 일부러 지켜본다는 느낌이 아니라, '괜찮습니다. 지금처럼만 하셔도 됩니다'라는 신호를 보내는 마음으로 시선을 한 번씩 건넸습니다. 누가 와서 명확하게 말해주지 않아도, 사람은 눈빛을 통해 상대가 나를 어떻게 보고 있는지 무의식적으로 읽어내기 때문입니다. 그런데 사실, 제가 이렇게까지 눈빛을 의식하게 된 것은 어느 한 직원의 퇴사 때문이었습니다. 몇 년 전, 저는 참 아까운 인재 하나를 떠나보낸 적이 있습니다. 이름은 이선우, 나이 서른 중반, 성실하고 꼼꼼해서 건물주의 신뢰도 두텁게 받던 직원이었습니다. 아침마다 가장 먼저 출근해 히터를 켜고, 복사기도 체크하며, 작은 일들을 알아서 챙기던 친구였는데, 어느 날 조용히 말을 꺼냈습니다.

"대표님, 이번 달까지만 근무해도 되겠습니까?"

너무 갑작스러운 말에 저는 의자를 뒤로 살짝 밀며 물었습니다.
"선우 씨, 무슨 일 있습니까? 다른 데서 제안을 받으셨습니까?"

그는 한참 동안 말을 고르다가 조금 떨리는 목소리로 이야기했습니다.
"대표님, 제가 대표님을 정말 존경합니다. 강의하시는 것도, 현장에서 하시는 것도 많이 배우고 있습니다. 그런데… 하나 솔직히 말씀드려도 되겠습니까?"
"그럼요. 이야기해주셔야 제가 고칠 수 있습니다."
"대표님 눈이 가끔 너무 무섭습니다."

처음에는 무슨 말인지 잘 이해가 되지 않았습니다.
"제가 목소리가 가시 그릴 수는 있겠습니다만, 눈이요?"
"네. 대표님이 뭐라고 따로 말씀은 안 하시는데, 제가 실수하거나 질문을 여러 번 하게 된 날에는 대표님 눈이 차갑게 느껴집니다. 그것을 몇 번 겪다 보니, 어느 순간부터는 '실수하면 안 된다'보다 '대표님 눈을 피해야겠다'라는 생각이 먼저 들었습니다."

그 말은 제게 꽤 큰 충격이었습니다. 저는 그냥 '집중해서 듣고 있었다'라고 생각했던 시선이 누군가에게는 '차갑게 평가당하고 있다'라는 느낌으로 다가갔던 것입니다.

"선우 씨, 제가 그 정도였습니까?"
"대표님이 의도하셨다는 것은 아닙니다. 다만 제가 마음이 약해서 그랬던 것 같습니다. 다른 곳에서 다시 시작해보고 싶다는 생각이 들었습니다."

그때 저는 그를 붙잡지 못했습니다. 이미 마음을 정한 사람에게 "한 번만 더 해보자"라는 말은 이기적인 부탁일 수도 있다는 것을 알고 있었기 때문입니다. 그 대신 저는 마지막까지 그의 눈을 똑바로 바라보며 이렇게 말했습니다.
"선우 씨, 제가 많이 배웠습니다. 나중에 어디서든 다시 마주치면, 그때는 제가 먼저 웃는 얼굴로 인사하겠습니다. 그때는 제 눈이 덜 무섭기를 바라겠습니다."

그가 나간 뒤 사무실 가운데가 유난히 넓어 보였습니다. 자리가 하나 비었을 뿐인데 공기가 휑해졌습니다. 그날 밤, 저는 집에 돌아와 거울을 오래 들여다봤습니다.
'내 눈이 그렇게 무섭게 보였을까? 나는 그저 진지하게 상황을 보고 있다고 생각했는데, 직원들은 그 눈에서 또 다른 의미를 읽은 것이겠지.'

그날 이후로, 저는 제 눈빛부터 다시 보기 시작했습니다. 그래서 박지훈 대리가 처음 출근하던 오늘, 저는 마음속으로 계속 이런 주문을 걸고 있었습니다.
'오늘만큼은 이 친구가 내 눈을 보고 '이 사무실은 그래도 따뜻하다'라고 느끼게 해야겠다.'

오전 10시쯤 첫 상담 전화가 들어왔습니다. 박 대리가 통화를 받는 소리가 어색하게 들리다가 점점 안정되어갔습니다. 전화를 끊고 나서도 그는 수화기를 내려놓지 않은 채 한숨을 내쉬었습니다.

"박 대리님, 처음이라 긴장되셨지요?"

제가 다가가자, 그는 멋쩍은 웃음을 지었습니다.

"네, 대표님. 고객님 말이 반은 귀를 스쳐 지나가는 느낌이었습니다. 적긴 적었는데 제대로 적었는지 잘 모르겠습니다."

"그럼 잘 오셨습니다. 이쪽으로 오시죠. 오늘은 제가 직접 같이 정리해보겠습니다. 처음부터 완벽하게 들으려고 하지 마시고, 고객님 말에서 딱 세 가지만 건져 오면 됩니다. '언제', '어디', '왜' 이 세 가지입니다."

제가 말을 하는 동안 저는 계속 그의 눈을 봤습니다. 혹시나 제 말이 '훈계'로 들리지는 않는지, '기대'로 전해지는지 확인하고 싶었습니다. 그가 고개를 끄덕이며 메모를 다시 훑는 사이, 제 안에서는 이런 생각이 들었습니다.

'대표가 말을 잘해서 직원이 자라는 게 아니라, 대표가 눈빛으로 '나는 너를 믿는다'라고 계속 보여줄 때 직원이 버티는 거구나.'

오후에는 조금 다른 장면이 있었습니다. 한 지원이 중개보수를 크게 깎아 준 뒤에 풀이 죽은 얼굴로 들어온 것입니다.

"대표님, 죄송합니다. 제가 순간 밀렸습니다. 중개보수를 30%나 낮춰버렸습니다."

"그래서 계약은 어떻게 됐습니까?"

"그래도 사인은 받았습니다. 그런데 마음이 영 편치 않습니다."

예전 같으면 저는 '다음부터는 그러지 말라'라고 먼저 말했을 것입니다. 숫자부터 떠올렸을 테니까요. 하지만 그날 저는 그 직원의 눈동자부터 봤습니다. 살짝 떨리는 동공, 떨구려다가 겨우 들고 있는 시선, 얼굴은 웃고 싶은데 입꼬리가 자꾸 내려가는 표정.

"잠깐 앉으시죠."

제가 옆자리를 가리키자 그 직원은 고개를 숙인 채 조심스럽게 앉았습니다.

"오늘 그 자리에서 제 목소리가 아니라 고객님 목소리가 더 크게 들렸지요?"

"…네, 대표님."

"괜찮습니다. 오늘 그 경험 덕분에, 다음부터는 중개보수 이야기를 언제 꺼내야 덜 밀리는지 몸으로 배우셨을 겁니다. 다음 계약 때 제가 옆에 있지는 못하겠지만, 오늘 이 대화가 기억나실 겁니다."

제가 말하는 동안 그 직원은 제 눈을 계속 바라봤습니다. 저는 일부러 눈을 피하지 않았습니다.

"오늘 계약, 저는 잘했다고 생각합니다. 다만, 다음번에는 중개보수 이야기를 조금 더 앞쪽에서 꺼낼 수 있도록, 내일 점심시간 이후에 저와 함께 멘트를 한번 짜보시죠."

그제야 그의 어깨가 조금 풀어졌습니다.

"네, 대표님. 감사합니다."

그 순간 저는 확실히 느꼈습니다. 대표의 눈빛이 날카롭게 느껴지는 날에는 직원들은 실수보다 대표의 눈을 더 두려워하고, 대표의 눈빛이 따뜻하게 느껴지는 날에는 직원들은 실수 속에서도 배우려고 한다는 것을요.

그날 저녁, 정민우 본부장과 유서연 이사가 제 자리에 와서 이런 이야기를 했습니다.

"대표님, 요즘은 직원들이 실수 이야기를 조금 더 빨리 꺼냅니다."

"그게 무슨 말입니까?"

"예전에는 일단 숨겼다가 상황이 커지면 '사실은…'이라고 뒤늦게 말하는 경우가 많았습니다. 그런데 요즘은 계약이 끝나고 나서 '제가 여기서 이런 말을 했습니다'라고 먼저 이야기합니다. 아마 대표님 눈빛이 예전보다 덜 무섭게 느껴지는 것 같습니다."

유 이사도 고개를 끄덕였습니다.

"대표님이 직원들 이야기를 들을 때 예전에는 눈썹이 자주 모이셨습니다. 집중해서 들으시는 거였겠지만, 직원들 입장에서는 '또 혼나겠구나'라는 기분이 들었을 겁니다. 요즘은 눈썹이 조금 편안해지셨습니다. 그래서 그런지 직원들이 이야기할 때 숨을 덜 참는 것 같습니다."

그 말을 듣고 저는 웃으면서 대답했습니다.

"저도 제 눈을 연습하는 중입니다. 경영은 말로만 하는 게 아니라, 눈으로도 한다는 것을 이제야 깨닫고 있습니다."

사무실을 경영한다는 것은 숫자를 관리하고, 시스템을 만들며, 광고 전략을 짜는 일도 분명 포함되지만, 그보다 먼저 해야 할 일이 하나 있습니다. 매일 아침 거울 앞에서, 그리고 직원 앞에서, 내가 어떤 눈빛을 하고 있는지 확인하는 일입니다. 내 눈이 지금 이 사람을 얼게 만드는지, 아니면 데우고 있는지를요.

직원은 월급 때문에 사무실에 남는 것 같지만, 사실은 눈빛 때문에 버티는 경우가 훨씬 많습니다. 대표의 눈빛에서 '나는 너를 믿는다'를 느끼면, 힘든 날도 한 번 더 버티고, 대표의 눈빛에서 '너를 평가 중이다'만 계속 느껴지면, 언젠가 조용히 자리를 정리합니다.

그래서 저는 오늘도 마음속으로 이렇게 다짐합니다.

'오늘 하루, 내 눈빛이 이 사무실 난방을 책임진다.'

사무실을 움직이는 한 문장

대표의 눈빛이 차가우면 아무리 보너스를 올려도 마음은 얼어 있으니, 리더십의 첫 투자처는 언제나 따뜻한 시선이다.

사람은 돈으로 오지만 **관계로 남는다**

오후 2시를 조금 앞둔 시각, 사무실 안쪽 상담실 불이 먼저 켜졌습니다. 정민우 본부장이 노트를 펴 놓고 앉아 있었고, 맞은편 의자는 아직 비어 있었습니다. 유리문 밖으로는 세종 하늘의 오후 햇살이 사선으로 들어와 상담실 테이블 모서리를 밝게 훑고 지나갔습니다.

"대표님, 오늘 2시에 박 사장님 오십니다."

정 본부장이 제 자리 쪽으로 조용히 걸어와 낮은 목소리로 말했습니다.

"벌써 그날이 됐습니까? 이번에도 수익률 이야기부터 하시겠지요?"

제가 웃으면서 물으니, 정 본부장이 살짝 멋쩍은 미소를 지으며 뒷말을 이었습니다.

"사무실 전체 기준으로 보면 분명히 좋은 건물주님이신데요. 저희끼리만 말하자면 아무래도 '중개보수 협상 1순위'로 기억되는 분이십니다."

곁에서 서류를 정리하던 유서연 이사가 그 말을 듣고 고개를 옆으로 살짝 기울이며 웃었습니다.

"그래도 박 사장님은 매년 한 번씩은 꼭 우리 사무실을 다시 찾으시는 분이시잖아요. 그 정도면 '협상을 많이 하시는 분'이 아니라 '우리랑 인연이 오래가는 분'으로 기억하시는 게 더 맞지 않겠습니까?"

그 한마디에 상담실 쪽 공기가 약간 풀리는 느낌이 났습니다. 저는 두 사람을 번갈아 바라보면서 오늘 우리가 마음에 새겨야 할 문장을 천천히 꺼냈습니다.

"고객은 대부분 돈 때문에 우리를 찾으시지만, 결국 마지막에 남는 것은 관계 때문이라는 것, 그것을 우리가 잊지 않고 계속 확인해야 한다는 거지요."

마침 그때 유리문이 안쪽으로 조용히 밀리며 열렸습니다.

"어이, 김 대표님. 저 왔습니다."

검은색 패딩에 모직 모자를 눌러쓴 중년 남성이 한 손으로 문을 잡고 서 있었습니다. 세종 신도시에만 상가를 열 개 이상 가지고 있는 우리 사무실의 오래된 건물주, 박 사장님이었습니다.

"사장님, 오랜만에 뵙습니다. 이번에는 어느 상가가 제일 마음을 쓰이게 만듭니까?"

제가 반갑게 일어나서 인사하자, 박 사장님이 의자에 깊게 기대며 특유의 투덜거리는 웃음을 지었습니다.

"대표님, 사람이 많아졌다고 좋아했던 것도 잠깐이더니만, 3층 학원은 나가겠다고 하지, 1층 코너는 월세가 마음에 안 맞는다고 하지, 경기가 좋으면 좋은 대로, 안 좋으면 안 좋은 대로 걱정입니다. 건물이 많을수록 신경 쓸 것도 같이 늘어납니다."

정 본부장이 옆에서 태블릿 화면을 박 사장님 쪽으로 돌려 보이며, 공실 현황과 최근 임대료 흐름을 차분하게 설명했습니다. 몇 년 동안 여러 상가를 굴려 온 사람답게, 박 사장님 눈은 숫자를 보는 데 꽤 익숙했습니다. 그래프가 바뀔 때마다 눈동자가 그 선을 따라 움직였고, 화면에 찍힌 퍼센트와 공실 기간을 하나하나 머릿속에서 조합하는 듯한 표정이었습니다.

"이 상가는 공실 나는 기간이 길어지면 안 됩니다. 그래서 말인데요. 김 대표님."

박 사장님이 노트를 탁 접더니 이번에는 주저 없이 본론으로 들어왔습니다.

"이번에는 중개보수를 좀 줄여 봅시다. 지난번에도 꽤 드렸으니까 이번에는 조금만… 대표님도 제 사정 아시잖아요."

옆에서 메모를 적던 정 본부장의 손이 잠깐 멈추고, 시선이 제 얼굴 쪽으로 스쳤습니다. 입으로는 아무 말도 하지 않았지만, 표정이 이미 말하고 있었습니다.

'대표님, 이 장면 또 시작입니다.'

저는 한 박자 정도 말을 멈추고 박 사장님을 천천히 바라봤습니다. 그냥 숫자 이야기로 바로 받아쳐서 '몇 퍼센트까지 가능합니다' 식으로 협상을 시작할 수도 있었습니다. 그런데 오늘은 그렇게 하고 싶지 않았습니다. 이 건물주와 우리는 이미 몇 년을 함께 걸어왔습니다. 지금 이 자리에서 또다시 숫자부터 꺼내면, 이 관계는 앞으로도 계속 '얼마 깎을 수 있는지'만 기억나는 사무실로 남을 수도 있겠다는 생각이 들었습니다.

"사장님, 제가 솔직하게 말씀드려도 되겠습니까?"

제가 천천히 입을 열자 박 사장님이 팔짱을 끼며 웃는 얼굴로 대답했습니다.

"대표님이 언제 돌려서 말하셨습니까? 편하게 말씀하십시오."

"오늘도 중개보수 이야기가 먼저 나오니까 사실 저도 마음이 조금은 흔들립니다. '이번에도 또 시작이구나' 하는 생각이 한쪽 구석에 올라옵니다. 그런데요. 그럼에도 불구하고 사장님 상가는 저희 입장에서 보면 손해 보는 상가가 아니라, 오히려 늘 도움이 되는 상가라는 것을 누구보다 제가 잘 압니다. 그래서 오늘은 숫자보다 먼저 정해두고 가야 할 게 하나 있다고 생각했습니다."

정 본부장과 유 이사의 펜 끝이 동시에 멈췄습니다. 상담실 안 공기가 살짝 조용해지는 순간, 저는 속도를 더 늦춰 말을 이었습니다.

"사장님, 이 상가는 앞으로도 최소 10년은 더 가져가실 생각이시지요?"

"그건 그렇지요. 지금 팔아서 딱히 갈 데도 없고, 팔고 나면 또 딴 걱정 생길 것 같아서 그냥 가져가야지요."

"그렇다면 오늘 이 자리에서 우리가 제일 먼저 다뤄야 할 질문은, '이번 한 건에서 중개보수를 얼마 줄이느냐'가 아니라 '앞으로 10년 동안 이 상가를 누구하고 같이 관리할 거냐?'라고 저는 생각합니다."

박 사장님 눈썹이 살짝 꿈틀거렸습니다.

"대표님, 또 철학 이야기입니까?"

"네, 맞습니다. 그런데 오늘은 길게 안 하겠습니다. 딱 한 문장만 여쭤보겠습니다. 사장님, 지금까지 저희 사무실을 계속 찾으셨던 이유는 저희가 숫자를 잘 맞춰서입니까? 아니면 그냥 사장님 입장에서 마음이 편해서입니까?"

잠깐의 정적이 상담실 안을 스쳤습니다. 유 이사가 내려놓은 유리컵에서 김이 천천히 올라왔고, 벽시계의 초침 소리가 평소보다 더 크게 들리는 것 같았습니다.

"편해서 남았다고 해야겠지요. 솔직히 말씀드리면… 제가 몰라도 될 것까지 챙겨 주시잖아요, 여기서. 세입자들이랑 부딪히기 전에 한 번 더 정리해주시는 것도 그렇고요."

박 사장님이 이렇게 말하며 웃는 순간, 저는 마음속에서 어떤 문장 하나에 진하게 밑줄을 긋는 기분이 들었습니다.

"그럼 오늘은 거기까지만 먼저 합시다. 조건, 임대료, 중개보수는 저와 정 본부장이 뒤에서 충분히 계산해보겠습니다. 사장님은 단 한 가지만 결정해주십시오. '앞으로도 이 상가는 저희 사무실이 계속 같이 관리하는 파트너인지' 그거 하나만 정해주시면 됩니다."

박 사장님이 두 손을 테이블 위에 포개 올리더니, 이번에는 조금 더 부드러운 목소리로 대답했습니다.

"그건 고민할 것도 없지요. 내가 여기 말고 또 어디를 갑니까? 지금까지도 같이 봐왔는데, 앞으로도 같이 가야지요."

그 한 줄이 떨어지는 순간, 정 본부장과 유 이사의 어깨가 동시에 살짝 내려갔습니다. 숫자로는 적히지 않지만, 이 한 줄이야말로 앞으로 몇 년을 함께 걸어갈 수 있는 '관계의 계약서'라는 생각이 들었습니다. 박 사장님이 돌아간 뒤, 정 본부장이 상가 쪽으로 걸어오면서 웃으며 말했습니다.

"대표님, 아까 중개보수 이야기가 나올 때는 순간 심장이 철렁했는데, 지금은 이상하게 마음이 편합니다. 오늘도 '얼마까지 깎을 수 있느냐?'로 끝날 줄 알았는데, 오히려 '앞으로도 같이 가자'라는 말이 먼저 나와서 그런 것 같습니다."

유 이사가 고개를 끄덕이며 조용히 말을 보탰습니다.

"사람이 돈으로 시작하는 것은 어쩔 수 없는 것 같습니다. 저라도 투자한다고 하면 가장 먼저 '이번에 얼마를 남길 수 있을까?'부터 계산할 것 같습니다. 그래도 마지막에 남는 것은 결국 '내 편이 되어주는 사람이 있느냐?'겠지요. 대표님이 오늘 다시 그 말을 확인해주신 것 같습니다."

저는 두 사람을 바라보며, 꼭 하고 싶었던 말을 꺼냈습니다.

"그래서 우리가 잊지 말아야 할 게 바로 이겁니다. 고객은 대부분 돈 때문에 우리를 찾으시지만, 결국 관계 때문에 남으십니다. 우리는 그 '남는 이유'를 만드는 일을 하는 사람들입니다."

이런 이야기를 이렇게 천천히 풀어낼 수 있기까지 제게도 꽤 긴 시간이 필요했습니다. 개업 초반에는 사무실 월세와 직원 급여, 광고비와 각종 카드값이 머릿속에서 떠다니는 숫자들처럼 느껴졌고, 한 달 내내 숨을 조이고 살아야 했습니다. 그때는 솔직히 사람 얼굴보다 매출표 숫자가 먼저 보였습니다. 어떤 날은 상담을 하루에 열 건 넘게 하고도 계약이 하나도 안 나면, 머릿속에서 이런 문장들만 맴돌았습니다.

'이 건은 중개보수가 얼마입니까?'

'이 손님은 이 정도는 내야 되는 것 아닙니까?'

'이 조건이면 우리가 더 들어가면 안 되는 것 아닙니까?'

내용만 놓고 보면 틀린 말은 아니었습니다. 하지만 어느 순간부터 그 말들이 저부터 지치게 만들고 있었습니다. 사무실 문을 닫고 집으로 가는 길에 오늘 만났던 사람들 얼굴은 잘 떠오르지 않았고, '얼마를 남겼는지, 얼마나 놓쳤는지'만 머릿속을 점령했습니다.

그러던 어느 해, 저를 멈추게 만든 전화 한 통이 있었습니다. 몇 년 전, 권리금 협상 문제로 서로 얼굴을 붉히고 헤어진 건물주가 한 분 있었습니다. 그때 저는 속으로 이렇게 정리하며 등을 돌렸습니다.

'이렇게 까다로운 분이라면 굳이 내가 끝까지 잡고 갈 필요는 없겠지. 인연이 아닌 걸로 하자.'

그 후로 연락은 완전히 끊겼고, 그 건물에는 어느 날 다른 중개사무소 간판이 걸렸습니다. 저도 그 건물 앞을 일부러 돌아서 지나간 적도 있었습니다. '저기는 이제 내 몫이 아닌 건물이다'라고 스스로 말하면서요.

그런데 정확히 3년이 지나던 어느 늦은 오후, 제 휴대폰 진동이 울리며 잊고 지냈지만 익숙한 이름이 화면에 보였습니다.

"혹시 김명식 대표님 번호 맞으십니까?"

조금 건조한 듯한 목소리였지만, 저는 단번에 누구인지 알아차렸습니다. 그 건물주였습니다.

"네, 오랜만입니다. 잘 지내셨습니까?"

"그때는 제가 성격이 너무 급했습니다. 돌이켜 생각해보니까, 그날 대표님이 하셨던 말이 저를 말려 주려던 이야기였다는 것을 이제야 알겠습니다. 지금 건물이 공실이 지꾸 나서… 혹시 한 번만 다시 봐주실 수 있겠습니까?"

그 짧은 통화가 끝난 뒤 저는 한동안 자리에서 일어나지 못했습니다.

'아, 사람이 한번 싸우고 끝나는 존재가 아니구나. 그때는 틀어졌어도 시간이 흐르면 다시 우리를 떠올릴 수 있구나. 그리고 결국 중요한 것은 그날 마지막 인사에서 내가 어떤 태도로 마무리했느냐였구나.'

그날 이후로 저는 계약이 깨지든 협상이 어긋나든, 마지막 인사만큼은 최대한 정리해서 건네려고 마음을 정했습니다.

"이번에는 우리 인연이 여기까지인 것 같습니다. 그래도 덕분에 현장을 많이 배웠습니다. 언제든 필요하시면 다시 연락을 주십시오. 그때는 오늘보다 더 잘 준비해놓고 기다리겠습니다."

그렇게 끝낸 인연은 생각보다 자주 다시 전화가 옵니다.

"대표님, 그때 기억하시죠? 이번에는 좀 다르게 해보고 싶어서, 다시 한번 부탁드려도 되겠습니까?"

이런 전화가 올 때마다 저는 속으로 같은 문장을 한 번 더 확인합니다.

'처음에는 돈 때문에 전화를 거셨겠지만, 다시 전화를 거는 순간만큼은 사람 때문에 떠올린 거다.'

사무실 안쪽에서도 이 공식은 그대로 이어집니다. 직원마다 강점이 다릅니다. 어떤 직원은 숫자에 강하고, 어떤 직원은 말 한마디로 분위기를 부드럽게 만드는 데 강합니다. 정 본부장은 계약 구조를 설계하고, 위험 요소를 빠르게 찾아내는 데 탁월합니다. 일정이 꼬였을 때나 변수가 튀어나올 때, 이 능력은 정말 든든합니다. 유 이사는 사람을 오래 기억합니다. 처음 상담하러 왔을 때 손님이 입고 온 점퍼 색깔, 자녀가 몇 학년인지, 카페 오픈 준비를 하면서 가장 걱정하던 말 한마디 등을요. 이런 것들을 마음속에 잘 넣어 두었다가 다음에 다시 만났을 때 자연스럽게 꺼냅니다.

"지난번에 따님 졸업식 준비하시느라 바쁘다고 하셨는데, 잘 다녀오셨습니까?"

“그때 날씨가 많이 추웠는데, 오늘은 조금 덜 춥지 않으십니까?”

이런 문장들은 어떤 계약서에도 적히지 않지만, 그 사람의 마음속 ‘관계의 페이지’에는 가장 굵은 글씨로 남습니다.

그래서 저는 직원들에게 종종 이런 이야기를 건넵니다.

“계약서는 숫자로 쓰지만, 관계는 이름으로 남습니다. 우리는 숫자만 잘 쓰는 사람이 아니라, 이름을 오래 기억하는 사람이 되어야 합니다.”

사무실 경영에서 숫자를 모를 수는 없습니다. 중개보수가 얼마나 들어오는지, 월 고정비가 얼마인지, 광고비를 어느 선까지 쓸 수 있는지, 이것을 모르면 사무실 생존 자체가 흔들립니다. 하지만 숫자만 보고 있으면, 사람이 먼저 지칩니다. 매출이 조금만 줄어도 ‘우리는 왜 이것밖에 못 벌지?’라는 생각에 어깨가 무거워지고, 계약이 한 번만 어긋나도 ‘또 실패했다’라는 문장이 머릿속을 점령합니다.

이때 관계까지 같이 보는 사무실은 질문을 조금 다르게 던집니다.

‘이번 달 계약 건수는 지난달보다 한두 건 적었지만, 이번 달에 새로 생긴 관계는 몇 개지?’

‘이번 주에 중개보수는 많이 못 챙겼지만, 이번 주에 우리 사무실 이름을 휴대폰에 저장한 사람은 몇 분이지?’

이 질문을 같이 던지기 시작하면, 단순한 숫자표에 불과했던 매출표에서 사람 얼굴이 하나둘 떠오르기 시작합니다. 한 번 거래하고 끝나는 손님이 아니라, 상담만 받고 돌아갔다가도 나중에 가족이나 지인을 데리고 다시 찾아오는 손님들이 자연스럽게 생각납니다. 그때 비로소 이런 사실이 실감 납니다.

‘고객은 돈으로 오지만, 진짜로 남게 만드는 것은 관계구나.’

그래서 저는 화이트보드 한쪽에 늘 작은 칸을 남겨 둡니다. 제목은 아주 단순합니다.

'이번 주, 우리가 새로 만든 관계 세 명.'

여기에 이름을 적을 때는 계약 여부를 따지지 않습니다. 오히려 이런 이름들이 많이 올라옵니다.

'조건이 안 맞아서 다음으로 미루신 김○○ 사장님.'

'다음 점포 확장 때 꼭 다시 연락을 주시겠다고 한 박○○ 대표님.'

'이번에는 다른 중개사를 통해 진행하셨지만, '다음에는 꼭 여기서 상담받고 싶다'라고 하신 이○○ 사모님.'

이 이름들을 한 주, 한 달, 몇 달씩 이어서 적어 두고 있으면, 신기하게도 몇 달, 길게는 몇 년 뒤에 정말로 전화가 옵니다. 그런 전화가 올 때마다 저는 직원들을 보며 조용히 말합니다.

"보셨죠? 고객은 중개보수 때문에 우리를 떠올리지 않습니다. '저 사람들이 나를 편하게 대해줬지!'라는 기억 때문에 어느 날 다시 이 유리문을 밀고 들어오십니다."

결국 고객은 돈으로 오지만 관계로 남습니다.

우리는 그 '남는 이유'를 만드는 일을 하는 사람들입니다.

사무실을 움직이는 한 문장

고객은 조건을 보고 들어와도 결국 관계 때문에 남으니, 중개보수나 급여표보다 먼저 챙겨야 할 것은 '같이 버티고 싶은가?' 하는 마음이다.

채용은 EVP와 온보딩으로 완성된다

아침 회의가 끝나갈 무렵, 정민우 본부장이 노트를 넘기면서 조심스럽게 말을 꺼냈습니다.

"대표님, 이번에는 사람을 뽑더라도 예전이랑 똑같이 가면 안 될 것 같습니다."

유서연 이사가 맞은편에서 조용히 고개를 끄덕였습니다.

"요즘 저희 사무실 분위기가 나쁘다는 뜻은 아닙니다. 그런데 솔직히 말씀드리면, 최근에 들어왔다가 6개월 안에 그만두신 분들에게 저희가 처음부터 '여기서 일하면 무엇을 얻을 수 있는지'를 제대로 설명해드린 적이 한 번도 없었던 것 같습니다. 그냥 '이 업무를 하시면 되고, 이 정도 중개보수 배분이고, 휴무는 며칠이고…' 이런 이야기만 했던 것 같습니다."

그 말을 듣는 순간, 제 머릿속에도 몇 명의 얼굴이 연달아 떠올랐습니다. 입사 첫날에는 눈이 반짝이던 분들인데, 3개월쯤 지나면 표정이 금세 무거워지고, 6개월이 넘기 전에 조용히 책상 서랍을 정리하던 그 모습들을요. 의자를 조금 뒤로 빼며 말을 이었습니다.

"그분들 탓만 할 수는 없지요. 우리가 사람을 모실 때 '우리 사무실에서 같이 일하면 당신에게 어떤 시간이 펼쳐지는지'를 제대로 보여드린 적이 별로 없습니다. 그냥 연봉, 배분, 휴무 같은 숫자만 나열했으니, 그분들 입장에서는 우리 사무실이 다른 곳과 뭐가 다른지 알 길이 없었을 겁니다."

유 이사가 손에 쥐고 있던 펜을 빙글 한 번 돌리더니, 제 쪽을 바라보며 말했습니다.

"대표님, 요즘 HR(Human Resources : 인적자원) 책 같은 데 보면, 'EVP(Employee Value Proposition : 직원가치제안)'라는 표현을 쓰더라고요. 직원이 이 회사에서 일할 이유, 한 줄로 정리한 문장이지요. 그런데 저희는 그것을 한 번도 제대로 만들어본 적이 없는 것 같습니다."

정 본부장이 웃으면서 덧붙였습니다.

"맞습니다. 솔직히 지금까지 우리 채용 공고를 떠올려 보면, '세종, 상가 전문, 중개보수 몇 대 몇, 경력 우대' 이 정도였던 것 같습니다. 그것을 보고 지원하는 분들은 '돈 계산'까지만 하실 테고요."

저는 잠깐 숨을 고르고, 화이트보드 쪽을 가리켰습니다.

"좋습니다. 오늘은 여기서부터 다시 시작해봅시다. EVP를 우리는 '우리 사무실에서 일할 이유, 한 장짜리 소개서'라고 해보죠. 먼저 그것을 제대로 만들고, 그다음에 '들어온 다음 첫 3개월을 어떻게 함께 보낼지' 온보딩(On-boarding : 기업 및 조직에 잘 정착함) 계획을 세워 봅시다. 사람은 공고를 보고 들어오지만, 결국은 첫 3개월에서 남을지 말지 결정하니까요."

화이트보드 맨 위에 크게 썼습니다.

〈우리 사무실에서 일할 이유〉

옆에서 정 본부장이 슬며시 웃으며 한마디 덧붙였습니다.

"조건 이야기 말고, 자랑도 말고, 진짜 이유로만 채워야겠지요."

"그렇지요. 연봉, 배분, 휴무는 당연히 설명해야 할 정보고, 여기 쓸 것은 '여기서 일하면 내 인생에 뭐가 남느냐?'입니다."

유 이사가 팔짱을 끼고 한참 화이트보드를 바라보더니, 천천히 입을 열었습니다.

"대표님, 저는 가장 먼저 '현장'을 쓰고 싶습니다. 우리 사무실은 각자 1인 1고객, 1인 1현장으로 움직이지만, 계약이 막힐 때나 방향이 헷갈릴 때는 꼭 내부에서 같이 풀어보지 않습니까? 혼자 두지 않는다는 것, 이게 다른 사무실과 가장 큰 차이 같아요."

"좋습니다. 그럼 이렇게 한 줄 써봅시다."

저는 천천히 적었습니다.

〈① 혼자 영업하지만, 혼자 버티게 두지는 않는 사무실〉

정 본부장이 두 번째 항목을 제안했습니다.

"대표님, 저는 '성장'이요. 솔직히 여기 오면 현장 경험만 쌓는 게 아니라, 대표님 강의를 들으면서 상가 중개 강의, 경영 이야기까지 자연스럽게 듣게 되지 않습니까? 다른 사무실에서 일하면 그냥 '일만 배우고 끝'인데, 여기서는 사무실 운영, 강의, 컨설팅까지 바로 옆에서 볼 수 있다는 게 큰 차이 같습니다."

그 말을 들으니, 제가 강의장을 오가며 찍어둔 사진들과 뒤에서 조용히 앉아 듣던 직원들 모습이 떠올랐습니다.

"좋네요. 두 번째는 이렇게 합시다."

〈② 상가 중개 실무와 사무실 경영을 함께 배우는 사무실〉

유 이사가 세 번째 항목을 이어받았습니다.

“대표님, 저는 ‘말투’도 하나 넣고 싶습니다. 여기 사무실에서 일하다 보면, 고객에게 말하는 방식이나 서로에게 피드백하는 방식이 조금 다르잖아요. 뒤에서 험담하는 대신, 그 자리에서 이야기하려고 하고, 틀렸을 때는 바로잡되 사람을 꺾지는 않으려고 하고요. 그게 편해서 남는 분들이 있을 것 같습니다.”

“그렇다면 이렇게 써볼까요?”

〈③ 실수는 이야기하지만, 사람을 깎아내리지 않는 사무실〉

화이트보드에 세 줄이 또렷하게 올라가자, 세 사람의 어깨가 동시에 조금 내려가는 느낌이 들었습니다. 연봉, 수수료, 휴무 이야기는 단 한 글자도 쓰지 않았는데, 이상하게도 ‘이런 곳이라면 같이 일해보고 싶다’라는 생각이 우리부터 먼저 들었습니다.

“이게 바로 우리 사무실의 EVP입니다. 어렵게 말하면 ‘직원이 이 사무실에서 일할 이유를 한 줄씩 정리한 것’이고, 쉽게 말하면 ‘함께 일하려고 마음먹을 때 마지막에 결정하게 만드는 문장들’입니다.”

제가 말을 정리하자, 정 본부장이 고개를 끄덕이며 웃었습니다.

“대표님, 이렇게 정리해놓고 보니까 우리도 이 사무실에 계속 남을 이유를 다시 확인한 것 같습니다.”

오후 3시, 면접자가 들어왔습니다. 이력서에는 다른 지역에서 3년 동안 상가와 주택을 함께 중개하다가, 세종으로 이사 오게 됐다는 간단한 사연이 적혀 있었습니다.

"안녕하세요. 김 대표님. 여기 사무실은 인스타그램에서 먼저 봤습니다."

지원자는 조금 긴장한 목소리로 인사를 건넸습니다. 유 이사가 따뜻한 차를 내오고, 정 본부장이 건너편에 앉았습니다. 저는 이력서를 한번 훑어본 뒤 화이트보드 쪽을 가리켰습니다.

"이력서 내용은 제가 나중에 다시 천천히 보겠습니다. 오늘 이 자리에서 제가 먼저 설명 드리고 싶은 것은 '우리 사무실이 어떤 사무실인지에 대해서'입니다. 저 글씨 보이시지요? '우리 사무실에서 일할 이유'라고 적어 놓았습니다."

지원자가 고개를 끄덕였습니다.

"예, 아까 들어올 때부터 눈에 들어왔습니다."

"저 세 줄은 연봉이나 중개보수 이야기가 아닙니다. EVP라고도 하고, 저희끼리 쉽게 말하면 '여기서 일하면 당신 인생에 뭐가 남는지' 정리한 문장입니다."

저는 하나씩 짚어가며 설명했습니다.

"첫 번째, 혼자 영업하지만 혼자 버티게 두지는 않는 사무실. 저희는 각자 고객을 맡아서 각자 현장에 나갑니다. 그렇지만 계약이 막혔을 때, 건물주와의 대화가 어려울 때, 세입자와 갈등이 생겼을 때, 그냥 '알아서 해결하세요' 하고 넘기지 않습니다. 같이 앉아서 스크립트를 짜고, 상황을 다시 설계합니다."

지원자의 표정이 조금 풀리는 것이 눈에 들어왔습니다.

"두 번째, 상가 중개 실무와 사무실 경영을 함께 배우는 사무실. 저는 상가 중개 강의와 실무교육을 밖에서 많이 합니다. 그런데 그 내용의 대부분을, 사무실에서 직원들과 먼저 나누려고 합니다. 직원 여러분이 '단순히 계약서만 쓰는 공인중개사'가 아니라, '언젠가 자신의 사무실을 운영할 수 있는 대표'로 성장하셨으면 해서 그렇습니다.

세 번째, 실수는 이야기하지만 사람을 깎아내리지 않는 사무실. 이것은 저희 사무실 분위기를 가장 잘 보여주는 문장입니다. 실수는 숨기지 말고 바로 이야기하시라고 말씀드립니다. 대신 그 실수를 사람의 성격과 연결해서 공격하지는 않습니다. '그럴 수 있다. 다만 다음에는 이렇게 해보자'라고 이야기하기 위해서 이 사무실이 존재한다고 생각합니다."

이야기를 다 들은 지원자가 한동안 말이 없다가, 조용히 입을 열었습니다.

"솔직히, 연봉이니 배분이니 하는 부분은 다른 사무실과 비슷할 것으로 생각하고 왔습니다. 그런데 '실수는 이야기하지만 사람을 깎아내리지 않는다'라는 말이 마음에 조금 남네요. 지난 사무실에서는 실수 한번 하면 바로 '역시 안 된다'라는 말부터 들어서, 나중에는 보고하는 것 자체가 두려워졌거든요."

유 이사가 부드럽게 웃으며 고개를 끄덕였습니다.

"그 마음이 어떤 것인지 저도 잘 알고 있습니다. 그래서 저희가 일부러 이 문장을 제일 진하게 써놓았습니다. 저 문장이 지켜지지 않으면, 저희도 이 사무실에서 오래 버티기 어려울 테니까요."

그렇게 첫 번째 면접은 연봉이나 배분 이야기를 거의 하지 않은 채 서로가 어떤 사무실을 꿈꾸고 있는지 확인하는 시간으로 흘러갔습니다. 면접이 끝나고 지원자가 나간 뒤, 정 본부장이 조용히 말했습니다.

"대표님, 오늘 처음으로 채용 면접에서 '우리가 원하는 사람'보다 '우리가 어떤 사무실인지'를 먼저 이야기한 것 같습니다. 느낌이 다릅니다."

EVP, 그러니까 '우리 사무실에서 일할 이유'가 어느 정도 정리가 되자 다음 고민이 자연스럽게 따라왔습니다.

'들어온 다음 첫 3개월을 어떻게 같이 보낼 것인가?'

저는 책상 서랍에서 오래된 공책 하나를 꺼냈습니다. 제가 처음 사무실을 열었을 때, 하루를 어떻게 보내야 할지 몰라서, 아침부터 밤까지의 일정을 시간 단위로 적어 내려갔던 그 공책이었습니다.

"온보딩이라는 말이 있습니다. 어려운 말처럼 들리지만, 쉽게 말하면 '새로 들어온 사람이 처음 몇 달 동안 이 사무실에 잘 안착하도록 돕는 과정'입니다. 비행기 탈 때 승객이 안전벨트를 매는 법, 비상구 위치를 안내받는 것처럼, 사무실에도 그런 '첫 안내'가 있어야 합니다. 우리는 그것을 너무 자연스럽게 알아서 하겠지, 하고 넘겼던 것 같습니다."

유 이사가 손을 들었습니다.

"대표님, 일단 처음 한 주는 '듣는 기간'으로 해드리면 어떨까요? 바로 전화 받게 하지 않고, 정 본부장님 상담과 제가 하는 설명을 옆에서 들으면서, 우리 사무실 말투와 흐름을 그대로 적어 보는 겁니다. 실수를 줄이는 가장 빠른 방법이 '먼저 보고, 나중에 하게 하는 것'이니까요."

정 본부장이 두 번째 제안을 이어갔습니다.

"그리고 2주 차부터는 '현장 동행' 위주로. 각자 1인 1고객 원칙은 그대로 두되, 새로 들어온 분은 최소 세 번은 저희 둘 중 한 명과 함께 가는 것으로 하죠. 현장에서 고객께 어떻게 말하는지, 건물주와는 어떤 간격으로 대화하는지, 이런 것은 설명보다 옆에서 보는 게 빠르니까요."

저는 세 번째 항목을 덧붙였습니다.

"그리고 3개월 안에는 '본인 이름으로 계약서 한 장'까지 가는 것을 목표로 합시다. 그 계약이 크든 작든 상관없이, 처음부터 끝까지 본인 이름으로 상담하고 정리한 건을, 저희가 뒤에서 같이 받아주는 구조로요. 사람은 '내 이름으로 쓴 계약서'가 생기는 순간, 이 사무실에서의 시간이 확 달라집니다."

화이트보드에 다음과 같이 적었습니다.

〈① 1주차 : 듣기, 메모, 말투 익히기
② 2주차 : 현장 동행, 질문 정리
③ 3개월 안 : 본인 이름으로 첫 계약서〉

유 이사가 미소를 지으며 말했습니다.

"대표님, 이 정도면 대단한 시스템은 아니지만, 적어도 '들어와서 알아서 버티세요'는 아닌 것 같습니다. 온보딩이라는 게 결국 이것 아닌가 싶습니다. 처음 3개월을 혼자 헤매지 않게 하는 것."

저는 고개를 끄덕였습니다.

"맞습니다. 채용은 입사지원서를 받는 날이 아니라, 이 세 줄을 함께 지켜 나가는 3개월 동안 완성되는 것이라고 생각합니다."

그날 저녁, 사무실이 조금 조용해졌을 때 저는 책상 앞에 앉아 잠깐 눈을 감았습니다. 예전에 혼자 사무실을 지킬 때는 '사람을 뽑는다'라는 말 자체가 부담이었습니다. 누군가를 모셔 놓고 나서 지켜주지 못하면 어떡하나, 월급날이 다가올 때마다 숨이 막히면 어떡하나, 그런 걱정이 많았습니다. 그래서인지 자연스럽게 채용 기준도, 설명 방식도 '숫자' 쪽으로만 기울어 있었습니다.

"여기 오시면 이 정도 드립니다."
"이만큼은 해주셔야 합니다."

조건만 오고 갔지, 서로의 얼굴을 깊이 들여다보는 시간은 많지 않았습니다. 하지만 이제는 생각이 다릅니다. 취업하러 온 사람이 우리 사무실 문을 두드릴 때, 시작은 어쩔 수 없이 돈일 수밖에 없습니다. 연봉, 중개보수, 휴무, 출퇴근 거리 등요. 하지만 그 사람이 우리 사무실에 남을지, 다음 사무실을 찾을지는, 결국 이 질문에서 결정이 납니다.
'이곳에서 보내는 시간 동안 나는 어떤 사람이 되어가고 있는가?'

EVP와 온보딩이라는 어려운 말을 쓰지 않아도 괜찮습니다. 한 장의 종이에 '우리 사무실에서 일할 이유'를 적어 보고, 화이트보드에 '새로 들어온 분의 첫 3개월을 어떻게 같이 보낼지' 세 줄만 정리해봐도, 사무실의 방향은 확실히 달라집니다. 채용은 공고를 올리고 면접을 보는 날에 끝나는 게 아닙니다. 함께 일하기로 마음먹은 사람을, 처음 3개월 동안 어떻게 맞이하고, 어떻게 도와주고, 어떻게 인정해주느냐, 그 과정을 통해 비로소 완성됩니다.

사무실을 움직이는 한 문장

사람은 공고를 보고 지원하지만, 결국은 첫 3개월간 우리 사무실의 온도를 느끼고 남는다.

오래가는 팀은
공정한 약속과 피드백 주기로 굴러간다

어느 목요일 밤이었습니다. 시계는 밤 9시를 조금 넘기고 있었고, 사무실에는 아직 세 자리가 불이 켜져 있었습니다. 정민우 본부장은 그날 두 건째 계약서를 정리하고 있었고, 유서연 이사는 건물주에게 보낼 보고 메일을 다듬고 있었습니다. 저는 중간에서 두 사람의 손 움직임을 눈으로 따라가다가 문득, 사무실 공기가 묘하게 갈라져 있다는 느낌을 받았습니다. 겉으로 보기에는 모두 같은 공간에서 같은 방향으로 일하는 것처럼 보이는데, 마음 안쪽에서는 서로 다른 속도로 움직이는 것 같은 느낌. 누군가는 '오늘 많이 했으니 뿌듯하다'에 서 있고, 또 누군가는 '나는 오늘도 한 발 뒤에 있구나'에서 멈춰 있는 그런 온도 차이. 그때 막내 직원이 출력물을 챙겨 들고 제 앞을 지나가다가 잠깐 멈춰 섰습니다.

"대표님, 먼저 들어가봐도 되겠습니까?"
목소리는 평소처럼 공손했는데, 눈빛 어딘가에 망설임이 있었습니다.

"오늘 일정 다 정리하셨습니까?"
"네, 정리는 다 했습니다만…."

말끝에 붙은 '만'이 오래 남았습니다. '뭔가 더 하고 싶었는데, 오늘도 여기까지인가?' 하는 마음이 묻어 있었죠. 막내 직원이 엘리베이터를 타고 내려간 뒤 정 본부장이 조용히 말을 꺼냈습니다.

"대표님, 요즘 막내가 조금 기운이 빠져 보이지 않으십니까?"

"느껴집니다. 본부장님도 그렇게 보셨습니까?"

"네. 단톡방에 좋은 매물이 올라오면, 본인이 먼저 손을 들고 싶다가도 선배들 눈치를 보는 것 같습니다. 배정표도 '공정하게 돌아가고 있다'라고 머리로는 이해하는데, 마음은 그만큼 따라가지 않는 것 같고요."

유 이사가 고개를 끄덕이며 말을 보탰습니다.

"제가 보기에도 그렇습니다. 우리 나름대로 '순번대로, 번갈아가면서' 한다고 하지만, 막내 입장에서는 '나는 왜 늘 나중에?'라는 느낌이 들 수도 있을 것 같습니다. 계약이 몰리는 시기에는 특히 더 그렇겠지요."

그 말을 듣는 순간, 한동안 잊고 있던 저의 초창기 기억이 떠올랐습니다. 예전에 제가 직원으로 일하던 시절, 사무실에 '좋은 매물은 위에서 먼저 가져가고, 나머지는 밑으로 떨어진다'라는 말이 돌던 때가 있었습니다. 아무도 공식적으로 그런 규칙을 만든 적은 없는데도, 사람들 사이에 그런 공기가 한번 퍼지고 나면, 이후로는 무엇을 어떻게 나눠도 공정하게 느껴지지 않았습니다.

"매출이 조금씩 늘기 시작하고, 건수도 쌓이니까, 이제는 '누가 얼마나 버느냐?'만 보는 게 아니라 '어떤 약속이 지켜지고 있느냐?'가 더 예민하게 느껴지는 시기입니다. 이때 기준을 세우지 않으면, 팀은 겉으로는 잘 돌아가는데 속으로는 조금씩 삐걱거리기 시작합니다."

정 본부장이 바짝 앉으며 물었습니다.

"대표님, 그러면 어떻게 하는 게 좋겠습니까? 매번 상황이 다르다 보니, '늘 똑같이'도 쉽지 않고, 그렇다고 '그때그때 다르게' 하자니 또 불공정하다고 느끼실 수 있고요."

유 이사가 한숨을 조금 쉬었다가 말을 이었습니다.

"결국 약속과 피드백일 것 같습니다. 약속은 '사전에 미리 걸어 두는 것', 피드백은 '나중에 돌아보는 것', 이 둘이 합의된 리듬으로 반복되면 오래가고, 그때그때 기분 따라 바뀌면 금방 지치는 것 같아요."

그날 밤, 직원들이 모두 돌아간 후, 저는 혼자 화이트보드 앞에 섰습니다. 보통은 그날의 숫자를 적거나 다음 날의 일정을 정리하는데, 그날만큼은 다른 것을 하나 쓰고 싶었습니다. 화이트보드 맨 위에 이렇게 적었습니다.

〈오래가는 팀 = 공정한 약속 + 정해진 피드백 주기〉

그리고 그 아래에, 초창기 사무실에서의 제 실수를 떠올리며 작은 글씨로 메모를 덧붙였습니다.

〈즉흥적인 결정은 순간의 통쾌함은 줄 수 있지만, 팀의 신뢰를 잠식한다.〉

예전에는 계약이 한두 건씩 들어올 때마다 '이번에는 이 사람에게, 다음에는 저 사람에게' 같은 방식으로, 머릿속에서만 혼자 기준을 세우고 움직였습니다. 그때는 직원도 적었고, 대부분이 비슷한 경력이라서 큰 문제가 없어 보였습니다. 그런데 시간이 지나면서 상황이 달라졌습니다. 누군가는 경력이 쌓이고, 누군가는 막 시작하는 단계에 있다 보니, 같은 배분 방식이라도 누군가에게는 기회로, 누군가에게는 불공정으로 느껴지는 일이 생겨났습니다. 저는 그때마다 그때그때 설명하면 된다고 생각했습니다. 그런데 뒤돌아보니, 설명이 길어질수록 사람들은 더 헷갈렸습니다.

‘기준이 있는 것인가? 없는 것인가?’
‘어떤 날은 이렇게 말하고, 어떤 날은 저렇게 말하는 것 같은데.’

이렇게 생각이 쌓이면, 어느 날부터는 결과만 보게 됩니다.
‘또 저 사람이다.’
‘나는 왜 아닐까?’

공정함은 결국 ‘결과의 균등’이 아니라 ‘약속의 명확함’과 ‘설명 방식의 일관성’에서 온다는 것을 그제야 배웠습니다.

다음 날 아침, 저는 직원들을 회의 테이블로 불렀습니다. 커피머신에서 오늘 첫 샷이 떨어지는 동안, 직원들의 자리가 하나씩 채워졌습니다.

“오늘은 조금 다른 이야기를 하겠습니다. 우리가 팀으로 오래가려면, 저는 두 가지가 가장 중요하다고 봅니다. 첫째, 공정한 약속. 둘째, 정해진 피드백 주기. 이 두 가지가 흐트러지는 순간, 팀은 유명무실해지고, 사무실은 단순히 자리를 같이 쓰는 사람들이 모인 공간이 되어버립니다.”

정 본부장이 물었습니다.
“대표님, 공정한 약속이라는 말은 구체적으로 어떤 것을 말씀하시는 겁니까?”
“간단합니다. ‘애초에 무엇을 약속했는지’ 모두가 알고 있고, ‘그 약속이 깨지면 어떻게 다시 맞출지’도 알고 있으면, 사람들은 크게 흔들리지 않습니다. 반대로, 약속은 있었는지조차 헷갈리고, 기준이 수시로 바뀌면, 아무리 좋은 보상이 있어도 오래 버티기 어렵습니다.”

유 이사가 조용히 끄덕이며 말을 보탰습니다.

"대표님, 그 기준을 오늘 다시 같이 맞추자는 말씀이시지요?"

"네. 예를 들어볼까요? 우리 사무실에서 오래가는 구조를 만들려면, 최소한 이 네 가지만큼은 약속을 분명히 해야 한다고 봅니다."

저는 화이트보드에 천천히 네 항목을 적었습니다.

〈① 좋은 매물을 어떻게 배정할 것인가?

② 중개보수를 어떻게 나눌 것인가?

③ 휴무와 일정은 어떻게 공평하게 돌릴 것인가?

④ 실수했을 때, 어떻게 이야기를 나눌 것인가?〉

직원들 눈이 조금 커졌습니다. 사실 모두가 머릿속으로는 늘 생각하던 항목들이지만, 이렇게 네 줄로 적힌 것을 보니, 그동안 우리가 '묻어두고 지나간 약속들'이 얼마나 많은지 실감이 됐습니다.

"오늘 이 자리에서 완벽한 답을 내자는 것은 아닙니다. 다만, 앞으로 이 네 가지는 '그때그때 기분 따라'가 아니라, '미리 적어 두고 지켜 나가는 약속'으로 바꾸자는 겁니다. 그리고 이 약속이 잘 지켜지고 있는지 확인하는 시간을, 매주 정해놓고 싶습니다. 먼저 좋은 매물 배정부터 이야기해볼까요? 여러분은 지금의 방식이 어떠십니까? 솔직하게 말씀해 주셔도 됩니다."

잠깐의 정적 끝에 막내 직원이 손을 들었습니다.

"대표님, 저는… 머리로는 이해합니다. 경력 있고, 건물주와 신뢰가 깊은 분께 먼저 맡기는 게 맞습니다. 그런데 마음으로는 가끔 아쉽습니다. '언젠가는 나에게도 그런 기회가 오겠지?'라고 믿고 있는데, 정확히 언제인지, 어떤 기준으로 오는지 잘 모르겠을 때, 스스로 설득하는 데 힘이 많이 듭니다."

유 이사가 천천히 고개를 끄덕였습니다.

"그 말이 무슨 뜻인지 저도 압니다. 저도 예전에 비슷한 경험을 많이 했습니다. 그래서 제안 하나 드리고 싶은데요."

"말씀해보십시오."

"좋은 매물 중에서, '난이도 상'과 '난이도 중·하'를 나누는 겁니다. 예를 들면, 건물주와 첫 거래이고 공실 기간이 길어서 민감한 매물은 선배들이 맡되, 소개 위주의 안정적인 매물과 권리관계가 비교적 단순한 매물은, 일정 비율만큼은 꼭 후배들에게도 돌아가게 하는 거지요. 대신 후배가 맡을 때는 처음부터 코칭 구조를 붙이고요."

정 본부장이 바로 거들었습니다.

"좋습니다. 그러면 '난이도 중·하 매물 중 30%는 3년 미만 직원 우선 배정' 같은 식으로 숫자를 정해보면 어떻겠습니까? 이렇게 기준을 미리 세우면, 후배들도 '언젠가는'이 아니라 '이 정도 시간이 지나면 나에게도 차례가 온다'라는 감각을 가질 수 있을 것 같습니다."

막내 직원의 표정이 조금 밝아졌습니다.

"그렇게만 된다면 기다릴 수 있을 것 같습니다. 그냥 막연히 '언젠가'라고 생각하는 것보다는 기준이 있는 게 훨씬 편합니다."

저는 그 자리에서 바로 화이트보드에 적었습니다.

〈좋은 매물 배정 원칙

① 난이도 상 : 경력자 우선

② 난이도 중·하 : 30%는 3년 미만 직원 우선 배정, 단 공동 코칭 필수〉

그리고 아래에 작은 글씨로 덧붙였습니다.

〈이 원칙이 지켜지지 않는 특별한 상황이 생기면, 배정 전에 사전에 설명할 것〉

'공정함'은 사실 숫자의 대칭에서 오는 게 아니라, '왜 이렇게 했는지?'에 대한 설명이 미리 따라붙느냐에서 갈린다는 것을 저는 여러 번의 실패 속에서 깨달았습니다.

그다음은 피드백 주기였습니다.

"이제 두 번째로, '피드백을 언제, 어떻게 주고받을 건가?'를 정해봅시다. 여기 계신 분 중에 제가 어느 날 갑자기 부르거나 카톡으로 '잠깐 보자'라고 할 때 긴장해보신 분 있으십니까?"

서너 명이 동시에 웃었습니다.

"솔직히 말씀드리면 있습니다."

"저도요. '무슨 일 생겼나?'부터 떠오릅니다."

"맞습니다. 그게 자연스러운 반응입니다. 그래서 피드백은 '언제, 어떤 형식으로' 줄지 미리 약속해둬야 합니다. 그래야 그 시간이 '혼나는 시간'이 아니라, '함께 정리하는 시간'이 됩니다."

유 이사가 손을 들었습니다.

"대표님, 주간 피드백을 정해놓으면 어떨까요? 예를 들어, 매주 수요일 오후 4시에는 '이번 주 중간 점검', 금요일 오후에는 '이번 주 잘한 것·아쉬운 것'을 20분씩만, 꼭 시간을 정해서 하는 겁니다. 나머지 시간에는 되도록 즉흥적인 소환을 줄이고요."

정 본부장이 곧바로 덧붙였습니다.

"그리고 형식을 정하면 좋겠습니다. 한 사람을 둘러싸고 모두가 동시에 말하는 방식이 아니라, 각자 '이번 주 내가 스스로에게 주고 싶은 점수', '서로에게 고마웠던 순간 한 가지' 같은 식으로 이야기하는 것으로요."

저도 그 그림이 마음에 들어, 바로 정리했습니다.

"좋습니다. 그럼 이렇게 약속합시다.

① 수요일 16시 : 이번 주 중간 점검 20분, 숫자보다 흐름 점검.

② 금요일 17시 : 이번 주 잘한 것·배운 것·다음 주에 바꾸고 싶은 것, 각자 3분씩 공유.

③ 그 외 시간 : 특별한 이슈 아니면 즉흥 소환 최소화."

직원들의 표정이 조금씩 밝아졌습니다.

"이렇게 되면, 평일 동안 일이 꼬이더라도 '수요일과 금요일에 이야기할 수 있다'라는 마음으로 버틸 수 있을 것 같습니다."

"맞습니다. 계속 끝이 없는 느낌이 아니라, 일주일에 두 번은 '정리되는 시간'이 있다는 것만으로도 마음이 덜 지칠 것 같습니다."

그 주 오후, 수요일 첫 피드백 시간을 가졌습니다.

"오늘은 일단 가볍게 시작해봅시다. 각자 이번 주에 스스로에게 주고 싶은 점수와 옆 사람에게 고마웠던 순간 한 가지씩만 이야기해봅시다."

막내 직원이 먼저 말을 꺼냈습니다.

"저는 이번 주에 제게 70점을 주고 싶습니다. 콜백은 열심히 했지만, 한 번 더 붙잡을 수 있었던 손님을 놓친 게 마음에 남습니다. 그래도 그때 유 이사님이 '그 정도면 충분히 잘했다. 다음에는 멘트 한 줄만 바꿔 보자'라고 말해주셔서, 제 자신을 너무 심하게 몰아붙이지 않게 됐습니다. 그 말이 고마웠습니다."

유 이사가 이어서 말했습니다.

"저는 이번 주 제게 80점을 주고 싶습니다. 건물주 설명 자료를 조금 더 보기 쉽게 바꿔 본 게 나름 성과였던 것 같습니다. 대신, 막내에게 매물 배정할 때 한 번 더 상의하지 못한 점이 아쉽습니다. 다음 주에는 좋은 매물 하나를 꼭 먼저 보여주고 의견부터 듣겠습니다."

정 본부장도 웃으면서 덧붙였습니다.

"저는 제게 75점을 주겠습니다. 일정 조율은 나쁘지 않았지만, 어제 상담 끝나고 제 표정이 너무 굳어 있었던 것 같습니다. 오늘 아침 회의에서 대표님이 그 부분을 짚어 주셔서, 앞으로는 현장에서 힘든 감정을 사무실까지 그대로 끌고 들어오지 않도록 호흡을 조절해보려고 합니다. 그리고 막내에게 '요즘 어떻게 느끼는지' 먼저 물어봐주셔서 감사했습니다. 대표님."

그 말을 듣고, 저도 제 몫의 고백을 했습니다.

"저도 저에게 80점만 주겠습니다. 기준을 만들겠다고 선언만 해놓고, 지금까지 명확하게 보여드리지 못한 부분이 많았던 것 같습니다. 오늘 이렇게 첫걸음을 뗀 것만으로도 의미 있다고 생각합니다. 대신, 앞으로 이 약속을 지키지 못하는 날에는 제가 먼저 여러분께 이유를 설명드리겠습니다."

그날 첫 피드백 시간은 누구 하나 혼나지 않고, 사무실 공기가 훨씬 가벼워졌습니다. 서로의 마음속에서 서성이던 말들이 자리 찾을 곳을 발견한 느낌이었습니다. 오래가는 팀은 '누가 더 뛰어난가? 누가 더 많이 아는가?'보다 '우리가 어떤 약속 위에서 같이 일하고 있는지를 모두가 알고 있는지', '그 약속이 지켜지고 있는지 확인하는 시간이 정기적으로 있는지'에 따라 수명이 달라집니다. 약속이 불분명한 팀은 성과가 좋아도 늘 불안합니다. 오늘은 웃고 있지만, 내일은 어찌 될지 모른다는 생각이 마음 한쪽을 짓누릅니다. 반대로, 약속이 분명한 팀은 성과가 일시적으로 흔들려도 쉽게 무너지지 않습니다. '우리는 이 기준에서 다시 시작하면 된다'라는 믿음이 있기 때문입니다.

그래서 저는 사무실에서 가장 소중한 자산이 '좋은 매물'이나 '광고 노출'이라고 생각하지 않습니다. 가장 중요한 자산은 결국 이 두 가지입니다.

'공정한 약속을 함께 만들려는 노력.'
'정해진 피드백 주기를 꾸준히 지키려는 의지.'

이 두 가지가 지켜지는 사무실은 시간이 지날수록 조용히 단단해집니다. 누가 어디서 무슨 말을 하더라도, 함께 쌓아 온 약속과 피드백의 기록이 그 사무실을 지켜줍니다. 그리고 언젠가 이런 말을 자연스럽게 할 수 있게 됩니다.

'우리 사무실은 큰 한 방이 있는 곳은 아닙니다. 하지만 약속을 지키고, 피드백을 놓치지 않는 곳입니다. 그래서 오늘도, 내일도, 그다음 해에도 여전히 여기 있을 것입니다.'

사무실을 움직이는 한 문장

팀을 오래 끌고 가는 힘은 리더의 카리스마가 아니라, 모두가 알고 있는 약속과 모두가 예상할 수 있는 피드백 주기다.

3장

돈은 사무실의 혈관이다

돈이 부족한 게 아니라 **흐름이 막힌 것이다**

"대표님, 이번 달도 결국 마이너스입니다."

우리 중개법인의 경리 겸 총무를 맡고 있는 김경미 과장이 조심스럽게 말을 꺼냈습니다. 모니터에는 지난 3개월간 입출금 내역을 정리한 엑셀 파일이 있었고, 화면 오른쪽 아래에는 붉은색으로 '잔액 부족 예상일'이 '매월 15일'로 표시되어 있었습니다. 아직 월초도 지나지 않았는데, 벌써 중순을 걱정하고 있는 셈이었습니다.

"아니, 지난달에 계약서만 열다섯 건이었잖아요. 중개보수도 꽤 들어왔는데, 또 마이너스라고요?"

정민우 본부장이 의자를 살짝 당기며 화면을 들여다봤습니다. 숫자는 거짓말을 하지 않습니다. 입금 금액은 분명히 늘었는데, 문제는 그 숫자가 15일을 넘기지 못하고 사라진다는 사실이었습니다.

유서연 이사가 옆에서 달력을 넘기며 말했습니다.

"대표님, 지난달 25일부터 이달 10일까지 고정지출이 한꺼번에 몰려 있습니다. 월세, 인건비, 광고 대행료, 카드 할부, 전기·관리비까지지요. 원래는 날짜가 조금씩 흩어져 있었는데, 지난 분기부터 결제일이 미세하게 겹치면서, 이 열흘이 제일 숨 막히는 구간이 됐습니다.”

김경미 과장이 한숨 섞인 목소리로 덧붙였습니다.

“입금은 ‘언제쯤 들어올 것이다’ 정도로만 알고 있고, 출금은 날짜까지 딱 박혀 있으니까요. 들어오는 돈보다 나가는 시간이 훨씬 더 선명합니다.”

저는 잠시 말을 멈추고 모니터 대신 창밖을 바라봤습니다. 바깥 도로에는 차가 끊기지 않고 지나가고 있었습니다. 속도가 빠른 차도 있고, 신호에 자주 걸리는 차도 있었지만, 결국 하나의 흐름으로 합쳐져 사거리를 통과했습니다.

‘돈도 저런 건데….’

입금과 출금이 각각 따로 있는 게 아니라, 사실은 하나의 흐름으로 이어져야 하는데, 우리는 그동안 ‘들어오는 순간’과 ‘빠져나가는 순간’만 따로 보고 있었습니다. 사진으로만 보고, 동영상으로 보지 못한 셈이었습니다. 저는 의자를 조금 뒤로 밀고 허리를 세웠습니다.

“정리해봅시다. 첫째, 우리 사무실이 망한 것도 아닌데 계좌가 늘 빠듯한 이유는 돈이 ‘없어서’가 아니라, 같은 시기에 ‘몰려서’ 나가기 때문입니다. 둘째, 우리는 매출이 늘었다고 안심했지만, 현금흐름이 어디에서 막히는지는 제대로 안 보고 있었습니다. 셋째, 이 상태로 두면 매달 똑같은 자리에서 똑같이 숨이 찰 겁니다. 사람만 지치고, 사무실은 앞으로 못 나가겠지요.”

정 본부장이 고개를 끄덕였습니다.

“대표님 말씀대로입니다. 지난달에는 솔직히 기분이 좋았습니다. 계약이 많았으니까요. 그런데 계좌를 보니까, ‘우리가 정말 잘하고 있는 건가?'라는 질문이 다시 생깁니다."

유 이사가 웃으면서 말했습니다.

"그러니까 지금까지는 '얼마 벌었다'만 봤지만, 이제부터는 '언제 들어오고 언제 나가는지'를 같이 보자는 말씀이시지요?"

"맞습니다. 대표는 매출표를 보는 사람이 아니라, 흐름표를 보는 사람이어야 합니다. 현 상황은 돈이 부족한 게 아니라, 흐름이 막힌 겁니다."

이 문제를 처음 선명하게 느낀 것은 몇 달 전이었습니다. 계약이 한창 몰릴 때였습니다. 단톡방에는 '계약서 완료', '계약금 입금 확인', '중개보수 수령' 같은 메시지가 계속 올라왔고, 그때마다 직원들 이모티콘이 폭죽처럼 터졌습니다. 그런데 그 무렵, 제 휴대폰 문자는 전혀 다른 리듬으로 울렸습니다.

〈대표님, 이번 달 광고비 자동이체일입니다.〉

〈대표님, 법인카드 결제일 안내입니다.〉

〈대표님, 4대 보험 납부일입니다.〉

그때까지만 해도 저는 '그래도 벌고 있으니 괜찮겠지'라고 생각습니다. '이번 달은 계약이 많으니까 어느 정도 커버가 되겠지' 하는 막연한 믿음이 있었습니다. 그런데 어느 날 저녁, 김경미 과장에게서 전화가 걸려왔습니다.

"대표님, 메인 계좌에서 광고비랑 카드값이 동시에 빠져나가면서 잔액이 거의 바닥이 됐습니다. 오늘 들어온 중개보수가 있어서 마이너스는 넘겼는데요. 이 패턴이 2~3개월만 더 반복되면, 한 번은 진짜로 마이너스가 날 수 있습니다."

그 말을 듣는 순간, 마음 한쪽이 뜨끔했습니다. 남들 앞에서는 '경영'을 강의하면서 정작 우리 법인의 계좌 흐름은 이렇게까지 촘촘하게 보지 못하고 있었다는 사실이 드러난 것 같았으니까요.

언제까지 이렇게 감으로만 버틸 수는 없겠다 싶어서 그날 밤 집에 돌아와 노트북을 켜고, 지난 1년 치 입출금 내역을 한 줄씩 내려가며 다시 봤습니다. 돈이 들어오는 날은 제각각이었는데, 돈이 나가는 날은 놀라울 정도로 규칙적이었습니다. 월세는 매달 1일, 인건비는 10일, 광고비와 카드 결제는 10일 전후, 세금과 4대 보험은 15일 전후로 몰려 있었습니다. 우리 사무실은 한 달에 한 번 힘든 게 아니라, 열흘에 한 번씩 숨이 찼던 것이었습니다. 이것은 매출이 늘어난다고 자동으로 완화되는 게 아니었습니다. 손이 커지면 고정지출의 숫자도 같이 커지니, 흐름을 잡지 못하면 더 빨리 헉헉댈 것이었습니다. 그래서 그다음 주에 저는 김경미 과장에게 부탁했습니다.

"과장님, 입출금 내역을 '비용 종류'로만 나누지 말고, '날짜 기준'으로 한번 정리해봅시다. 예를 들면,

1일부터 10일까지 들어온 돈·나간 돈,

11일부터 20일까지 들어온 돈·나간 돈,

21일부터 말일까지 들어온 돈·나간 돈.

이렇게 열흘 단위로 흐름을 보고 싶습니다."

며칠 뒤, 모니터 속 엑셀 파일은 완전히 다른 그림을 보여줬습니다.

"대표님, 보시면요. 1~10일에는 나가는 돈이 압도적으로 많고, 11~20일에는 들어오는 돈이 많습니다. 마지막 구간은 계약 건수에 따라 조금씩 달라지긴 하는데, 전체적으로 보면 두 번째 구간에서 숨을 돌리고, 첫 번째 구간에서 다시 지치는 패턴입니다."

"그렇다면 이것은 '돈이 부족하다'의 문제가 아니라, '타이밍이 안 맞

는다'라는 이야기네요."

"네, 구조적으로 적자라고 보기는 어렵습니다. 다만 흐름이 울퉁불퉁해서 어느 구간은 유난히 숨이 차고, 어느 구간은 여유가 생깁니다. 이것을 조금만 평평하게 만들면 체감이 확 달라질 거예요."

그 말을 들으면서 깨달았습니다. '돈이 부족하다'라는 말은 사실 '내가 쓰고 싶은 타이밍에 내 손에 돈이 없다'라는 뜻이었습니다. 그리고 그 '쓰고 싶은 타이밍'은 우리가 정한 게 아니라 남들이 정한 날짜였습니다. 건물주가 정한 월세 납부일, 국가가 정한 세금 납부일, 카드사가 정한 결제일. 우리는 그 일정에 맞춰 뛰느라 숨이 찼고, 그러다 보니 정작 우리 사무실 내부의 현금흐름을 스스로 설계해본 적이 거의 없었습니다. 그래서 그 주 월요일 오전 회의에서 저는 직원들을 모아 놓고 이렇게 말했습니다.

"여러분, 이제부터 우리는 '얼마 벌었느냐?'보다 '언제 숨이 막히느냐?'를 먼저 보겠습니다. 매출이 적어서가 아니라, 흐름이 막혀서 힘든 거라면, 그 흐름부터 풀어야 합니다."

"대표님, 구체적으로 어떻게 하시겠다는 것인지 말씀해주실 수 있을까요?"

정 본부장이 물었고, 저는 준비해둔 A4 용지를 꺼냈습니다.

"일단, 기본 원칙은 유지합니다. 들어온 중개보수의 절반은 현장에 나간 사람에게, 일정 비율은 광고와 마케팅에, 나머지는 사무실 운영과 유보에 쓰는 구조로요. 다만 이 돈이 '언제' 빠져나가는지는 우리가 조금 더 주도권을 가져야 합니다."

유 이사가 고개를 끄덕였습니다.

"그래서 계좌를 더 나누자는 말씀이시지요?"

"맞습니다. 이미 메인 계좌 하나로 모든 것을 처리하고 있지만, 이번에는 이름을 확실하게 붙이려고 합니다.

첫째, 월세·인건비·관리비 같은 고정비 전용 '생활 계좌',

둘째, 광고·마케팅·프로모션 전용 '광고 계좌',

셋째, 부가가치세와 4대 보험 등 각종 세금 전용 '세금 계좌'.

그리고 메인 계좌는 왔다 갔다 하는 돈, 그러니까 아직 용도가 딱 정해지지 않은 돈만 잠깐 쉬었다 가는 곳으로 쓰는 겁니다."

정 본부장이 웃으며 말했습니다.

"그렇게 되면 이제 메인 계좌 잔액만 보고 놀랄 필요는 없겠네요. '생활·광고·세금', 이 세 계좌가 제날짜에 맞춰 채워져 있는지가 더 중요한 거니까요."

"그렇습니다. 앞으로 우리는 메인 계좌 숫자 하나를 보고 마음이 들썩이기보다, 이 세 계좌가 제 역할을 하고 있는지를 보면서 안정을 찾아야 합니다."

구조를 이렇게 재설계하고 나니 눈에 띄는 변화가 하나 생겼습니다. 예전에는 계약이 몰리는 달이면 모두가 박수 치고 기뻐하면서도 동시에 불안해했습니다.

'이번 달에 이렇게 많이 벌었는데, 다음 달은 어떡하지?'

'이렇게 몰아서 들어온 게 또 올까?'

질문이 항상 '다음 달'로 튀었습니다. 그런데 계좌를 나누고 나서부터는 질문의 방향이 달라졌습니다.

'이번 달 들어온 중개보수 중에서 생활 계좌에 들어갈 몫은 확보됐나?'

‘광고 계좌 잔액으로 다음 달 캠페인을 무리 없이 돌릴 수 있나?’
‘세금 계좌에 미리 쌓아 둔 금액으로, 부가가치세 나가는 날에 당황하지 않을 수 있나?’

그러니까 ‘얼마 벌었다’에서 ‘어디까지 버틸 수 있나?’로 질문이 바뀐 것입니다. 번 돈의 크기보다, 흐름이 만들어내는 안정감이 중요해졌습니다.

어느 날, 막내 직원이 퇴근 전에 제 자리로 와서 물었습니다.
“대표님, 요즘은 사무실에서 돈 이야기를 더 자주 하는데도 이상하게 예전보다 덜 불안합니다. 숫자를 더 많이 보고 있는데, 오히려 마음이 더 안정되는 느낌입니다. 이게 왜 그럴까요?”

저는 웃으면서 대답했습니다.
“이제는 ‘돈이 없다’라는 말을 쉽게 믿지 않아서 그렇습니다. 우리가 계좌와 달력을 같이 보기 시작하면서, ‘정말 없는 것인지, 잠깐 막힌 것인지’를 구분하게 됐잖아요.”
“아, 없는 것과 막힌 것의 차이….”
“정말로 적게 벌어서 힘든 달도 있을 수 있습니다. 그것은 인정해야죠. 하지만 대부분은, ‘없는 게 아니라 들어오고 나가는 길이 꼬여 있을 뿐’인 경우가 많습니다. 이 둘을 구분하지 못하면, 항상 ‘우리는 부족하다’라는 생각에만 갇히게 되고요. 흐름을 보기 시작하면, ‘아, 이 구간만 넘기면 된다’, ‘여기만 조금 고치면 된다’라는 감각이 생깁니다. 그게 안정감입니다.”

막내 직원이 고개를 끄덕였습니다.
“그래서 요즘은 매출표를 볼 때와 계좌 흐름표를 볼 때 느낌이 달랐습니다. 매출표는 시험 성적표 느낌이고, 흐름표는 심전도 같다는 생각이 듭니다."

"좋은 비유네요. 우리 사무실도 심장이 있으니까요. 일시적으로 위아래로 출렁일 수 있지만, 흐름이 끊기지만 않으면 됩니다. 돈도 사람 몸의 혈액처럼 도는 거라서, 어느 한순간의 숫자보다 전체 흐름이 이어지고 있는지가 훨씬 중요합니다."

그날 밤, 사무실이 조용해졌을 때, 저는 혼자 계좌 이체 화면을 열어 놓고 한참을 바라봤습니다. 예전 같았으면 잔액을 보는 순간 한숨부터 나왔을 것입니다. 그런데 이제는 잔액보다 먼저 달력 속 날짜들이 떠오릅니다. 월세 나가는 날, 인건비 나가는 날, 광고비 나가는 날, 세금 나가는 날. 그리고 그 사이사이에 들어올 예정인 중개보수, 컨설팅보수. 달력을 머릿속에 펼쳐 놓은 채 계좌 숫자를 겹쳐 보니, 예전 같으면 '위기'로만 보였던 그림이 '조금 빡세지만 관리 가능한 흐름'으로 바뀌어 보였습니다. 그제야 이 문장이 몸으로 이해됐습니다.

'돈이 부족한 게 아니라, 흐름이 막혀 있었던 거구나.'

결국 사무실 경영은 이 간단한 질문 하나에서 시작됩니다.

'나는 지금 부족함을 탓하고 있는가? 아니면 막힌 곳을 찾고 있는가?'

부족함을 탓하면, 늘 남 탓과 시장 탓으로 끝납니다. 건물주가 까다로워서, 상권이 예전 같지 않아서, 요즘 손님들이 너무 예민해서…. 하지만 막힌 곳을 찾기 시작하면, 질문이 달라집니다.

'우리가 돈이 들어오는 길과 나가는 길을 제대로 설계해두었는가?'

'어느 시점에서 숨이 차는가? 그 시점 전에 무엇을 준비할 수 있는가?'

이 질문을 던지는 순간, 대표의 시선은 '얼마를 벌었나?'에서 '어떻게 흐르고 있나?'로 이동합니다. 그리고 그 흐름을 같이 보는 사람들과 일할 때 사무실은 '그냥 버티는 곳'에서 '계획하며 움직이는 곳'으로 서서히 변해갑니다.

오늘도 저는 컴퓨터를 끄기 전에 계좌를 한 번 더 훑어보면서 이렇게 중얼거립니다.

"오늘은 돈이 부족한 게 아니라, 이번 주에 막힌 곳이 어디인지 아직 정확히 못 본 것뿐이다."

그리고 그 질문을, 내일 아침 사무실 문을 열며 다시 이어갑니다.

'흐름만 다시 살리면, 이 사무실은 또 한 달을, 또 한 해를 버텨 낼 수 있다.'

이 믿음이 생겼을 때, 돈 이야기는 더 이상 두려운 이야기가 아니라, 대표가 설계할 수 있는 '경영의 한 챕터'가 됩니다.

사무실을 움직이는 한 문장

돈이 없는 게 아니라 한곳에 엉켜 있을 뿐이니 통장을 탓하기 전에 흐름 지도를 먼저 그려야 한다.

광고비는 줄이는 게 아니라 설계하는 것이다

저녁 7시가 조금 넘은 시간, 사무실은 이미 한 차례 파도가 시나간 바다처럼 고요했고, 상가168 간판 불빛만 유리창에 번졌습니다. 컴퓨터 모니터 오른쪽 아래에서 알림창이 하나 올라왔습니다.

〈[카드승인] 1,320,000원, 가맹점명 : ○○포털 메인배너〉

순간, 가슴이 한번 턱 내려앉는 느낌이 들었습니다. 오늘 나간 광고비가 아니었습니다. 한 달 전, '이번 한 번만' 하며 승인했던 그 패키지의 결제일이었습니다. 숨을 한번 길게 들이마시고, 의자를 뒤로 밀어 회의실 쪽을 향해 걸어갔습니다. 오늘은 이 이야기를 더 미루면 안 된다는 생각이 들었습니다.

"징 본부상, 유 이사, 경미 과장. 잠깐만 같이 볼까요?"

세 사람의 표정에서 다들 왠지 예감은 했다는 느낌이 읽혔습니다. 회의실 기운데에는 네 잔의 커피가 놓였고, 한쪽에는 김경미 과장이 미리 뽑아 둔 A4 용지가 가지런히 쌓여 있었습니다.

"대표님, 말씀하신 대로 광고비만 따로 정리해봤습니다. 최근 6개월 치입니다."

경미 과장이 서류를 툭툭 정리해 앞으로 밀어 놓았습니다. 첫 장에는 우리가 쓰고 있는 광고 채널 이름들이 줄지어 있었습니다. 포털 키워드 광고, 지역 포털 배너, 부동산 플랫폼 상단 노출, 네이버 키워드 광고, 인스타그램·유튜브 광고, 카카오 채널 광고, 현수막·배너, 엘리베이터 포스터, 전단, 안내지…. 지면으로만 보면 꽤 멋있는 '종합 마케팅 리스트'였습니다. 하지만 오른쪽 끝 '전화 문의 건수'와 '실제 계약 연결 건수' 칸을 보는 순간, 마음이 조금 싸해졌습니다. 어떤 줄은 비용 칸만 굵은 숫자로 꽉 채워져 있는데, 문의 건수는 0, 계약 연결은 '-'로 비어 있었기 때문이었습니다.

정민우 본부장이 손가락으로 한 줄을 짚었습니다.

"대표님, 이게 오늘 문자를 받으신 그 메인배너 패키지입니다. 2개월 동안 노출은 많이 됐다고 하는데, 문의는 딱 두 건 들어왔습니다."

유서연 이사가 옆에 있던 종이를 한 장 더 꺼냈습니다.

"이건 같은 기간 동안 저희 인스타그램이랑 유튜브에 올렸던 영상·글에서 들어온 문의입니다. 광고비는 0원인데, DM이 열다섯 건, 그중 다섯 건이 상담으로 이어졌고, 두 건은 상가 중개로 연결됐습니다."

말을 듣는 순간, '광고비를 줄일까? 말까?'가 아니라, '광고비를 어디에 어떻게 앉힐 것인가?'의 문제라는 것을 깨달았습니다.

"여러분, 오늘은 광고비를 줄이자는 이야기를 하려는 자리가 아닙니다. 광고비를 '그냥 쓰고 있는 돈'에서, '역할이 정해진 비용'으로 바꾸자는 자리입니다. 줄여야 할 것은 숫자가 아니라, 제 역할을 못 하는 광고입니다."

정 본부장이 고개를 끄덕이며 말했습니다.

"사실 요즘 시장이 예전 같지 않아서, 저도 '광고비부터 줄여야 하는 것 아닌가?' 하는 생각을 여러 번 했습니다. 막상 줄이려니 불안하고, 그대로 두자니 결제 알림이 올 때마다 가슴이 쿵 내려앉고요."

유 이사가 조심스럽게 말을 보탰습니다.

"저는 광고비가 일종의 '벌금'처럼 느껴질 때가 있었습니다. 우리가 현장에서 충분히 못 뛰어서 대신 돈으로 때우는 느낌이랄까요. 그래서 광고 이야기를 꺼내면 다들 괜히 죄지은 사람처럼 조용해지기도 하고요."

세 사람의 이야기를 들으면서 저는 예전의 제 모습을 떠올렸습니다. 매출이 조금만 흔들려도 제일 먼저 떠올렸던 게 '광고비부터 줄여야 하나?'였습니다. 그러다가 주변에서 누군가 계약을 많이 했다는 이야기를 들으면, 또 급하게 새로운 광고 패키지를 질러버리곤 했습니다. 결국 광고비는 브레이크와 액셀을 번갈아 밟다가 차선이 어디인지 모르는 운전처럼 흘러갔습니다. 화이트보드 앞으로 걸어가 펜을 집어 들었습니다.

"오늘은, 광고비를 '설계도'의 관점에서 한번 보려고 합니다. 복잡하게 말하지 말고, 딱 세 가지 질문부터 시작해봅시다."

화이트보드에 큼직하게 글자를 적었습니다.

〈누구에게 보여줄 것인가요?

언제, 어디에서 보여줄 것인가요?

보고 나서 무엇을 하게 만들 것인가요?〉

"이 세 가지에 답을 못하는 광고는 일단 우리 사무실에서는 잠깐 옆으로 빼겠습니다. 광고비를 줄이자는 게 아니라, '얼굴 없는 광고'를 줄이자는 겁니다."

김경미 과장이 손을 들었습니다.

"대표님, 그러면 지금 쓰고 있는 광고들을 이 세 가지 질문 기준으로 한번 나눠 볼까요?"

"좋습니다. 오늘 이 시간에 다 끝내려고 하지 말고, 중요한 것만 먼저 짚어 보죠. 우선, 포털 메인배너부터 이야기해봅시다. 이 광고는 '누구에게' 보여준다고 생각하고 진행하셨나요?"

정 본부장이 잠시 생각하더니 조심스럽게 말했습니다.

"솔직히 말씀드리면, '부동산에 관심 있는 사람들 전체' 정도로 생각했습니다. 상가 중개를 배우고 싶은 사람, 투자자, 시험 준비생, 임대인, 임차인… 누군가 보기야 보겠지 하는 마음이 더 컸습니다."

"그렇다면 장점도 모호하고, 단점도 분명하지 않은 광고가 됩니다. 언제, 어디서 보여주나요?"

"포털 첫 화면 상단입니다. 로그인 여부 상관없이 접속하면 대부분 보는 자리라고 하더군요."

"보고 나서, 그 사람들에게 뭘 하라고 부탁했습니까?"

정 본부장이 난감한 표정을 지었습니다.

"음… 클릭해서 홈페이지 들어와 보시라고 정도였던 것 같습니다."

저는 미소를 지으며 말했습니다.

"이게 바로 설계가 빠진 광고입니다. 누구에게, 언제, 무엇을 하게 할지가 없습니다. '대충 전체, 대충 지금, 대충 클릭'인 상태이지요. 그러면 우리 사무실 입장에서는 이 광고가 잘된 것인지, 아까운 것인지, 다음 달에도 해야 하는지 판단하기가 점점 어려워집니다."

이번에는 유 이사가 준비해온 인스타그램·유튜브 데이터를 꺼냈습니다.

"대표님, 이것은 최근 3개월 동안 저희가 자체로 올린 영상과 카드형 게시물에서 들어온 문의입니다. 상가 중개 실무 강의 홍보, 실제 계약 사례 이야기, 초보 공인중개사분들 고민 Q&A, 이 세 가지 주제가 반응이 제일 좋았습니다."

정 본부장이 옆에서 살펴보며 말했습니다.

"이쪽은 '누구'가 명확하네요. 이미 저희를 알고 있거나, 공인중개사 시험을 준비 중이거나, 동네에서 상가를 알아보고 있는 분들. '언제'도 대충 보이네요. 퇴근 시간 이후, 밤 10시 전후, 그리고 토요일 오전."

유 이사가 고개를 끄덕였습니다.

"네, 그리고 보고 나서 하는 행동도 분명합니다. 댓글, DM, 카카오 채널 추가, 문자. 어느 쪽이든 '한번 이야기해보고 싶다'라는 신호라서요."

저는 그 말을 들으며, 광고비에 대한 기준을 이렇게 정리했습니다.

"결국 우리가 설계해야 할 것은 돈을 쓰느냐 마느냐가 아니라, '이미 반응이 있는 자리에 광고비를 더 해주느냐? 아직 아무 리듬이 없는 자리에 돈을 넌시느냐?'의 선택입니다. 광고비는 마른 땅을 살리기 위한 물이 아니라, 이미 물길이 생긴 곳에 조금 더 흐름을 붙여 주는 역할을 해야 합니다."

그때 지난달에 진행했던 엘리베이터 포스터 광고 이야기가 나왔습니다.

"대표님, 이 포스터는 어떠셨어요?"

김경미 과장이 조심스럽게 물었습니다. 아파트 상가와 근린 상가가

모여 있는 단지 엘리베이터 안에 한 달 동안 우리 사무실 포스터가 걸려 있던 캠페인이었습니다.

"문의 전화는 거의 없지 않았나요?"

유 이사가 답했습니다.

"네, '포스터 보고 연락드렸어요'라는 분은 한 분 계셨고, 나머지는 대부분 블로그나 유튜브를 보고 연락주셨습니다."

정 본부장이 포스터 사진을 확대해보며 말했습니다.

"지금 보니까, 글자가 너무 많습니다. 상가 중개, 상가 투자, 상가168, 강의, 법인, 전화번호, 카카오 채널… 이 모든 것을 한 장에 다 넣으려고 하다 보니, 결국 아무도 기억하지 못하는 포스터가 된 것 같습니다."

저는 고개를 끄덕였습니다.

"엘리베이터는 1층에서 원하는 층까지 대부분 10~20초 사이에 도착합니다. 그 짧은 시간 동안에 사람이 기억할 수 있는 것은 딱 세 가지입니다. '무슨 사무실인지', '어디에 있는지', '지금 저장할 만한 전화번호인지.' 그 이상을 담으려고 하면, 광고가 아니라 포스터에 시험지를 붙여 놓는 셈이지요."

"…."

"이 포스터를 버리자는 이야기가 아닙니다. 오히려 이것을 '설계된 광고'로 다시 만들어봅시다. 이 엘리베이터 광고의 목적은 방송국 광고처럼 멋져 보이는 게 아니라, 이 단지에서 상가를 내놓거나 들어오려는 분들이 '상가 중개는 여기구나!' 하고 한 번만 더 생각하게 만드는 겁니다. 그러면 문장은 하나면 됩니다. '이 단지 상가는 상가168 중개법인이 제일 잘 압니다.' 그 아래에 주소와 전화번호 정도만 두고요."

정 본부장이 웃으며 말했습니다.

"대표님, 그러면 이것은 브랜딩 광고에 가깝겠네요. 즉시 전화가 오지 않아도 괜찮고, 이 동네에서 '상가 = 우리 사무실'이라는 이미지를 만드는 역할이면 충분한."

"맞습니다. 즉시 반응을 기대하는 광고와 천천히 쌓이는 이미지를 만드는 광고를 섞어 쓰되, 각각의 역할을 분명히 하는 것. 그게 설계입니다."

우리는 광고비 전체를 세 가지 상자로 나누기로 했습니다.

첫째, 바로 문의가 와야 하는 광고.

둘째, 우리 이름을 각인시키는 광고.

셋째, 기존 고객과 관계를 이어가는 광고.

저는 화이트보드에 세 개의 큰 상자를 그려 놓고, 그 안에 채널 이름들을 하나씩 옮겨 적었습니다.

"전화가 바로 와야 하는 광고 상자에는 포털 키워드 광고, 일부 플랫폼 상단 노출, 그리고 세종·대전·충청권 상가 중개 특강 랜딩 페이지가 들어갑니다. 이 상자는 클릭 수, 전화 건수, 방문 예약 수가 분명히 나와야만 다음 달에도 돈을 쓸 수 있습니다.

두 번째 상자인 '각인' 상자에는 엘리베이터 포스터, 현수막, 간판, 유튜브 채널 아트, 책 표지와 연결된 이미지들이 들어갑니다. 여긴 당장 계약이 없어도 괜찮지만, 최소한 '이 동네에서 이 이름을 모르는 사람은 없다'라는 정도까지는 가야 합니다.

마지막 상자, 관계 광고에는 기존 수강생·고객들에게 보내는 문자, 카카오 채널 소식, 책을 산 독자분들에게 드리는 후속 강의 안내 등이 들어갑니다. 이 상자는 금액보다 '끊이지 않고 이어지는지'를 봅니다. 광고비라기보다는 '관계 유지비'에 가깝지요."

세 사람이 고개를 끄덕였습니다. 김경미 과장이 정리하듯 말했습니다.

"그러면 앞으로 광고비를 논의할 때는 '줄이자', '늘리자'가 아니라, 어느 상자에 얼마를 넣을지, 그 상자 안에서 무엇을 교체할지, 이렇게 이야기하면 되겠네요."

저는 그 말이 마음에 쏙 들어왔습니다.

"맞습니다. 광고비는 줄이려 하면 항상 싸우게 되고, 설계하려 하면 함께 고민하게 됩니다."

회의가 막 끝나갈 때쯤, 저는 노트북을 열어 한 파일을 띄웠습니다.

"이것은 제가 강의 다니면서 늘 듣는 질문들입니다. '교수님, 광고를 얼마나 써야 합니까?', '어디에 쓰는 게 제일 효율적입니까?', '요즘은 온라인입니까? 오프라인입니까?' 그럴 때마다 저는 이렇게 되묻습니다. '사무실 광고비를 월 매출의 몇 퍼센트까지 쓰겠다고 대표님 마음속에서 먼저 정하셨습니까?' 그러면 대부분 그 질문에서 막힙니다."

저는 우리 사무실 기준을 다시 한번 분명히 말했습니다.

"우리는 월 매출의 일정 비율 안에서만 광고비를 쓰겠습니다. 불안하다고 갑자기 두 배로 늘리지 않고, 아깝다고 무조건 절반으로 자르지도 않겠습니다. 대신, 그 비율 안에서 어디에 얼마를, 어떤 목적을 가지고 넣을지를 매달 회의실에서 같이 정리하겠습니다."

정 본부장이 웃으며 물었습니다.

"대표님, 그러면 그 비율을 몇 퍼센트로 잡으실 생각이십니까?"

"이미 이야기했지요. 우리는 광고비를 매출의 15% 선에서 관리하겠습니다. 대신 그 안에서 '잘되는 채널은 더 밀고, 멈춘 채널은 정리하고, 새로운 채널은 작게 테스트하고' 이 원칙을 지킬 겁니다."

회의실을 나서면서 마음이 한결 가벼워진 것을 느꼈습니다. 광고비가 줄어서가 아니라, 광고비를 대하는 우리 시선이 '겁나는 지출'에서 '일하는 비용'으로 바뀌었기 때문입니다.

복도로 나와 사무실을 한번 훑어봤습니다. 유리 너머로 보이는 간판, 벽면에 붙어 있는 상가168 포스터, 책장에 줄지어 서 있는 1·2·3권 책, 모니터 화면 속 블로그와 유튜브 채널. 이 모든 게 사실은 광고였습니다. 돈이 들기도 하고, 시간이 들기도 하고, 에너지가 들기도 하는 우리 사무실만의 광고들. 광고비를 설계한다는 것은 결국 이 모든 것에 "당신은 누구에게, 언제, 무슨 일을 하게 할 사람인가요?"라고 한 번씩 물어보는 일이라는 생각이 들었습니다.

사무실 불을 끄기 직전, 화이트보드 한쪽에 짧게 이렇게 적었습니다.

〈광고비는 줄이는 항목이 아니라, 사무실에서 대신 나가 있는 직원 한 명 한 명이다. 누구를 어디에 보낼지, 대표가 정해줘야 한다.〉

그 문장을 보며 속으로 중얼거렸습니다.

'이제, 광고비를 보고 겁먹지 말자. 대신, 광고비가 어디서 어떻게 일하고 있는지만 보자. 그게 '광고비는 줄이는 게 아니라 설계하는 것이다'라는 말을 내 삶에서 진짜 문장으로 만드는 첫 번째 발걸음일지 모른다.'

사무실을 움직이는 한 문장

광고비는 비용이 아니라 실험 노트이니, 없애는 순간 매출의 미래까지 같이 지우는 셈이 된다.

인건비는 비용이 아니라 '동기부여비'다

급여 이체일 전날 저녁이면, 예전의 저는 항상 같은 자리에서 같은 화면을 바라보곤 했습니다. 은행 인터넷 창을 띄워 놓고, '이체 예정 내역' 버튼을 눌렀을 때 한꺼번에 뜨는 이름들. 정민우, 유서연, 김경미, 그리고 직원들의 이름이 줄줄이 나타나면, 처음에는 마음이 묘하게 뻐근해졌습니다.

'이번 달도 이렇게 나가는구나.'

숫자로만 보면, 인건비는 매달 가장 먼저, 그리고 가장 크게 빠져나가는 항목이니까요. 그런데 이상하게도 어느 날부터인지 그 화면을 보는 제 감정이 조금씩 달라지기 시작했습니다.

'이 돈이 없으면, 내일 이 사람들이 이 자리에서 웃으면서 고객을 맞이할 수 있을까?'

생각이 여기까지 오자, 인건비는 더 이상 단순한 '지출'이라는 느낌으로만 보이지 않았습니다.

그날도 마침 급여 이체를 하루 앞둔 저녁이었습니다. 사무실은 대체로 정리된 분위기였고, 직원들은 각자 오늘 맡았던 상담 기록을 정리하거나, 내일 현장 일정표를 휴대폰 캘린더에 옮겨 적고 있었습니다. 복도

끝에서 조용히 청소기가 돌아가는 소리가 들렸습니다. 제가 자리에서 일어나 회의실로 들어가자, 이미 정민우 본부장과 유서연 이사, 그리고 김경미 과장이 자리를 잡고 있었습니다.

"오늘은 월급 이야기부터 해봅시다."

제가 말을 꺼내자 정 본부장이 어깨를 한번 돌리며 웃었습니다.

"대표님, 월급 이야기는 언제 들어도 긴장이 됩니다만, 오늘은 표정이 그렇게 무겁지는 않으신 것 같습니다."

유 이사가 커피잔을 손에 쥔 채 웃으며 거들었습니다.

"혹시 인상 발표는 아니겠지요? 그러면 지금 당장 직원들을 다 데려와야 하는데요."

저는 머리를 한번 긁적이며 자연스럽게 웃었습니다.

"그 정도로 멋있는 소식이면 제가 이미 낮부터 떠들고 다녔을 겁니다. 오늘은 인건비를 '어떻게 나눌 건가?'보다 먼저, 우리 사무실에서 인건비를 '어떤 마음으로 볼 건가?'부터 정리해보려고 합니다. 한마디로 말하면, 인건비를 '비용'이 아니라 '동기부여비'로 보자는 이야기입니다."

김경미 과장이 준비해온 서류를 한 장씩 돌렸습니다.

"대표님 말씀을 듣고, 지난 1년간 인건비 흐름을 간단하게 정리해봤습니다. 총액, 인원수, 1인 평균, 그리고 매출 대비 비율까지요. 부담이 되지 않을 선은 지키면서도, 그래도 직원들이 '이 사무실에서 일하면 손해는 아니다'라는 생각은 할 수 있도록 맞춘 구조입니다."

종이에는 숫자들이 옹기종기 적혀 있었지만, 보고 있자니 단순한 금액표가 아니라 지난 1년 동안 이 사무실이 버텨 온 기록처럼 느껴졌습니다.

정 본부장이 차분한 목소리로 말을 이었습니다.

"솔직히 저도 한때는 월급은 '나가는 돈'이라고만 생각했습니다. 그래서 매출이 조금만 흔들려도 제일 먼저 떠오르는 말이 '인건비를 줄여야 하나?'였고요. 그런데 작년에 한 번, 정말로 힘든 달이 있었잖습니까? 그때 대표님이 우리를 붙잡고 그러셨지요. '지금 이달이 어렵다고, 사람을 먼저 줄이면 안 된다. 인건비는 비용이 아니라, 이 사무실이 다시 뛰어오르게 만드는 기름값이다' 그 말을 들으면서 감정이 조금 복잡했는데, 지금 와서 생각해보면, 그때 그 선택이 없었다면 지금의 우리 분위기도 없었을 것 같습니다."

유 이사가 고개를 끄덕이며 조용히 말을 보탰습니다.

"저도 비슷합니다. 예전에 다른 사무실에서 일할 때는 월급날이 되면 대표님이 늘 기침부터 하셨거든요. '이번 달도 인건비가 참 세다', '사람 많이 쓰는 게 꼭 좋은 것은 아니다' 이런 말씀을 툭툭 던지시면, 웃으며 넘기는 척을 했지만, 속으로는 '여기서 오래 버틸 수 있을까?' 하는 생각을 숨길 수가 없었습니다. 그런데 이곳에서는 같은 인건비 이야기를 하더라도 대표님이 '우리 사무실이 사람에게 쓰는 돈'이라는 표현을 자주 쓰시니까, 월급이 단순한 숫자로만 보이지는 않더라고요."

저는 세 사람의 이야기를 들으며, 한때 제가 했던 실수를 떠올렸습니다.

"예전에 저는 인건비를 맞추려고, 사람에게 기준을 요구하기 전에 먼저 숫자부터 맞추려고 한 적이 있습니다. '급여를 이 정도로 맞춰야 한다'라는 마음으로 직원들을 바라보니 결국 사람을 보는 눈도 좁아지고, 사무실 분위기도 딱 그만큼 좁아지더군요. 그래서 어느 날부터 생각을 바꿨습니다. '내가 이 사람들에게 얼마를 쓰고 있는가?'가 아니라 '이 사람들과 함께 이 사무실에서 무슨 그림을 만들고 싶은가?'를 먼저 생각하기로요. 그 순간부터 인건비는 숫자 앞에 붙은 한숨이 아니라, 같이 일하는 사람들의 이름이 되기 시작했습니다."

우리는 그날, 인건비를 '동기부여비'로 보기 위한 아주 구체적인 약속을 몇 가지 정리했습니다. 첫 번째 약속은 '인건비 이야기를 할 때, 사람을 탓하지 않는다'였습니다.

"매출이 떨어진다고 해서 '사람이 너무 많다'라거나 '요즘 직원들이 예전 같지 않다'라는 말부터 꺼내지 않겠습니다. 대신, 우리가 사람에게 부여한 역할이 명확한지, 역할에 맞는 권한과 응원이 있었는지, 거기부터 먼저 점검하겠습니다."

제가 그렇게 말하자 정 본부장이 바로 거들었습니다.

"맞습니다, 대표님. '월급값 하라'는 말만 들으면 사람들은 더 움직이지 못합니다. 해야 할 일이 뭔지만 분명히 알려주고, 그것을 해냈을 때 어떤 인정과 기회가 주어지는지를 보여주면 오히려 본인이 먼저 움직입니다. 월급은 나중에 따라오고요."

두 번째 약속은 '급여표 옆에 '역할표'를 같이 둔다'라는 것이었습니다. 김성미 과장이 노트를 펼치며 말했습니다.

"대표님, 그래서 제가 제안을 드리고 싶은 것은 급여표만 가지고 인건비를 보지 말고, 각자의 급여 오른쪽에 '이 사람이 맡고 있는 핵심 역할' 두세 가지를 함께 적어 놓는 겁니다. 예를 들면, '정민우 본부장 – 상가 중개 실전 리더, 신규 직원 멘토링, 월간 실적 리뷰 책임', '유서연 이사 – 교육 콘텐츠 기획, 강의·세미나 운영, 브랜드 톤·말투 관리', 이런 식으로요. 그러면 급여를 볼 때마다 '이 사람에게 얼마를 쓰고 있다'가 아니라 '이 역할들을 위해 이 정도를 투자하고 있다'라는 느낌이 나거든요."

저는 그 말이 무척 마음에 들었습니다.

"좋습니다. 급여표를 역할표와 붙여 놓으면, 인건비는 그냥 통장에서 빠져나가는 돈이 아니라, 오늘도 이 사무실을 돌아가게 만드는 엔진 목록처럼 보일 겁니다."

세 번째 약속은 '돈만으로 동기부여를 끝내려 하지 않는다'라는 것이었습니다. 유 이사가 조심스럽게 말을 꺼냈습니다.

"대표님, 사실 월급이 중요하지 않다는 말은 현실을 모르는 이야기인 것 같고요. 그렇다고 돈만으로 사람을 붙잡을 수 있는 것도 아니라는 것을 다들 잘 알고 계시잖습니까? 그래서 저는 인건비를 '외적인 동기부여'라고 생각하고, 사무실 안에서 그 돈이 더 힘을 갖게 만들 수 있는 '내적인 동기부여'를 같이 챙겨야 한다고 봅니다."

정 본부장이 고개를 끄덕였습니다.

"예를 들면, '저는 매달 이 정도 급여를 받습니다'에서 끝나는 것이 아니라 '이 사무실에서 이런 일을 맡고 있고, 이런 방향으로 성장하고 있습니다'까지 이어지도록요. 그러려면 월급날에 돈만 보내지 말고, 한 달에 한 번 정도는 각자와 짧게라도 면담하면서 '이번 달에 본인이 잘한 점이 뭐라고 생각하는지?', '다음 달에는 어떤 일을 더 해보고 싶은지?' 같은 이야기를 나누는 시간이 필요하다고 생각합니다."

저는 두 사람의 의견을 듣고 바로 메모를 했습니다.

"그래서 저는 월급날 전후 일주일 안에 직원들 한 사람 한 사람과 15분짜리 짧은 코칭 미팅을 하려고 합니다. 돈 이야기보다 먼저 이번 달에 어떤 점이 고마웠는지, 어떤 순간에 '역시 우리 사람이다' 싶었는지, 그리고 앞으로 무엇을 더 맡겨 보고 싶은지, 그것을 먼저 이야기하는 자리로요. 그렇게 되면 같은 금액의 월급이라도 느낌이 달라질 겁니다. '그냥 통장에 찍힌 숫자'가 아니라, '이번 달에 내가 해낸 일과 연결된 동기부여비'로 받아들여질 수 있겠지요."

회의가 거의 끝나갈 무렵, 한 직원이 두드리며 회의실 문을 열었습니다.

"대표님, 잠깐 괜찮으십니까?"

30대 초반의 남자 직원이었는데, 최근 들어 상가 임대차 중개에서 실적이 점점 좋아지고 있는 친구였습니다.

"네, 들어오세요. 시간이 조금 있습니다."

그는 자리에 앉으며 조심스럽게 말을 꺼냈습니다.

"대표님, 사실… 요즘 고민이 하나 있습니다. 친구들 이야기를 들어보면, 대기업에 다니는 친구는 연봉이 얼마다, IT회사에 다니는 친구는 스톡옵션이 어떻다, 이런 이야기를 듣다 보니, 제가 지금 여기서 받는 급여가 과연 괜찮은 수준인지 가끔 헷갈립니다. 물론 제가 선택해서 들어온 길이고, 중개 일을 좋아하는 것도 사실인데, 그래도 비교되는 것은 어쩔 수 없네요."

순간, 예전의 제 모습이 겹쳐 보였습니다

"그 마음 이해합니다. 저도 예전에 비슷한 생각을 한 적이 많았습니다. 그래서 제가 질문을 하나 해보고 싶습니다. '지금 이 사무실에서 일하면서 앞으로 3년 동안 만들고 싶은 그림은 어떤 모양입니까?' 월급이 아니라, 하고 싶은 일과 성장의 그림 말입니다."

그는 잠시 생각에 잠기더니, 천천히 말을 이어갔습니다.

"음… 3년 안에, 상가 임대차 계약서를 월평균 두세 건 정도는 꾸준히 쓰고 싶고요. 그 과정에서 상가 투자 쪽 공부도 계속해서, 나중에는 임대차만 하는 게 아니라 건물주분들 자산 관리 상담까지 할 수 있으면 좋겠습니다. 그리고… 솔직히 말씀드리면, 우리 사무실 이름이 상가 하면 떠오르는 브랜드가 됐으면 합니다. 그 안에서 제가 나름의 역할을 하는 사람이 되고 싶고요."

저는 고개를 끄덕였습니다.

"좋습니다. 그러면 지금부터 우리가 해야 할 일은 '지금 월급이 높은가? 낮은가?'를 따지는 것보다 '방금 이야기한 3년의 그림을 그려 나갈 수 있도록 이 사무실이 어디까지 동기부여비를 책임질 수 있을까'를 함께 계산해보는 겁니다. 월급만 놓고 보면 대기업보다 적을 수 있습니다. 하지만, 직접 고객을 만나서 계약을 만들고, 그 계약이 중개보수로 이어지고, 그 중개보수가 성과급과 연결되고, 그 과정에서 본인의 이름이 시장에 조금씩 알려지는 구조까지 포함해서 보면, 우리가 만드는 보상 구조는 단순히 이번 달 통장 숫자가 아니라, 다음 단계의 기회를 위한 계단이 될 수 있습니다."

그는 제 이야기를 한참 동안 조용히 듣고 있었습니다.

"대표님, 그러면 제가 기대해도 되는 기준은 어느 정도일까요?"

저는 웃으면서 답했습니다.

"정확한 숫자는 경미 과장과 같이 한 번 더 계산해봐야겠지만, 지금처럼 한 달에 한 건씩 계약을 꾸준히 만들고, 내년부터는 두 건으로, 그 다음 해에는 세 건으로 늘려 갈 수 있다면, 기본급과 성과급을 합쳐 또래 대기업 대리 연봉과 충분히 비교할 수 있는 수준은 우리가 책임질 수 있다고 봅니다. 또한, '대기업식 안정감' 대신 '스스로 만들어가는 책임'과 '브랜드를 함께 키워 나가는 기회'를 드릴 겁니다. 그게 이 사무실이 사람에게 쓰는 동기부여비의 방식입니다."

그는 미소를 지으며 자리에서 일어났습니다.

"대표님, 이야기 듣고 나니 지금 받는 월급이 갑자기 많아진 것은 아니지만, 그래도 이 월급이 어디를 향해 가고 있는지는 조금 보이는 것 같습니다. 열심히 해보겠습니다."

문이 닫히고 나서 저는 혼잣말처럼 중얼거렸습니다.

"그래, 우리가 주는 것은 단순한 월급이 아니라, 이 사람의 3년 뒤를 향한 연료니까."

그날 밤, 다시 은행 화면을 열어 급여 이체 예약을 걸면서, 저는 일부러 이름 하나하나를 소리 내어 읽어 봤습니다.

"정민우 - 상가 중개 실전 리딩과 직원 코칭을 맡아주는 사람,

유서연 - 교육과 콘텐츠, 브랜딩의 방향을 잡아주는 사람,

김경미 - 숫자를 통해 우리 사무실의 안전망을 지켜주는 사람."

그리고 각자의 자리에서 고객을 만나고, 계약을 만들며, 사무실의 공기를 함께 만드는 직원들. 그 이름 옆에 적힌 금액은 단순한 비용 항목이 아니라, 내일 이 사람들이 웃으며 출근할 수 있도록 대표가 사전에 준비해둔 '동기부여비'라는 생각이 들었습니다.

〈인건비는 비용이 아니라, 우리 사무실이 사람에게 건네는 '괜찮다. 같이 가보자'라는 한 줄의 약속이다.〉

마지막 이름까지 이체 예약을 누르고 나서, 저는 노트 한쪽에 조용히 적었습니다. 그리고 마음속으로 다짐했습니다.

'앞으로도 힘든 달이 오겠지만, 사람을 먼저 줄이는 대표가 되지 말

자. 대신, 이 사람들이 힘을 낼 수 있도록 동기부여비를 어떻게 쓰고, 어떻게 설명할지, 그 고민을 먼저 하는 대표가 되자.'

이렇게 생각이 정리되고 나니 급여 이체일이 더 이상 두려운 날만은 아니었습니다. 사무실이 사람을 위해 돈을 쓰는 날, 그리고 그 돈이 다시 사무실로 돌아와 다음 계약을 만들 힘이 되는 날. 인건비를 그렇게 보기 시작한 순간, 위기의 크기는 줄어들고, 사람들의 눈빛은 조금 더 단단해졌습니다.

사무실을 움직이는 한 문장

인건비는 월급날만 생각하면 비용이지만, 일하고 싶은 마음까지 함께 오르면 가장 싸게 사는 동기부여비가 된다.

수익 구조가 바뀌면 **대표의 하루가 달라진다**

월요일 아침, 통장에 알림이 한 번에 세 개가 떴습니다.

〈[입금] ○○상가 임대차 중개보수〉

〈[입금] ○○상가 매매 중개보수〉

〈[입금] ○○구 공인중개사 연수교육 강의료〉

숫자만 보면 기분 좋은 아침이었는데, 이상하게도 마음 한구석은 여전히 불안했습니다. '이번 달은 괜찮겠네' 하는 생각이 든 순간, 바로 다음 생각이 따라붙었죠.

'그런데 다음 달은?'

저는 마우스를 천천히 내려 잔액을 한 번 더 확인하고, 노트북을 덮었다가 다시 열었습니다. 같은 화면을 세 번쯤 들여다보고 나서야 스스로한테 웃음이 나왔습니다.

'이 정도면 됐지, 왜 이렇게 불안해하지?'

그때 문밖에서 발소리가 들렸고, 살짝 문이 열리더니 정민우 본부장이 얼굴을 내밀었습니다.

"대표님, 잠깐 시간 괜찮으십니까? 아침 회의 전에 10분만요."

"어서 들어오세요. 마침 잘 왔습니다. 여러분에게 같이 보자고 하려던 게 있어서요."

정 본부장이 들어오고, 뒤이어 유서연 이사와 김경미 과장도 회의실로 들어왔습니다. 세 사람이 자리에 앉자, 저는 아까 봤던 잔액 화면을 다시 띄워 보였습니다.

"오늘 아침 통장에 상가 중개보수와 연수교육 강의료 등이 세 번 입금됐습니다. 숫자는 나쁘지 않습니다. 그런데 이상한 게 뭔지 아십니까?"

세 사람이 제 눈치를 살폈습니다.

"지금 이 순간에도 제 머릿속은 다음 달 걱정을 하고 있다는 겁니다. '이번 달은 어떻게든 됐다. 다음 달은 어떡하지?' 이 패턴이 수십 년째 반복입니다. 이게 뭘 의미하는지, 오늘 이 시간에 같이 한번 짚어보려고 합니다."

김경미 과장이 미리 준비해둔 자료를 회의실 스크린에 띄웠습니다.

"대표님 말씀을 듣고, 지난 12개월 동안 수익이 어디서 얼마나 들어왔는지, 한번 보기 쉽게 정리해봤습니다."

화면에는 색깔이 다른 막대그래프가 줄지어 서 있었습니다. 파란색은 순수 상가 중개보수, 초록색은 학원 실무교육, 주황색은 공인중개사 연수교육·상가 특강, 회색은 상가 컨설팅·자문 계약에서 들어온 수익이었습니다.

정 본부장이 화면을 보며 말했습니다.

"대표님, 눈에 딱 들어오네요. 올라갔다 떨어졌다 하는 것은 거의 다 파란색입니다. 상가 중개보수가 흔들리는 만큼, 대표님 심장도 같이 흔들리셨겠네요."

유 이사가 웃으면서도 진지한 표정으로 말을 보탰습니다.

"신기한 것은 초록색이랑 주황색은 그래프가 들쭉날쭉하지 않고 거의 비슷한 높이를 유지하고 있다는 거예요. 학원 실무교육이랑 연수교육·상가 특강 강의료가 우리 사무실 숨통을 꽤 많이 틔워 주고 있었네요."

경미 과장이 중요한 대목을 짚었습니다.

"네, 매출만 보면 상가 중개가 제일 크지만, 현금흐름의 '바닥'을 지탱하는 것은 오히려 컨설팅과 강의였습니다. 상가 컨설팅은 건당 금액이 크지만 건수는 적고요."

저는 그래프를 한참 바라보다가 펜을 들고 화이트보드 앞에 섰습니다.

"좋습니다. 그러면 오늘은 숫자만 보지 말고 구조를 한번 나눠 봅시다. 우리 사무실 수익을, 층으로 나누겠습니다.

1층, 매달 웬만하면 들어오는 돈.

2층, 노력한 만큼 쌓이는 돈.

3층, 운과 타이밍이 도와주는 돈. 이렇게 세 층입니다."

화이트보드에 세 개의 층을 그려 놓고, 저는 하나씩 채워 넣기 시작했습니다.

"1층에는 상가 특강과 연수교육 강의료, 일부 관리 자문료 같은 것을 넣겠습니다. 이것은 매달 완벽히 똑같지는 않지만, 어느 정도 예측 가능한 수익입니다. 사무실 숨을 쉬게 해주는 산소 같은 돈이지요.

2층에는 상가 임대차·매매 중개보수, 상가 컨설팅, 법인 자문 같은 것을 넣겠습니다. 우리가 현장에서 뛰고, 공부하며, 제안하고, 관계 맺은 만큼 따라오는 수익입니다.

3층에는 특강 요청 중 갑자기 들어오는 큰 프로젝트, 방송 출연료 같은 '보너스성' 수익을 넣겠습니다. 있으면 즐겁지만, 이것을 기준으로 월급이나 임대료를 설계하면 그대로 위험해지는 수익들입니다."

정 본부장이 고개를 끄덕였습니다.

"즉, 1층이 무너지면 사무실이 바로 숨이 막히고, 2층이 약하면 우리가 늘 '한 건만 더…'에 매달리게 되고, 3층을 기준으로 살림을 짜면 롤러코스터를 타게 되는 구조군요."

유 이사가 손을 들었습니다.

"대표님, 그러면 지금 우리는 어느 층에 너무 기대고 있는 걸까요?"

저는 웃으면서 대답했습니다.

"좋은 질문입니다. 그 답을 찾으려고 이 회의실에 모인 거니까요. 제 느낌으로 우리는 2층에 거의 모든 마음을 걸어 놓고 살고 있습니다. '이번 달 상가 계약 몇 건이냐?', '이번 주에 중개보수가 얼마나 들어오느냐?' 하는 하루의 기분이 이 숫자에 따라 출렁입니다. 그런데 1층을 튼튼히 하는 데 쓰는 시간은 생각보다 적었습니다. 강의, 관계 자문 같은 것은 '있으면 좋은 것' 정도로 여겼지, '사무실의 바닥'이라고 의식하지는 못했지요.

예전에 저는 모든 수익 구조가 '이번 달 계약 몇 건이냐?'로 사실상 한 층짜리였습니다. 그래서 계약이 나오면 세상을 다 가진 것 같고, 계약이 안 나오면 제 존재 자체가 흔들리는 기분이었습니다. 그때는 오전에 전화 한 통이 잘못 끊기면 하루가 망가졌습니다. 손님이 '생각 좀 해볼게요'라고 말하면, 바로 가슴이 쿵 내려앉았습니다. 이게 다 수익 구조가 한 층에만 몰려 있었기 때문입니다. 그런데 어느 순간부터 강의와 컨설팅이 조금씩 자리를 잡기 시작했습니다. 상가 하나 계약이 미뤄져도, 이번 달 숨은 쉴 수 있겠다는 감각이 생기자, 제가 하는 말과 표정이 먼저 달라지더군요. 예전에는 '오늘 이분 놓치면 안 되는데'라는 마음이 앞서서 말이 빨라지고, 감정이 먼저 튀어나왔습니다. 하지만 지금은 '이분이 오늘 결정 안 하셔도, 다음에 더 맞는 자리를 만날 수 있겠다'라는 여유가 생기니 설명은 천천히, 질문은 더 많이 하게 됩니다. 그 결과, 계약은 예전보다 오히려 더 잘 나옵니다. 수익 구조가 하루를 바꿔 놓은 셈이지요."

정 본부장이 웃으며 말했습니다.
"대표님, 솔직히 말씀드리면 예전과 지금의 차이를 저도 느낍니다. 예전에는 계약이 잘 안 풀리면 대표님 어깨부터 딱 굳는 느낌이 있었거든요. 요즘은 현장에서 제가 한두 건 놓치고 들어와도 대표님이 먼저 '괜찮습니다. 과정은 잘 밟았습니까?'라고 물어보시니까, 스스로 더 많이 복기하게 됩니다. 대표님 하루의 안정감이 우리 직원들 멘탈에도 그대로 전염되는 것 같습니다."

유 이사가 덧붙였습니다.
"강의 일정표가 사무실 달력에 같이 붙어 있는 것도 큰 것 같아요. 이번 달에 연수교육이 어느 구청에서 몇 번 있는지, 상가 실무 강의가 어떤 요일에 잡혀 있는지, 책 관련 일정이 어떻게 돌아가는지, 이것을 다 같이 보고 있으면 '우리는 중개만 하는 집이 아니다'라는 느낌이 듭니다. 그게 자부심이기도 하고, 위기 때는 버팀목이 되기도 하고요."

김경미 과장이 조심스럽게 제안했습니다.
"대표님, 그러면 우리 수익 구조를 아예 공식적으로 바꿔 보는 것은 어떨까요? 지금까지는 매출 회의가 거의 '이번 달 중개보수 얼마, 세후 얼마 남았다'에 집중되어 있었는데, 앞으로는 매달 첫 회의 때 1층(기본 수익), 2층(중개·컨설팅 수익), 3층(보너스 수익), 이렇게 세 칸으로 나눠서 숫자와 계획을 같이 보는 거죠. 수익 구조를 모니터에 한 번에 띄워 놓고 보면, 대표님도 하루의 초점을 어디에 둘지 훨씬 선명해지지 않으실까요?"

그 말이 마음에 뜨겁게 박혔습니다.

"좋습니다. 그러면 오늘 여기서 바로 원칙을 하나 정합시다. 이제부터 대표의 하루는 2층 숫자에만 끌려다니지 않겠습니다. 매일 아침, 1층·2층·3층 중 어디에 시간을 얼마나 쓸지부터 정하고 시작하겠습니다. 예를 들면, 아침 시간에는 1층 - 강의·기존 고객 관리 계획, 낮 시간에는 2층 - 직원 코칭, 상가 물건 점검, 의사결정, 저녁 시간에는 3층 - 책, 콘텐츠, 새로운 제휴 논의, 이렇게요. 수익 구조를 세 층으로 나눴으면, 대표의 하루도 세 구간으로 나눠야 균형이 맞습니다."

그날 오후, 저는 일정을 다시 짰습니다. 오전 7~9시는 강의 쪽을 정리하는 시간으로 묶었습니다. 수강생 문의에 답하고, 강의 교안을 손보고요. 9~5시는 사무실과 상가 중개에 집중하는 시간으로 두었습니다. 직원들과 1:1 코칭을 하며 건별 전략을 점검하고, 주요 건물주의 요청 사항을 듣고, 중개법인의 방향과 리스크를 정리하는 시간으로요. 5시 이후에는 책, 콘텐츠, 새로운 수익 아이디어를 위한 시간으로 남겨 두었습니다. 단순히 야근이 아니라, 3층 수익을 만들어내는 창고를 정리하는 시간이라고 스스로한테 설명했습니다. 달력에 이 세 블록을 색깔로 표시해놓고 보니, 이상하게도 마음이 조금 편안해졌습니다. '아, 내가 오늘도 '돈을 벌어야지'라는 한 줄짜리 목적만으로 사는 게 아니구나. 오늘은 1층 바닥을 점검했고, 낮에는 2층을 같이 올렸고, 저녁에는 3층 창고를 조금 정리했구나' 하는 생각이 들었습니다.

며칠 뒤, 한 직원이 조심스럽게 말을 꺼냈습니다.

"대표님, 요즘 아침에 들어오면 대표님 표정이 예전보다 훨씬 여유 있어 보입니다."

그 말에 제가 웃으면서 대답했습니다.

"내가 요즘 뭘 바꾼 줄 압니까? 수익 구조를 바꿨습니다. 예전에는 하루를 '오늘 계약 나올까?' 한 줄로만 시작했는데, 이제는 이렇게 묻고 시작합니다. '오늘은 우리 수익 구조의 어느 층을 조금 더 튼튼하게 만들까?' 질문이 바뀌니까 하루 표정도 따라 바뀌더군요."

정민우 본부장이 옆에서 듣다가 말했습니다.

"대표님 질문이 바뀌니까, 저희도 보고하는 방식이 달라졌습니다. 예전에는 '이번 주 계약 후보'만 들고 들어왔는데, 요즘은 '1층 – 재등록 예상 수강생, 강의 의뢰, 기존 건물주 관리', '2층 – 임대·매매 후보 건, 컨설팅 제안 상황', '3층 – 도서, 영상, 제휴 문의' 이렇게 나눠서 보고하게 되니, 사무실이 단순히 계약 공장처럼 느껴지지 않습니다. 우리가 만들고 있는 구조를 같이 보는 느낌입니다."

저녁에 집으로 가는 길, 차 안에서 오늘 하루를 다시 떠올려 봤습니다. 아침에는 상가 특강 담당자와 통화하면서 다음 분기 강의 일정을 확정했고, 낮에는 성 본부장과 특정 상가 건물의 임대 전략을 논의하며 임대료를 너무 급하게 올리지 않도록 기준을 정했습니다. 저녁에는 원고 파일을 열어 이 책의 한 챕터를 조금씩 다듬었습니다. 예전 같았으면, '오늘 계약 못 썼네'라는 한 줄로 하루를 실패처럼 느꼈을지 모릅니다. 하지만 지금은 '오늘은 1층, 2층, 3층에 각각 한 칸씩은 뭔가를 쌓았구나'라는 생각을 합니다. 수익 구조가 바뀌니 대표의 하루 질문이 바뀌고, 질문이 바뀌니 대표의 얼굴과 말투가 바뀌고, 그게 사무실 공기까지 천천히 바꾸기 시작했습니다. 돈을 더 버는 것도 중요하지만, 돈이 들어오는 구조를 바꾸는 일은 대표의 하루를 '불안에서 버티는 시간'에서 '의미를 쌓아가는 시간'으로 바꿔 줍니다.

저는 화이트보드 한쪽에 조용히 이렇게 적어 두었습니다.
〈하루를 바꾸고 싶다면, 먼저 수익 구조의 층부터 다시 짜라.〉

그리고 그 문장을 보며 마음속으로 중얼거렸습니다.
'그래, 내일 아침에는 '오늘 계약 나올까?' 대신, '오늘은 우리 사무실 1층·2층·3층 중 어디를 한 칸 더 튼튼하게 만들까?'라고 물어보자.'

사무실을 움직이는 한 문장

수익 구조를 한번 바꾸면 매출표보다 먼저 대표의 하루 동선이 달라지니, 결국 구조가 사람을 끌고 간다.

현금흐름을 만드는 '수익 루틴'의 설계법

월말 마지막 영업일 저녁, 창밖 하늘은 이미 어둑해졌는데 사무실 안 공기는 이상하게도 분주했습니다. 컴퓨터 화면에는 은행 잔액 창, 결제 예정 목록, 세금 납부 일정이 겹쳐 떠 있었고, 프린터에서는 카드매출 내역이 한 장씩 뽑혀 나오고 있었죠.

"대표님, 이번 달 최종 정리표입니다."

김경미 과장이 문을 열고 들어와 파일을 내려놓았습니다. 그 뒤를 이어 정민우 본부장과 유서연 이사도 회의실로 들어왔습니다.

"자, 오늘은 숫자 자체보다 숫자 뒤에 있는 '습관'을 한번 이야기해봅시다."

제가 말을 꺼내자 정 본부장이 웃으면서 물었습니다.

"대표님, 혹시 또 새로운 체크리스트를 하나 만드시는 겁니까?"

"체크리스트 맞습니다. 다만 이번에는 '한 달 장부용'이 아니라, '매일 현금흐름을 움직이는 루틴용'입니다. 이게 없으니, 매달 통장을 열 때마다 우리가 롤러코스터를 같이 타고 있는 겁니다."

유 이사가 고개를 끄덕였습니다.

"맞습니다, 대표님. 이번 달도 중간에 상가 계약 두 건이 한꺼번에 터지면서 숨통이 트였지만, 그전까지는 솔직히 다들 불안해했습니다. 중간중간 강의료, 컨설팅보수가 들어오니까 버티긴 했지만요."

저는 프린트해온 월별 수입 내역을 손가락으로 짚어가며 천천히 말을 이었습니다.

"보세요. 잔액이 확 늘어나는 날은 뻔합니다. 상가 임대차 계약서에 도장 찍고, 중개보수가 입금되는 날이지요. 강의료가 들어오는 날, 수강료가 정산되는 날도 있습니다. 그런데 중요한 것은 '언제 돈이 들어오느냐?'가 아니라, '그 돈이 들어오기까지 우리가 어떤 하루를 반복했느냐?'입니다. 지금까지는 그것을 감으로만 알고 있었는데, 이제는 조금 구체적으로, 말 그대로 '수익 루틴'을 설계해보고 싶습니다."

정 본부장이 의자에 몸을 기댄 채 물었습니다.

"대표님, 루틴이라고 하면 구체적으로 어떤 것을 말씀하시는 건가요? 영업 쪽에서는 이미 나름대로 '하루 패턴'이 있기는 합니다만."

"좋은 질문입니다. 민우 본부장, 상가 임대차 계약 하나가 통장에 찍히기까지, 가장 먼저 떠오르는 단계들을 한번 역순으로 말해보시겠어요? 계약서에 도장을 찍는 순간부터 맨 처음 문의 들어오는 지점까지요."

정 본부장이 잠시 눈을 감았다가 손가락으로 허공에 단계를 그리듯 말했습니다.

"일단, 계약서에 도장을 찍고 중개보수 입금. 그전에 조건 협상, 그전에는 2~3회 현장 동행과 추가 설명, 그전에는 첫 미팅, 그전에는 전화나 문자로 첫 문의, 그전에는 블로그나 유튜브, 전단이나 간판을 보고 연락을 주셨겠지요. 더 이전에는 건물주 미팅이나 기존 고객이 소개해준 것이고요."

"좋습니다."

저는 화이트보드 앞으로 나가 그 단계를 하나씩 적었습니다.

〈입금 → 계약서 → 협상 → 현장 동행 → 첫 미팅 → 문의 → 노출(콘텐츠·간판·소개)〉

그리고 그 옆에 이렇게 적었습니다.

〈루틴 = 이 중에서 '매일·매주 반복 가능한 행동'만 뽑은 것〉

유 이사가 조용히 말을 이었습니다.

"그러니까 계약서나 입금처럼 '결과'는 루틴이 될 수 없고, 문의, 노출, 관계 같은 '앞 단계 행동'이 루틴의 재료가 되어야 한다는 말씀이신 거죠?"

"맞습니다. 우리가 아무리 '이번 달 두 건만 더!'라고 되뇌어도, 그것은 마음속 주문일 뿐이지요. 반대로, 매일 어떤 행동을 열 번 반복하면 그중 몇 개는 자연스럽게 문의로 연결되고, 그 문의가 일정 비율로 미팅이 되고, 또 일정 비율로 계약 후보가 됩니다. 중요한 것은 이 비율을 계산하기 전에 '매일 무엇을 몇 번이나 했는지?'를 먼저 정하는 일입니다. 이것을 저는 '수익 루틴'이라고 부르고 싶습니다."

김경미 과장이 노트북을 넘겨 보더니 말을 꺼냈습니다.

"대표님, 지난 3개월 데이터를 대략 정리해보니까요. 정민우 본부장이 하루에 신규 콜백을 열 통 이상 한 날과 그렇지 못한 날을 나눠 보면, 일주일 단위로 봤을 때 상담 잡힌 건수가 평균 두 배 정도 차이가 나는 게 보입니다. 또, 예전에 문의가 왔던 고객에게 한 번이라도 안부 문자를 보낸 주와 그렇지 않은 주 사이에서도 재방문이나 소개가 들어오는 비율이 눈에 띄게 다르고요."

정 본부장이 고개를 끄덕였습니다.

"그렇죠. 제가 몸으로 느끼기에도 하루 열 통 이상 콜백한 날은 저녁쯤 되면 최소 한 건 이상은 '진행 후보'가 생깁니다. 반대로 오전에 이리저리 일에 휩쓸려 콜백 숫자가 줄어들면 그 주 전체 분위기가 같이 다운되는 느낌이 있습니다."

유 이사가 웃으면서 말을 보탰습니다.

"강의 쪽도 비슷합니다. 대표님이 하루에 강의 문의나 각 담당자에게 전화를 두세 통이라도 돌린 날은 일주일 안에 일정이 한두 개씩은 더 잡히는데, '언젠가 연락이 오겠지' 하고 가만히 있는 주에는 이상하게도 메일함이 조용합니다. 콘텐츠나 공지 글도 마찬가지고요. 올리는 날과 안 올리는 날, 강의 신청 속도가 다릅니다."

저는 세 사람의 이야기를 들으며 고개를 끄덕였습니다.

"그래서 오늘부터는 '기분에 따라, 상황에 따라'가 아니라 사무실 전체가 공유하는 하루짜리 수익 루틴을 만들려고 합니다. 이 루틴은 누가 감시하려고 만드는 게 아니고, 각자 자기 현금흐름을 자기 손으로 지키기 위한 장치입니다. 한마디로 말해서, '오늘 내가 한 행동 중에, 한 달 뒤 통장에 찍힐 숫자를 만들어준 것은 무엇인가?' 이 질문에 답하는 목록이지요."

화이트보드에는 어느새 이런 문장들이 적혀 있었습니다.

〈아침, 건물주·기존 고객 안부 콜 / 점심 전, 신규 문의·콜백 / 오후, 뜨거운 후보에게 일정·결정 유도 / 저녁, 오늘 상담·현장 복기와 내일 준비〉

정 본부장이 손을 들었습니다.

"대표님, 지금 적힌 것만 보면 왠지 일을 더 시키는 느낌이 날 수도 있는데요. 저희 입장에서는 이 루틴이 '해야 할 일 목록'이 아니라 '적어도 이 정도만 지키면, 다음 달 내가 흔들리지 않겠다'라는 안전선처럼 느껴졌으면 좋겠습니다."

저는 웃으며 대답했습니다.
"그 이야기를 해줘서 고맙습니다. 저도 그것을 먼저 말하려고 했습니다. 이 루틴은 '대표가 직원에게 요구하는 최소 기준'이 아니라, '각자가 자기 마음을 지키기 위한 장치'로 설계해야 합니다. 그래서 숫자를 욕심내서 잡으면 안 됩니다. 멋있어 보이려고 하루에 콜백 오십 통, 현장 세 건, 글쓰기 한 편을 넣어 놓으면 일주일도 못 가서 다 무너집니다. 우리는 '평균적인 날에도 지킬 수 있는 선'에서 출발해야 합니다. 그리고 나중에 익숙해지면 조금씩 올리면 되고요."

유 이사가 고개를 끄덕였습니다.
"그러면 처음에는 직원별로 조금씩 다르게 설정해도 될까요? 예를 들면, 상가 임대차 위주로 뛰는 직원은 콜백과 현장 비중을 높이고, 강의 운영을 맡은 직원은 수강생 상담, 강의 기획 쪽 루틴을 더 넣는 식으로요."
"좋습니다. 다만, 그 모든 루틴 안에 공통으로 들어가야 할 한 줄은 있습니다. '오늘 내가 먼저 연락한 사람 숫자.' 이 줄만큼은 모두가 적게라도 가져가야 합니다. 수익은 대체로 우리가 먼저 손을 내민 방향에서 들어옵니다."

그때 회의실 문이 살짝 열리더니 20대 후반 여사 직원이 조심스럽게 얼굴을 내밀었습니다.
"대표님, 잠깐 들어가도 될까요?"
"들어오세요. 지금 딱 좋은 타이밍입니다. '수익 루틴 회의'를 하는 중이었거든요."

그녀는 쑥스러운 표정으로 자리에 앉았습니다.

"대표님, 사실 오전에 들은 이야기랑도 연결되는데요. 저는 일과를 나름대로 열심히 보내고 있다고 생각했는데, 집에 가면 항상 이런 생각이 듭니다. '오늘 뭘 했지? 분명 바빴는데, 돌이켜 보면 통장에 연결될 만한 일은 뭐가 있었지?' 그래서 일지를 적어 보기도 했는데, 그냥 해야 할 일 목록만 늘어나는 느낌이라서 몇 번 하다가 포기했습니다."

저는 천천히 고개를 끄덕였습니다.

"그 감정, 아주 잘 압니다. 일을 열심히 했는데, 막상 한 달이 지나면 통장에는 별로 남은 게 없는 느낌. 이게 바로 루틴이 설계되지 않았을 때 대표든, 직원이든 겪게 되는 공통 증상입니다. 그래서 오늘 만드는 루틴은 '오늘 뭘 했지?'라는 질문 대신 '오늘 이 네 줄은 지켰다'라고 스스로한테 말할 수 있게 해주는 틀입니다."

정 본부장이 그녀를 향해 부드럽게 말을 건넸습니다.

"예를 들면 이런 겁니다. 아침에 출근해서 자리에 앉기 전에, 건물주나 기존 고객 두 분께 짧게 안부 전화를 드린다. 점심 전에 전날까지 들어온 문의 중 콜백을 미뤄 둔 목록이 있다면 최소 다섯 통은 꼭 연락한다. 오후에는 오늘 기준으로 가장 뜨거운 후보 한 사람을 정해서 만나거나 전화로 '다음 단계'를 제안한다. 저녁에는 오늘 있었던 상담이나 현장을 짧게 세 줄만 기록해둔다. 이 네 줄만 지켜도 일주일, 한 달이 지나면 눈에 보이는 차이가 나기 시작합니다."

그녀가 조심스럽게 물었습니다.

"그러면 대표님, 이 네 줄을 우리 사무실 공식 루틴으로 정하는 건가요?"

저는 잠시 생각하다가 천천히 고개를 끄덕였습니다.

"좋습니다. 오늘 이 자리에서 사무실 공통 '수익 루틴'으로 정하겠습니다. 수익은 우연이 아니라, 반복되는 행동의 합입니다. 우리가 통장만 보지 말고, 이 네 줄을 꾸준히 지켜볼 수 있다면, 1개월 뒤, 3개월 뒤의 현금흐름은 반드시 달라질 겁니다."

회의를 마치고 직원들이 한 명씩 나간 뒤 저는 홀로 화이트보드에 적힌 네 줄을 한참 바라봤습니다. 예전에는 '이번 달 목표 매출 얼마'라고 크게 써놓고, 그 숫자가 이뤄질지 말지만 매일 체크했습니다. 지금은 그 숫자 대신 오늘 당장 내가 할 수 있는 행동 네 가지가 적혀 있습니다.

〈아침 두 통, 점심 다섯 통, 오후 한 사람, 저녁 세 줄〉

생각해보면 그리 거창한 내용도 아니었습니다. 하지만 이 네 줄만 지켜도 현금흐름은 '마음속 불안'이 아니라 실제 행동의 결과가 됩니다. 경영은 돈을 바라보는 일이 아니라 돈을 불러오는 루틴을 설계하는 일입니다.

다음 날 아침, 출근하자마자 화이트보드 한쪽에 작은 칸을 그려 넣었습니다.

〈[오늘의 수익 루틴]

□ 안부 전화 두 명

□ 콜백 다섯 통

□ 뜨거운 후보 한 명

□ 오늘의 세 줄 기록〉

그리고 그 옆에 이렇게 적었습니다.

〈통장은 저녁에 확인해도 늦지 않다. 아침에는 체크리스트부터 확인하자.〉

펜을 내려놓는 순간, 이상하게도 심장이 조금 편안해졌습니다.

'그래, 오늘도 이 네 줄만 지키자. 나머지는 그다음 문제다.'

현금흐름을 만드는 수익 루틴은 결코 근사한 이론이나 복잡한 엑셀에서 나오지 않습니다. 매일 반복해도 질리지 않을 만큼 단순하고, 한 달 뒤 통장을 열었을 때 "그래, 내가 이 정도는 했다"라고 말할 수 있는 작은 네 칸에서 시작됩니다.

사무실을 움직이는 한 문장

현금흐름은 계약 한 방이 아니라, 매일 같은 시간에 반복되는 지루한 루틴이 조금씩 쌓여 만든 강이다.

4장

시스템이 감정을 이긴다

'좋은 말'보다 '보이는 구조'가 더 설득력 있다

월요일 오후 4시가 조금 넘은 시각이었습니다. 사무실 유리문이 세게 열리더니, 평소에도 말이 거침없기로 유명한 건물주 한 분이 그대로 상담 테이블까지 들어오셨습니다.

"대표님, 저 솔직히 좀 섭섭합니다."

저는 순간 마우스를 내려놓고 허리를 세웠습니다. 목소리 톤에서 이미 '단순 문의'가 아니라는 게 느껴졌습니다.

"예, 사장님, 뭐가 제일 마음에 걸리십니까?"

그분은 휴대폰을 꺼내더니, 공실로 비어 있는 상가 사진을 여러 장 연달아 보여주셨습니다.

"말씀은 늘 좋게 해주시잖아요. '조금만 버티면 좋다. 상권은 살아 있다. 금방 맞는 사람이 붙을 거다' 이런 말들요. 그런데 대표님, 그 말을 벌써 몇 달째 듣고 있습니다. 제 통장에는 나가는 관리비랑 이자밖에 안 찍혀요."

정민우 본부장이 옆에서 조용히 숨을 고르는 게 느껴졌습니다. 유서연 이사도 눈으로만 제 표정을 살폈습니다. 저는 잠깐 웃음을 지으며 고개를 끄덕였습니다.

"사장님 말씀이 맞습니다. 말로만 버텨 달라고 요청을 드린 셈이네요. 오늘은 제가 설명을 조금 다르게 해보겠습니다. 말 대신, 그림을 한번 같이 보시죠."

그분이 약간 의아한 표정으로 앉자, 저는 화이트보드를 앞으로 당겨오고 펜을 들었습니다.

"사장님, 우선 이 선을 한번 같이 보시죠."

화이트보드 왼쪽에 가로축과 세로축을 하나 그려 놓고, 가로에는 '월 임대료', 세로에는 '연간 실제 수입'이라고 적었습니다.

"지금 원하시는 월세가 이만큼입니다."

저는 세로 축 어딘가에 동그라미를 찍고 '현재 희망가'라고 적었습니다.

"문제는 이 금액이 나쁜 게 아니라, 이 금액에 맞는 임차인을 찾는 데 걸리는 시간이 문제입니다. 작년에 비슷한 조건으로 나갔던 주변 상가들을 보면, 이 근처 선에서 계약이 나갔을 때 평균 공실 기간이 몇 달이었고, 지금 사장님 상가처럼 조금 더 높게 부르신 분들은 공실이 얼마나 길어졌는지가 나옵니다."

저는 간단한 그래프를 그리며 말을 이어갔습니다.

"자, 여기 한 줄은 '조금 낮춰서 빨리 맞춘 경우', 다른 한 줄은 '끝까지 희망가를 지킨 경우'입니다. 숫자는 복잡하게 안 보시고요. 그냥 이 두 줄이 만나는 시점을 한번 보시죠."

건물주의 시선이 자연스럽게 화이트보드로 옮겨 갔습니다. 손가락으로 그래프를 따라가던 그분이 중간쯤에서 멈춰 섰습니다.

"…결국 어느 시점이 지나면, 높은 월세를 고집하는 게 이득이 아니라 손해가 되는 구간이 온다는 말씀이군요?"

"예, 맞습니다. 제가 그동안 사장님께 드렸던 말들은 사실 이 그림을 말로 설명한 거였는데, 말로만 들으면 느낌만 남고 기준은 남지 않습니다. 오늘은 이 기준을 눈에 한번 담아 보셨으면 해서요."

유 이사가 옆에서 조용히 메모하고 있었습니다.

"그래서 저의 제안은 이렇습니다. 지금 희망하시는 월세에서 10%만 낮춰서, 대신 공실 기간을 '2개월 이내'로 확실하게 끊는 전략. 혹은 지금 월세를 그대로 유지하시되, '4개월 이상 공실이면 바로 재조정'이라는 기준을 계약서에 써두는 전략. 둘 중 하나를 미리 선택해두시고, 저희는 그 기준대로만 움직이겠습니다. 오늘 이 자리에서 '말'이 아니라, 이 두 줄 중 하나를 동그라미로 치고 나가 보시면 어떨까요?"

건물주가 입술을 한번 다물었다가, 펜을 집어 들고 그래프에 동그라미를 그렸습니다.

"이쪽으로 하시죠. 10% 낮추고, 대신 2개월 안에 끝내 보죠. 기준은 이걸로."

"알겠습니다. 그러면 저희도 전략을 그 기준에 맞게 다시 짜겠습니다. 오늘은 말보다 이 동그라미 하나가 더 중요한 날이네요."

그분 얼굴에 처음 들어왔을 때와는 다른 표정이 떠올랐습니다. 완전히 만족한 얼굴은 아니었지만, 최소한 '내가 뭘 결정했는지'는 본인이 확실히 알고 있는 표정이었습니다.

미팅이 끝나고, 문이 닫히자마자 정민우 본부장이 먼저 말을 꺼냈습니다.

"대표님, 오늘은 설명 방식이 확실히 달랐습니다. 평소에도 비슷한 말씀은 많이 하셨는데, 이번에는 사장님이 먼저 고개를 끄덕이시더라고요."

유 이사가 웃으며 고개를 끄덕였습니다.

"'조금만 버티시면 좋다'라는 말보다 아까 그 그래프 하나가 훨씬 더 강력했어요. 저도 보면서 이해가 확 왔어요."

저는 의자에 등을 기대며 숨을 한번 크게 내쉬었습니다.

"오늘 제가 확실히 느꼈습니다. 우리는 그동안 말을 잘하려고 너무 애를 썼던 것 같습니다. 그런데 건물주든 임차인이든, 결국 마음을 움직이는 것은 말이 아니라 '보이는 구조'라는 것을요. 설명은 잊혀도 동그라미 하나, 화살표 하나는 머리에 남습니다. 이제부터 우리 사무실은 '설명이 아니라 구조를 보여주는 집'이 되어야 할 것 같습니다."

그날 저녁, 저는 회의실 문을 다시 닫고, 혼자 화이트보드 앞에 섰습니다.

"보이는 구조…."

입속으로 중얼거리며, 먼저 사무실에서 벌어지는 대부분의 장면을 떠올려 봤습니다.

- 건물주가 임대료 조정을 고민하는 장면.
- 임차인이 권리금과 보증금 사이에서 갈팡질팡하는 장면.
- 직원이 광고비를 어디에 얼마나 써야 할지 헷갈리는 장면.
- 저와 본부장, 이사, 과장이 의견은 맞는데 표현 방식이 달라 헷갈리는 장면.

이 모든 상황에서 우리는 늘 말을 주고받았습니다.
"제 생각에는요…."
"보통은 이렇게 하시더라고요…."
"시장 분위기가 요즘은 좀…."

하지만 그 말들이 끝난 자리에는 손님이나 직원들 머릿속에 '뭐가 어떻게 정리된 것인지'에 대한 그림이 남지 않는 경우가 많았습니다.

'오늘부터는 말하기 전에 먼저 도식 하나를 꺼내 놓자.'

저는 그렇게 마음을 정했습니다. 그리고 화이트보드에 가장 먼저 그린 것은 복잡한 도표가 아니라, 아주 단순한 네 개의 칸이었습니다.

〈[현재 위치] - 지금 상황이 어떤가?
[선택지] - 크게 두세 가지 길이 무엇인가?
[기준] - 무엇을 가장 중요하게 볼 것인가?
[다음 한 걸음] - 오늘 이 자리에서 무엇을 결정할 것인가?〉

'상담은 결국 이 네 칸 안에서만 움직이면 된다.'

저는 중간에 선을 그어 네 칸을 만든 뒤, 아까 건물주의 사례를 그 안에 간단하게 적어 봤습니다.

〈**[현재 위치]**

- 공실 3개월째 희망 월세 유지 중
- 주변 유사 상가, 최근 두 건은 희망가보다 10% 낮게 계약

[선택지]

- 월세 10% 인하, 공실 기간 2개월 이내 전략
- 월세 유지, 단 공실 4개월 이상 시 재조정 조건 합의

[기준]

- 연간 총 실제 수입 극대화
- 장기 공실 최소화

[다음 한 걸음]

- 오늘, 두 전략 중 하나 선택
- 선택한 전략 기준으로 광고·협상 문구 정리〉

'그래, 이 정도면 말이 길어져도 상담이 엉키지는 않겠지.'

저는 다음 날 아침 회의에서 이 네 칸 구조를 직원들에게 보여주기로 마음을 먹었습니다.

다음 날 아침, 정각 8시 30분. 정민우 본부장과 유서연 이사, 김경미 과장이 회의실에 모였습니다.

"대표님, 오늘은 또 뭘 하나 더 붙이시려는지 기대가 됩니다."

정 본부장이 농담 반, 진담 반으로 말하자 저는 웃으면서 화이트보드를 가리켰습니다.

"어제 건물주 미팅에서 제가 느낀 게 하나 있습니다. 우리는 '좋은 말'을 너무 많이 가지고 있는데, 정작 그 말을 걸어 둘 '틀'이 부족했습니다. 그래서 오늘부터 상담할 때는, 이 네 칸을 기본 틀로 깔고 들어가고자 합니다.

첫째, 지금 어디에 서 있는지. 둘째, 갈 수 있는 길이 몇 개인지. 셋째, 그 길 중에서 무엇을 기준으로 고를지. 넷째, 오늘 이 자리에서 한 걸음만 어디까지 내디딜지. 이 네 칸만 채우면, 손님이 사무실 문을 나가실

때 '오늘 뭘 정했는지'를 스스로 말할 수 있습니다. 그게 안 되면 우리가 말을 아무리 잘해도 결국은 기분만 남습니다."

유 이사가 손을 들었습니다.

"대표님, 그러면 실제 상담에서는 어떻게 쓰면 좋을까요? 예를 들어, 권리금을 협상할 때도 이 네 칸으로 정리가 될까요?"

"될 뿐만 아니라, 오히려 그럴 때 더 필요합니다. 권리금 이야기가 나오면, 감정이 먼저 튀어나오기 쉽습니다. '내가 얼마나 여기서 고생했는데', '그래도 이 정도는 받아야 체면이 서지.' 그럴수록 우리는 말이 아니라 구조부터 보여줘야 합니다. 지금 권리금 수준이 상권 평균보다 어느 정도 위인지, 양쪽이 양보할 수 있는 폭이 얼마인지, '시간'과 '조건' 중 무엇을 더 중요하게 보는지, 이것을 네 칸 안에서 눈으로 보이게 해주면 목소리가 조금씩 내려앉습니다."

정 본부장이 곧바로 말을 받았습니다.

"그러면 저희 영업 쪽에서는 상담 전에 이 네 칸을 먼저 메모하는 습관부터 들이면 되겠네요. 손님에게 설명하기 전에, 저희끼리 '지금 이 상담은 네 칸 중 어디가 비어 있는지'를 먼저 확인하고요."

"맞습니다. 앞으로 영업일지에 '오늘 한 좋은 말' 목록은 줄이고, '오늘 채운 네 칸' 기록을 늘려 봅시다. '오늘 건물주 A – 현재 위치·선택지까지 정리, 기준은 아직 논의 중' 이렇게만 적혀 있어도, 다음 상담에서 어디서부터 시작해야 할지 헷갈리지 않습니다."

며칠 뒤, 실제로 변화가 눈에 보이기 시작했습니다. 예전에는 상담 테이블 위에 컵, 명함, 서류철, 볼펜만 어지럽게 놓여 있었는데, 이제는 맨 아래에 항상 빈 네 칸이 인쇄된 A4 용지가 깔려 있었습니다. 건물주가 앉으면, 정 본부장은 자연스럽게 왼쪽 위 칸에 현재 상황을 적어 내려가기 시작했고, 임차인이 들어오면, 유 이사는 오른쪽 위 칸에 선택지를 간단히 요약해서 써넣었습니다.

"사장님, 지금 상황을 한 줄로만 쓰면 이렇습니다."
"대표님께서 선택할 수 있는 길은 크게 이 두 가지입니다."

말은 길게 이어졌지만, 손님들의 눈은 종이 위를 왔다 갔다 했습니다. 어느 날, 40대 중반의 임차 희망자가 상담을 마치고 나가면서 이렇게 말씀하셨습니다.
"대표님, 설명도 설명인데, 제가 오늘 적어가는 이 종이 한 장이 더 큰 도움이 될 것 같습니다. 집에 가서 가족들이랑 이야기할 때도, 이것을 보여주면서 말하면 싸움이 덜 나겠어요."

그 말에 저는 속으로 생각했습니다.
'그래, 우리가 진짜 팔아야 하는 것은 좋은 말이 아니라, 손님이 집에 가져갈 수 있는 구조구나.'

어느 저녁, 사무실이 한산해진 시간에 20대 후반의 한 직원이 제 자리로 다가왔습니다.
"대표님, 잠깐 괜찮으십니까?"
"예, 말씀해보세요."
"요즘 상담할 때 이 네 칸 종이를 쓰니까, 저도 제 말이 덜 흔들리는 것 같습니다. 예전에는 손님이 갑자기 다른 이야기를 꺼내면 저도 같이 휘둘려서, 상담이 끝난 뒤에 '도대체 무슨 이야기를 한 거지?' 하는 생각이 들곤 했는데요. 지금은 손님이 이야기를 옆으로 틀어도 다시 이 종이로 돌아오면 '그래서 지금 어디에 체크를 하실까요?'라고 물을 수 있으니 저도 마음이 편합니다."

저는 그 말을 듣고 웃었습니다.

"그게 바로 '시스템이 감정을 이기는 구조'입니다. 사람은 말이 길어지면 감정으로 흘러가기 쉽습니다. 그런데 눈앞에 구조가 하나 딱 버티고 있으면, 감정이 튀어나와도 얼마 지나지 않아 다시 구조 위로 올라오게 되어 있습니다. 우리 사무실이 앞으로 더 커져도 이 네 칸 종이 한 장만 잘 지키면 대표가 자리에 없어도 상담의 흐름은 크게 흔들리지 않을 겁니다."

집으로 가는 길에 오늘 하루를 떠올려 봤습니다. 예전의 저는 '내가 말을 좀 더 잘했어야 했는데', '조금만 더 설득했으면 붙잡았을 텐데' 이렇게 스스로를 돌아보는 날이 많았습니다. 하지만 지금은 질문이 조금 달라졌습니다.

'오늘 상담에서 구조를 충분히 보여드렸나?'
'손님이 집에 가져갈 수 있는 그림을 선물했나?'

좋은 말은 잠깐 위로가 될 수 있지만, 보이는 구조는 사람의 선택을 바꾸게 합니다. 그리고 경영은 사람을 위로하는 일보다 사람의 선택을 도와주는 일이 더 중요합니다. 그래서 저는 내일 아침에도 화이트보드에 네 칸을 그려 둘 생각입니다.

사무실을 움직이는 한 문장

좋은 말은 잊혀도 보이는 구조는 남는다. 사무실을 움직이는 것은 대표의 말이 아니라 대표가 보여주는 구조다.

반복되는 실수는 결국 설계 결함이다

월요일 오후 5시쯤이었습니다. 하루 중 제일 애매한 시간, 점심 이후 첫 피로가 슬슬 올라오고, 그렇다고 일을 접기에는 아직 이른 그때, 사무실 전화가 짧게 두 번 울리더니 곧장 끊어지고, 다시 길게 한 번 울렸습니다. 김경미 과장이 먼저 받아들었습니다.

"네, 상가168 중개법인입니다."

수화기 너머 목소리는 예의를 갖췄지만, 톤이 단단했습니다. 멀리서라도 들리는 그 느낌이 있습니다. '정보를 좀 물어보고 싶은 사람'의 목소리가 있고, '확인을 하고 싶지만 이미 기분이 상해 있는 사람'의 목소리가 있지요. 이번에는 후자 쪽에 가까웠습니다.

"아, 네. 사장님. 잠시만요. 확인해보겠습니다."

경미 과장이 제 쪽을 보며 입술로만 '관리비'라고 중얼거렸습니다. 저는 의자를 바르게 고쳐 앉으면서 전화를 이어받았습니다.

"예, 사장님. 김명식 대표입니다. 어떤 점이 제일 마음에 걸리십니까?"

건물주는 숨을 한 번 길게 뱉고 말문을 열었습니다.

"대표님, 저는 이해가 잘 안 됩니다. 계약할 때는 '관리비에 웬만한 것은 다 포함'이라고 들은 것 같은데, 막상 첫 고지서를 받아 보니까 공용 전기, 승강기 유지비, 청소비에다 광고비 비슷한 항목까지 줄줄이 따로 빠져 있더라고요. 세입자도 저한테 묻고, 저도 뭘 어떻게 설명해야 하는지 헷갈립니다. 솔직히 말씀드리면, 이게 이번이 처음이 아닙니다."

저는 머릿속에서 지난 몇 달을 훑었습니다. 비슷한 내용의 전화를, 다른 건물주한테서 이미 두 번 들은 기억이 떠올랐습니다. 그때도 우리는 자세히 설명했고, 메모까지 남겨 두었으며, 다시는 이런 일이 없게 하자고 다짐했지만, 결국 오늘 또 같은 내용의 전화를 받고 있었습니다.

"말씀 충분히 이해됩니다. 사장님, 우선 지금 나가 있는 안내 자료를 함께 다시 확인해보고, 어디서부터 엇갈렸는지 정리해서 오늘 중으로 한 번 더 말씀드리겠습니다. 이 건은 제가 직접 정리하겠습니다."

통화를 마치고 수화기를 내려놓으니, 정민우 본부장과 유서연 이사가 거의 동시에 의자에서 몸을 일으켰습니다.

"대표님, 혹시 또 관리비 항목 문제입니까?"

"네, 이번에도 결국 그것이네요."

저는 모니터를 돌려 보이며 말했습니다.

"이 건물, 지난달에도 세입자 쪽에서 비슷한 문의가 있었지요. 그때 우리 나름대로 정리해서 다시 설명을 드렸는데, 결론적으로 말하면 오늘 전화도 그 연장선입니다. 여기서 우리가 해야 할 질문은 하나입니다. '왜 또 이런 일이 생겼지?'가 아니라, '왜 이런 일이 이렇게 자주 생길 수밖에 없게 되어 있지?' 하는 질문입니다."

퇴근 시간을 조금 넘기는 것을 감수하고, 저는 그 자리에서 바로 소규모 회의를 소집했습니다.

"오늘은 오래 안 잡겠습니다. 1시간만 집중해서, 우리 사무실의 '데자뷰'를 한번 정리해보죠."

정 본부장, 유 이사, 경미 과장, 그리고 평소 현장 상담이 많은 대리가 한자리에 모였습니다. 제가 먼저 노트를 펼치며 말했습니다.

"여러분, 이 질문부터 한번 해봅시다. 요즘 우리 사무실에서 '이거, 예전에 한번 겪지 않았나?' 싶은 상황이 어떤 쪽에서 제일 자주 반복됩니까? 건물주 민원, 세입자 오해, 내부 일정 꼬임, 각자 하나씩만 떠올려 봅시다."

정 본부장이 먼저 손을 들었습니다.

"저는 솔직히, '관리비에 뭐가 포함이냐?'라는 질문이 너무 자주 들어오는 것 같습니다. 건물마다 기준이 다른 것은 맞지만, 손님 입장에서는 매번 비슷한 말을 듣는다고 느끼실 텐데, 조금만 각도가 틀어져도 '그때는 그렇게 말 안 하셨다'라는 소리를 듣게 되니까요."

유 이사가 뒤를 이었습니다.

"저는 권리금 쪽입니다. '권리금에 인테리어가 포함인지 별도인지', '기존 비품을 어느 정도까지 넘겨주는지' 계약서 특약에는 미리 넣으려고 하지만, 상담할 때 나오는 표현은 사람마다 조금씩 달라서, 나중에 서로 기억이 엇갈릴 여지가 항상 남아 있습니다."

경미 과장은 내부 쪽을 짚었습니다.

"저는 정산표랑 세금계산서 발행 일정입니다. 우리는 늘 비슷한 흐름으로 진행한다고 생각하는데, 어느 달은 건물주에게 먼저 보내고, 어느 달은 세입자 쪽 정리가 늦어지고, 안내 문자가 빠지거나 늦게 나가는 경우가 반복됩니다. 금액 자체가 문제 되는 일은 거의 없었는데도, '지난번에는 이렇게 안 하셨잖아요'라는 말을 들을 때가 있습니다."

마지막으로 대리가 조심스럽게 말했습니다.

"저는 일정입니다. 저희가 '그쯤 보시죠'라고 말했던 것을 손님들은 날짜로 받아들이실 때가 많습니다. 예를 들어 '다음 주 초에 다시 한번 뵙죠'라고 말씀드리면 저는 월·화 중에 한 번 연락드려야지, 이렇게 생각하지만, 고객님은 '월요일에 한 번, 늦어도 화요일 오전까지는 연락이 오겠구나' 하고 기다리시고요. 연락이 조금만 늦어져도 '또 약속이 밀렸네'라는 인상을 주게 됩니다."

네 사람 이야기를 듣고, 저는 노트에 '관리비, 권리금, 정산 일정, 다시 보기 약속'을 적었습니다. 그리고 이렇게 말했습니다.

"지금 여러분이 말한 네 가지를 하나로 묶으면, 결국 다 같은 종류의 문제입니다. 같은 질문이 반복되고, 같은 설명이 반복되고, 같은 오해가 반복되는데, 우리는 그때마다 조금 더 또박또박 말하고, 조금 더 길게 설명하고, 조금 더 친절한 톤을 쓰려고만 했던 겁니다. 하지만 몇 달째 비슷한 상황을 겪고 있다면, 이것은 '설명이 부족해서'가 아니라 '설계가 비어 있어서' 생기는 일이라고 봐야 합니다."

유 이사가 고개를 갸웃하며 물었습니다.

"대표님, 설계라고 하시면… 어떤 쪽을 말씀하시는 건가요? 지금도 저희 나름대로 기준은 가지고 있지 않나요?"

"기준은 있습니다. 그런데 그 기준이 '머릿속'에만 있는 게 문제입니다. 예를 들어, 여러분은 다 압니다. 어느 건물의 관리비에는 전기료가 어느 정도까지 포함되고, 승강기 유지비가 별도인지, 냉난방은 세입자 부담인지. 하지만 우리 설명이 매번 말로만 나가다 보니, 단어 선택이 그때그때 달라지고, 그 차이가 쌓이면 결국 같은 일이 반복해서 터지는 겁니다. 설계라는 것은 알고 있는 것을 '항상 같은 순서'로 꺼내게 해주는 틀입니다. 사람이 바뀌어도, 기분이 조금 출렁여도, 그 틀 덕분에 말이 크게 엇나가지 않도록 잡아주는 장치이고요."

정 본부장이 살짝 웃었습니다.

"그러면 결국, 우리가 같은 실수를 반복하는 것은 '머릿속에만 있는 기준'을 '눈에 보이는 기준'으로 바꾸는 설계가 없어서라는 말씀이네요."

"그렇습니다. 사람이 실수를 안 하도록 훈련하는 데는 한계가 있습니다. 특히 우리처럼 상담이 많고, 전화가 자주 울리고, 하루에 만나는 손님이 여러 유형으로 갈라지는 현장은 더 그렇죠. 그래서 저는 이제부터 '실수를 줄이겠다'라는 말 대신 '같은 실수가 두 번 나오지 않게 설계하겠다'라는 말을 쓰려고 합니다."

그날 회의에서, 우리는 구체적으로 세 가지 장면만 골라 보기로 했습니다.

첫째, 관리비.
둘째, 권리금.
셋째, 다시 보기 약속.

"세 가지를 한 번에 완벽하게 바꾸려 하지 말고, 일단 한 장면씩만 설계를 바꿉시다. 그리고 정말 같은 실수가 줄어드는지 3~4개월은 지켜보고, 효과가 있는 설계는 다른 장면에도 복사해서 쓰면 됩니다."

저는 그렇게 방향을 잡고, 먼저 관리비 이야기부터 꺼냈습니다.

"경미 과장님, 우리가 건물 관리비를 설명할 때 지금까지는 주로 어떻게 말로 풀어 오셨나요?"

경미 과장은 조금 생각하더니 말했습니다.

"보통은 이렇게 말씀드립니다. '사장님, 관리비에는 공용 전기·청소·승강기 유지비가 포함이고, 개별 전기랑 수도는 세입자님 부담입니다. 냉난방은 시스템이냐, 개별 기기냐에 따라 조금 다르고요…' 대략 이런 식입니다."

"좋습니다. 이제 이 말들을 '표현'이 아니라 '순서'로 한번 정리해봅시다. 관리비 설명의 순서를 1번 '포함', 2번 '별도', 3번 '주의사항' 이렇게 딱 세 줄로만 만들어보자는 겁니다. 그리고 어느 직원이 설명하든 반드시 이 순서대로 말문을 열게 하고요."

정 본부장이 곧바로 받아 적었습니다.

"포함 / 별도 / 주의사항… 단어는 사람마다 조금씩 달라도 되지만 말이 나가는 순서는 항상 같게요."

"맞습니다. 예를 들면 이런 식이겠지요. '사장님, 이 건물 관리비에 포함된 것은 공용 전기·청소·승강기 유지비, 이렇게 세 가지입니다. 별도 부담은 세입자 개별 전기·수도, 그리고 냉난방 사용료입니다. 주의하실 점은 예를 들어 빈 기간에도 청소비와 승강기 유지비는 계속 나간다는 것, 그리고 냉난방은 사용량에 따라 변동이 크다는 점입니다.' 이제부터는 누가 말하더라도 이 세 줄의 순서만큼은 반드시 지키는 겁니다."

유 이사가 손을 들었습니다.

"대표님, 그렇다면 저희가 건물별로 '관리비 세 줄 요약' 표를 하나씩 만들고, 상담할 때는 그것을 책상 위에 올려 두고 보는 방식으로 가면 어떨까요? 저희도 헷갈릴 일이 줄어들고, 손님 입장에서도 듣고 잊어버리더라도 나중에 사진으로 찍어 가실 수 있으니까요."

"아주 좋습니다. 그게 바로 설계입니다. '말을 잘하자'에서 끝나지 않고, '말이 어디에 걸려 있는지'를 먼저 만들자는 거죠."

권리금 설명도 마찬가지였습니다. 예전에는 "권리금에는 인테리어랑 비품이 포함이고요", "인수하시는 물건에 따라 조금 달라질 수 있고요"라고 했던 표현을 다시 세 줄로 정리했습니다.

'권리금 기준 시점이 언제인지', '어디까지를 넘겨주고 어디부터는 새로 해야 하는지', '직접 투자와 양도 금액을 어떻게 나눠서 이해하면 좋은지', 그리고 상담 테이블마다 '권리금 설명 체크 카드'를 하나씩 올려두고, 설명이 길어질수록 다시 그 카드로 돌아와 "정리하면 이 세 가지입니다"라고 한 번 더 짚어 주도록 만들었습니다.

다시 보기 약속도 설계를 바꿨습니다. 저는 직원들에게 이렇게 말했습니다.

"앞으로 '다음 주 초에 한번 뵙죠' 같은 말은 가능하면 쓰지 맙시다. 우리 입장에서는 편한 표현이지만, 손님 입장에서는 달력 위 두 칸이 아주 구체적으로 느껴지는 말입니다. 대신 '월요일 오전 10시에서 12시 사이에 전화 한번 드리겠습니다. 그때 통화 후에 필요하면 화요일 오후 현장 일정을 한번 잡으시죠'라고 말해봅시다. 약속을 추상적으로 잡거나 느낌으로만 던지면, 그때그때는 편할 수 있어도 실수는 반드시 그 틈을 비집고 들어옵니다. 반복되는 오해가 있다면, 거기에는 반드시 비어 있는 설계가 하나 있습니다."

몇 주가 지났습니다. 관리비에 대한 문의 전화는 여전히 있었습니다. 권리금에 관한 질문도 계속 이어졌습니다. 다시 보기 약속을 잡는 전화도 줄어들지 않았습니다. 하지만 달라진 게 있었습니다. 예전에는 비슷한 전화가 올 때마다 "아, 설명이 부족했나 봅니다", "제가 그때 말을 모호하게 했나 봅니다"라고 말했던 직원들이 이제는 전화를 끊고 나서 "대표님, 이번에는 구조 문제는 아닌 것 같습니다. 관리비를 세 줄로 설명했는데도 사장님이 워낙 다른 상가와 비교를 많이 하셔서요"라고 하는 것을 볼 수 있었습니다. 저는 그런 보고를 들을 때마다 안도감을 느꼈습니다.

'그래, 이제는 적어도 우리 내부의 설계 구멍 때문에 같은 실수가 반복되는 일은 줄어들고 있구나.'

사무실은 사람들이 매일 들어와 일하고, 또 매일 퇴근하는 공간입니다. 그래서 그날그날 기분과 체력, 상황과 변수에 따라 작은 실수들이 수없이 생길 수밖에 없습니다. 경영이라는 것은 그 실수를 '절대 나오지 않게 막는 일'이 아니라, '나오더라도 같은 자리에서 다시는 반복되지 않게 설계를 바꾸는 일'이라는 것을 이 과정을 통해 다시 확인했습니다.

어느 날 저녁, 모두가 가고 난 뒤 저 혼자 사무실 불을 끄고 있는데, 정 본부장에게서 메시지가 하나 왔습니다.

〈대표님, 오늘 새로 계약하신 건물주께서 "여기는 설명이 늘 같은 순서라서 좋다"라고 하셨습니다. 아무 생각 없이 웃고 넘길 뻔했는데, 가만히 보니 그게 설계 덕이라는 생각이 들어서 공유드립니다.〉

저는 핸드폰을 내려놓고, 화이트보드에 짧게 한 줄을 써두었습니다.

〈한 번의 실수는 사람 탓일 수 있지만, 세 번의 실수는 반드시 설계의 몫이다.〉

그리고 마음속으로 이렇게 덧붙였습니다.

'같은 실수가 계속 보인다면, 그것은 운이 나쁜 게 아니라 바꿀 것이 분명히 있다는 신호다. 우리가 해야 할 일은 그 신호 앞에서 한숨 쉬는 게 아니라, 연필을 들고 설계를 고치는 일이다.'

그렇게 생각하니 실수는 더 이상 두려운 손님이 아니라 경영을 한 단계 올려 주는 반복 수업처럼 느껴졌습니다. 물론, 그 수업료가 너무 비싸지 않도록 미리미리 설계를 손봐두는 것은 대표인 제 역할이고요.

사무실을 움직이는 한 문장

같은 지점에서 세 번 넘어지면 사람 탓이 아니라 설계 탓이다.

감정이 흔들릴수록 **운영 기준을 붙잡아야 한다**

하루 중에 제일 전화 받기 싫은 시간이 있습니다. 점심 식후나 퇴근 직전 같이 애매한 시간대에 오는 전화입니다. 그날도 그랬습니다. 오후 4시 30분, 직원들은 슬슬 마무리할 업무를 챙기고 있었고, 사무실 공기는 묵직하지도, 가볍지도 않은 애매한 온도였습니다. 그때 제 휴대폰이 울렸습니다. 액정에 뜬 이름은 10년 넘게 함께한 건물주였습니다. '아, 이 시간에?' 하는 생각이 먼저 들었습니다. 좋은 소식이면 톡이나 낮에 연락을 줬을 분이었으니까요.

"예, 사장님."

"대표님, 잠깐 말씀 좀 괜찮으십니까?"

목소리 톤에서 느낌이 왔습니다. 오늘은 웃는 이야기가 아니겠구나.

"네, 말씀하십시오."

"제가요. 방금 다른 공인중개사한테 전화를 하나 받았어요. 우리 건물 이 건, 중개보수 그렇게 받는 데가 어디 있냐고 하더라고요. '요즘 누가 그렇게 받습니까? 제가 반만 받고 해드리겠습니다' 이러는데 기분이 참 묘하더라고요. 대표님이랑 오래 했으니까 제가 말은 안 했는데, 솔직히 기분이 썩 좋지는 않았습니다."

설명은 길지 않았는데, 제 속에서는 여러 감정이 한꺼번에 올라왔습니다.

'남의 매물에 끼어드는 친구는 또 누구야? 우리가 중개보수를 과하게 받은 것도 아닌데…. 이렇게 뒤에서 건드리면, 나도 사람인데 가만있기가 쉽지 않은데.'

입 밖으로 "그게 누굽니까? 사장님, 제가 한번"까지 나갔다가 중간에 말을 꿀꺽 삼켰습니다. 이대로 나가면, 오늘 저녁은 '우리가 얼마나 열심히 했는지' 변명하는 시간으로 끝날 게 뻔했습니다.

"사장님, 기분 상하셨겠네요."

우선 그 말부터 꺼냈습니다. 억울함은 잠깐 접어 두고, 상대 기분부터 인정하는 게 제가 정해둔 첫 번째 원칙이었습니다.

"솔직히 좀 그랬죠. 대표님이야 제 스타일 누구보다 잘 아시잖아요. 돈 몇 푼 때문에 말 바꾸는 사람 아니란 것 아실 텐데, 그래도 저도 사람이니까요."

그 말이 나오는 순간, 제 감정은 약간 가라앉고, 머리가 조금씩 돌아가기 시작했습니다. '그래, 이럴 때 쓰라고 만들어둔 기준이 있지.' 저희 사무실에는 중개보수와 관련해서 건물주와 갈등이 생겼을 때 쓰는 내부 원칙이 하나 있습니다.

첫째, 우리가 먼저 깎자고 제안하지 않는다.

둘째, 건물주가 먼저 깎자고 이야기해도 표정이나 목소리로 불쾌감을 티내지 않는다.

셋째, 이미 약속한 중개보수 범위를 벗어나는 요구에는 '이번 한 번 예외'를 남기지 않는다.

정리해서 말하면, '먼저 깎자고 하지 않지만, 한번 양보하기 시작한 기준은 다시 세우기 어렵다'라는 것입니다. 오늘 통화는 그 기준을 지킬지 무너뜨릴지, 아주 가는 줄 위에 올라와 있는 순간 같았습니다.

"사장님, 저희가 이번 건에서 약속드린 중개보수는 처음 계약 때부터 계속 같은 기준으로 설명을 드렸습니다. 만약 저희가 과하게 받았다면 그 부분은 당연히 조정해야죠. 그런데 이것은 '비싸게 받은 중개보수' 문제가 아니라 '남이 우리 사이를 건드린 문제'에 더 가깝습니다. 그래서 제 의견은 이렇습니다. 중개보수는 처음 약속대로 가시고, 대신 제가 내일 직접 찾아 뵙고 이런 이야기를 꺼낸 공인중개사가 있다면 앞으로는 제 이름을 쓰지 말아 달라고 정중하게 말씀드리겠습니다."

잠시 정적이 흘렀습니다.

"대표님 말은 알겠는데요. 그래도 저도 사람인지라, 조금은 대표님도 깎아주는 시늉이라도 해주시면 마음이 편할 것 같은데요."

솔직한 말이었습니다. 그 순간 또 한 번 마음이 흔들렸습니다.

'그래, 이번 한 번 정도는 '사장님, 그러시죠 뭐' 하고 조금 내려드리면 사장님 기분도 풀리고, 나도 편하지 않겠나.'

하지만 이렇게 편한 길은 항상 감정 쪽에 있습니다. 그런데 이렇게 한 번 기준을 예외로 만들면 어떤 일이 벌어지는지 저는 이미 몇 번 경험으로 알고 있었습니다.

"사장님, 말씀하신 마음은 너무 이해됩니다. 그런데 이 기준을 한번 예외로 풀어버리면, 저희 사무실 직원들이 현장에서 더 이상 같은 톤으로 설명을 못합니다. '저 건물 사장님께는 지난번에 내려드렸는데, 왜 우리한테는 그 말을 안 하시지?' 이런 이야기가 나오기 시작하면 그때부터는 기준이 아니라 감정으로 움직이는 사무실이 됩니다. 저는 사장님하고 오래가고 싶어서 처음 세운 기준을 끝까지 지켜보고 싶습니다. 대신, 이번 일 때문에 마음이 상하셨던 부분은 제가 내일 직접 가서 더 확실하게 설명을 드리겠습니다. 혹시 저희가 커뮤니케이션에서 놓친 부분이 있었다면 그것은 저희 책임으로 바로잡겠습니다."

전화기 너머에서 숨을 들이쉬고 내쉬는 소리가 조금 길어졌습니다.

"…알겠습니다. 그러면 중개보수는 처음대로 갑시다. 대신 내일 한번 오세요. 저도 제 마음이 어디까지 감정이고, 어디까지 계산인지 대표님을 만나서 정리 좀 해보고 싶으니까요."

전화를 끊고 나니 몸 안에 있던 긴장이 천천히 빠져나가는 게 느껴졌습니다. 만약, 제가 기준을 붙잡지 않고, 그 순간 감정대로 말했더라면 어땠을까요. 아마 이런 말들이 튀어나왔을 것입니다.

"사장님, 다른 공인중개사가 그런 말 하는 것 자체가 예의가 없는 겁니다. 저희가 이 건에 얼마나 투자했는지 아십니까?"

그리고 그날 저녁, 사무실 분위기는 '오늘 대표님이 매우 불편했다'라는 공기로 묵직해졌겠죠. 그냥 운 좋게 넘어간 하루가 아니라, 운영 기준이 제 감정을 한번 잡아준 하루였습니다. 비슷한 시기, 이번에는 안에서 감정이 출렁였습니다. 한 직원이 울먹이는 얼굴로 제 방에 들어온 것입니다.

"대표님, 잠깐 괜찮으십니까?…"

"네, 무슨 일입니까?"

"네이버에요. 리뷰 하나가 올라왔는데요. 제가 보기에는 너무 억울해서요. 사실과 다른 내용이 너무 많고, 제가 잘못한 것처럼 써놔서 저도 모르게 몇 번이나 다시 읽었습니다."

그 직원은 한숨을 길게 내쉬었습니다.

"있지도 않은 말을 사실처럼 써놓으니까, 제가 도둑이 된 느낌이었어요. 댓글로 반박하려다가 혹시라도 대표님께 누가 될까 봐 참고 먼저 말씀드리러 왔습니다."

예전 같았으면 "도대체 누가 그런 글을 씁니까? 가만두면 안 되겠네요" 하며 같이 흥분했을 것입니다. 그런데 그날은 조금 다른 선택을 했습니다. 저희 사무실에는 온라인 리뷰와 관련해서도 간단한 원칙이 있습니다.

첫째, 리뷰를 쓴 사람과 댓글로 싸우지 않는다.

둘째, 사실과 다른 내용이 있더라도 '우리는 틀리지 않았다'라는 메시지를 앞세우기보다 '그래도 불편을 드린 것은 사실'이라는 태도를 먼저 보여준다.

셋째, 리뷰 내용이 구체적이면 사무실 안에서 먼저 사실 여부를 확인하고, 필요하면 내부 프로세스를 수정한다.

저는 그 원칙을 떠올리며 직원에게 천천히 말했습니다.

"우선, 누가 썼는지는 중요하지 않습니다. 중요한 것은 그 글을 본 다른 사람들이 우리 댓글을 통해 무엇을 느끼게 할 거냐입니다. 지금 ○○ 대리가 느끼는 억울함은 우리끼리 충분히 나눌 수 있습니다. 하지만 댓글에서는 우리가 정해둔 방식대로 가야 합니다."

직원이 눈을 동그랗게 떴습니다.

"그럼 어떻게 할까요?"

"같이 씁시다. 우리가 항상 하기로 한 방식대로요."

저는 직원에게 의자를 하나 끌어다 주고, 네이버 창을 함께 열었습니다.

“일단, 이 글을 끝까지 다시 한번 읽어 봅시다. 그리고 우리가 분명히 놓친 부분이 있다면 그것은 솔직하게 인정합시다. 대신, 사실과 다른 부분에 대해서는 ‘우리는 이런 기준으로 움직였다’라는 것을 조용히 설명해주면 됩니다.”

우리는 함께 문장을 만들기 시작했습니다.

“먼저, 방문 과정에서 불편함을 느끼게 해드린 점, 대표로서 진심으로 유감스럽게 생각합니다. 저희 사무실은 ○○단지 매물을 안내할 때 미리 ○○가지 사항을 안내드리고, 중개보수는 사전에 안내된 범위 안에서만 계약서에 명시해 진행하고 있습니다. 혹시라도 설명 과정에서 놓친 부분이 있었다면 언제든지 연락을 주시면 대표인 제가 직접 다시 듣고 정리해드리겠습니다.”

댓글을 다 쓰고 난 뒤, 직원은 여전히 억울한 표정이었습니다.

“그래도 마음이 잘 정리가 안 됩니다.”

“당연하지요. 이게 한두 줄 썼다고 바로 사라지는 감정이면 사람이 아니죠. 대신 생각해봅시다. 우리가 지금 이 댓글에 화를 섞어서 썼다면, 이 글을 보는 다른 사람들은 ‘누가 맞냐?’보다 ‘여기 사무실은 기분이 상하면 이렇게 나오는구나?’라고 기억하지 않겠습니까? 우리가 붙잡을 것은 감정이 아니라 ‘어떤 상황에서도 이렇게 답하자’라고 미리 정해둔 원칙입니다.”

직원은 한동안 모니터를 보다가, 조용히 고개를 끄덕였습니다.

“그래도, 제가 혼자 쓰지 않아서 다행입니다.”

“그래서 기준을 만들어놓은 겁니다. 사람 마음은 매번 흔들리지만, 문장과 순서는 우리가 먼저 정해둘 수 있으니까요.”

사무실을 오래 운영해보면 어떤 날은 외부에서 감정이 밀려 들어오고, 어떤 날은 안에서 감정이 끓어오릅니다. 손님이 소리를 질러도, 건물주가 서운함을 토로해도, 직원들이 각각 억울함을 안고 와도, 그때마다 '그럼 누가 더 맞냐?'를 따지기 시작하면 하루가 순식간에 소모됩니다. 반대로, '우리 기준으로 보면 지금 이 상황은 몇 번 항목에 해당하느냐?'를 먼저 떠올리면 말이 조금 느려지고, 톤이 조금 낮아지고, 사람이 조금 덜 다치게 됩니다. 운영 기준이라는 것은 멋있게 제본해둔 매뉴얼이 아니라, 대표가 감정에 휩쓸리지 않기 위해 미리 써둔 '안전장치'에 가깝습니다. 사실 저도 감정이 흔들릴 때마다 항상 기준을 지키는 것은 아닙니다. 어떤 날은 목소리부터 먼저 높아지고, 어떤 날은 내 편이 먼저 보이고, 어떤 날은 '이번 한 번만…'이라는 유혹이 매우 달콤하게 느껴지기도 합니다. 그래도 하루가 끝날 때 제가 다시 돌아와 붙잡아야 하는 것은 '오늘 누구 편을 들어줬느냐?'가 아니라 '오늘도 우리가 정해둔 원칙을 조금이라도 지키려고 했느냐?'입니다.

감정은 늘 앞장서서 뛰어나가고, 기준은 늘 뒤에서 조용히 서 있습니다. 대표의 역할은, 앞에서 날뛰는 감정의 손목을 붙잡고 뒤에 서 있는 기준 앞으로 한 번 더 데리고 오는 일이 아닐까, 요즘은 그런 생각을 자주 합니다.

사무실을 움직이는 한 문장

감정이 출렁일 때 기준이 없으면 사람부터 치게 되고, 기준이 있으면 시스템을 손보게 된다.

자동보다 중요한 것은 '반복의 기준화'다

월요일 아침 회의 시간, 모니터에는 제가 전날 밤까지 손봤던 엑셀 화면이 띄워져 있었습니다. 상단에는 굵은 글씨로 이렇게 적혀 있었죠.

〈자동화 세팅 현황 - 문자, 카톡, 예약 시스템〉

"대표님, 요즘 저희 사무실에서 제일 많이 쓰는 단어가 뭔지 아십니까?"

유서연 이사가 팔짱을 끼고 의자에 기대며 웃었습니다.

"뭡니까?"

"자동입니다, 자동. 자동 문자, 자동 답장, 자동 예약, 자동 정산… 직원들끼리 농담으로 그러더라니까요. 조금 있으면 '자동 출근'도 생기겠다고요."

직원들이 한번 훅 웃고 공기가 살짝 풀렸지만, 그 웃음 안에 들어 있는 피로를 느낄 수 있었습니다. 정민우 본부장이 말을 이었습니다.

"대표님, 자동 기능이 편한 것은 사실인데요. 가끔은 '우리가 사람을 만나는 것인지, 시스템을 돌리는 것인지' 헷갈릴 때가 있습니다. 고객들도 그런 느낌을 받는 것 같고요. 최근에 건물주 한 분이 저한테 그러시더라고요. '요즘은 사람보다 문자만 오네. 가끔은 누가 내 건물을 중개하고 있는 것인지 헷갈려'라고요."

회의실에 잠깐 정적이 흘렀습니다. '자동화로 하면서 우리가 뭔가 중요한 것을 놓치고 있는 것은 아닐까?' 하는 생각이 저도 머릿속에서 계속 맴돌고 있었습니다.

"그러면 오늘 이야기는 이것으로 합시다."

저는 화이트보드 한가운데에 천천히 한 줄을 적었습니다.

〈자동보다 중요한 것은 사람이 반복할 기준을 정해두는 일〉

"시스템을 쓰지 말자는 게 아닙니다. 우리가 버튼을 한 번 눌러서 나가는 문자, 한번 설정해놓으면 알아서 쌓이는 일정표, 다 필요합니다. 그런데 지금 우리 사무실에 조금씩 쌓이고 있는 문제는 '기계처럼 움직인다'가 아니라 '사람마다 다르게 움직인다'에 가깝습니다. 자동이 문제가 아니라, 자동으로 무엇을 반복하게 할지 그 기준이 불분명한 거죠."

유 이사가 고개를 끄덕였습니다.

"맞습니다, 대표님. 같은 자동 문자 시스템을 쓰는데도, 직원마다 세팅해둔 문구가 다 다릅니다. 어떤 분은 거의 시(詩)를 쓰시고, 어떤 분은 중개보수부터 먼저 설명하고, 어떤 분은 주소도 없이 '전화 주세요'만 써놓고요."

"자동이냐, 수동이냐보다 우리가 '어떤 문장, 어떤 순서, 어떤 리듬을 반복할 거냐?'를 먼저 정해두는 게 더 중요합니다. 이것을 저는 '반복의 기준화'라고 부르고 싶습니다. 오늘은 우리 사무실에서 꼭 기준을 만들어야 할 반복 패턴이 뭐가 있는지 하나씩 꺼내 보겠습니다."

제일 먼저 나온 이야기는 '첫 답장'이었습니다. 정민우 본부장이 태블릿을 돌려 보여줬습니다.

"최근 한 달 동안 문의가 들어온 카톡·문자·홈페이지 상담 글을 전부 모아서 봤습니다. 그리고 직원들이 보낸 첫 답장을 그대로 정리해봤는데요. 종류가 정말 다양합니다."

화면에는 실제로 각 직원이 보낸 첫 멘트가 여러 개 떠 있었죠.

〈안녕하세요. ○○부동산입니다.^^〉

〈문의 감사합니다. 어느 쪽 상가를 찾고 계실까요?〉

〈중개보수는 이렇게 됩니다….〉

〈통화 가능하신 시간을 알려주시면 연락드리겠습니다.〉

유 이사가 웃으며 말했습니다.

"이 중에 이것은 제 겁니까? 본부장님?"

"네 이모티콘이 들어간 게 유 이사님 겁니다."

회의실이 또 한 번 웃음으로 가벼워졌지만, 저는 그 화면이 꽤 진지하게 느껴졌습니다.

"자, 이게 무슨 뜻이냐면요. 같은 사무실, 같은 간판, 같은 연락처로 들어온 문의인데, 고객이 처음 받는 인사는 직원마다 전혀 다르다는 겁니다. 어떤 분은 이름을 먼저 물어보고, 어떤 분은 바로 조건을 묻고, 어떤 분은 중개보수부터 설명하고, 어떤 분은 통화 시간부터 확인합니다. 이러면, 고객 입장에서는 '내가 이 사무실과 관계를 시작했다'가 아니라 '어떤 직원과 그때그때 단편적으로 연결되어 있다'라는 느낌을 받게 됩니다."

저는 펜을 들어 화이트보드에 '첫 답장 기준'이라고 적었습니다.

"첫 답장은 사람이 보내든, 자동으로 나가든 '틀'이 하나는 있어야 합니다. 예를 들어, 이런 겁니다."

저는 즉석에서 한 줄씩 써 내려갔습니다.

〈상대 이름을 부르기
 어떤 매물이나 상권에 관심 있는지 한 줄로 정리해서 확인하기
 '언제 한번 보시겠습니까?'가 아니라 '두 가지 시간 중 하나'를 제안하기〉

"이 세 가지는 누가 답을 하든, 어떤 시스템으로 보내든 같이 가져가면 좋겠습니다. 문장은 각자 스타일대로 조금씩 바꿔도 되지만, 이 순서만큼은 사무실 이름으로 통일합시다."

한 직원이 조심스럽게 손을 들었습니다.
"대표님, 그러면 자동 응답으로 할까요? 아니면 앞으로도 사람이 일일이 보낼까요?"

저는 잠시 생각하다가 고개를 저었습니다.
"첫 문장은 가능하면 사람이 쓰는 것으로 하죠. 단, 그 사람이 고민하지 않게 우리가 틀을 만들어주는 겁니다. 자동 시스템은 그다음 단계에서 돕게 하고요. 예를 들면, 첫인사는 사람이 보내되 그 뒤에 나가는 '약속 확정 안내'나 '위치 안내, 주차 안내' 같은 것은 정리된 양식을 자동으로 붙이면 됩니다. 처음부터 끝까지 자동으로 가는 게 목적이 아니라 '반복해서 쓰이는 문장을 기준화해서, 누가 쓰든 흔들리지 않게 만드는 것'이 목적입니다."

유 이사가 끄덕였습니다.
"결국, 자동보다는 '통일된 패턴'이 먼저군요."
"맞습니다. 반복의 기준이 먼저 있고, 그것을 도와주는 도구로 자동을 쓰는 거죠."

다음으로 나온 이야기는 현장 미팅 이후의 흐름이었습니다.

"대표님, 저희가 현장에서 고객하고 헤어진 후 그다음에 하는 행동도 사람마다 완전히 다릅니다."

정 본부장이 프린트물을 한 장씩 돌렸습니다. 〈현장 미팅 이후 행동 패턴 비교표〉에는 직원 다섯 명의 이름이 세로로, 시간대와 행동이 가로로 정리되어 있었습니다.

"○○ 대리는 현장이 끝난 직후에 바로 '오늘 봤던 매물 요약' 문자를 보내고, △△ 씨는 저녁에 통화가 닿는 분만 다시 한번 이야기하고, 또 다른 직원은 일주일 뒤에 한 번 정도 톡을 보내는 정도입니다."

유 이사가 웃으며 말했습니다.

"저도 사실, 어떤 날은 바로 연락드리고, 어떤 날은 정신없이 지나가다 보니까 일주일 뒤에야 '그때 어떻게 생각하고 계시냐?'라고 묻게 되더라고요."

저는 고개를 끄덕였습니다.

"현장에서 아무리 설명을 잘해도 그다음 단계가 반복되지 않으면 우리는 늘 '좋은 인상'에 머무를 뿐입니다. 관계가 이어지려면 반드시 '뒷마무리 루틴'이 있어야 합니다. 그런데 지금 우리는 그 '뒷부분'을 사람마다 다르게 하는 겁니다."

저는 다시 화이트보드에 굵게 제목을 적었습니다.

〈현장 이후 24시간 루틴〉

"한번 같이 만들어보죠. 예를 들면, 이렇게요. 현장에서 헤어진 뒤, 3시간 안에 감사 메시지를 한 번 드립니다. '오늘 함께 보셔서 감사하다, 기억해야 할 포인트는 이 세 가지다, 고민되시면 언제든지 다시 걸어 달라'라는 정도로요. 그날 밤이나 다음 날 오전 중에 건물주에게도 따로 연락을 드립니다. '오늘 이런 분이 다녀갔다, 이런 반응이 있었다, 그래서 다음에는 이런 포인트를 강조해보겠다'라고요. 그리고 일주일 안에 그 손님이 계약하든 안 하든 '다음에 보여드릴 수 있는 후보' 한두 개를 준비해서 다시 연락을 드립니다. 이때 하는 말은 '결정하셨습니까?'가 아니라 '지난번에 이야기 나눈 것 기준으로 이런 방향도 있으니 한번 참고해보시겠습니까?' 쪽으로 맞추고요."

직원들이 하나둘씩 고개를 끄덕였습니다.

"이 루틴을 누가 맡든 동일하게 반복하면, 고객 입장에서는 '그날 같이 본 사람 한 명'이 아니라 '계속 같이 고민해주는 사무실'로 느끼게 됩니다. 이 차이가 1년, 3년, 5년 후에 완전히 다른 결과를 가져옵니다."

유 이사가 손을 들었습니다.

"대표님, 그러면 이 루틴을 자동 문자 템플릿으로 만들어둘까요?"

"좋습니다. 다만, 문장은 직원들이 직접 한 번씩 써보게 합시다. 같은 구조 안에서 본인 말투로 정리하는 과정이 있어야 그 기준이 자기 것이 됩니다. 그다음에 우리가 그것을 양식으로 묶어서 필요할 때 자동으로 불러다 쓰게 만들죠."

정 본부장이 웃으며 말했습니다.

"결국 오늘 결론은 '자동 세팅 회의'가 아니라 '반복 루틴 설계 회의'네요."

"그렇습니다. 버튼보다 중요한 것은 버튼을 누르기 전에 우리가 무엇을 어떻게 반복하고 싶은지 정리해보는 일입니다."

마지막으로 정리한 것은 '내부 회의와 피드백 방식'이었습니다. 저는 직원들에게 물었습니다.

"우리, 요즘 회의에서 가장 자주 나오는 문장이 뭐라고 느끼십니까?"

몇몇이 서로 눈치를 보다가 한 직원이 조심스럽게 말했습니다.
"음… '그때도 그랬잖아요' 이런 말…인 것 같습니다."

둘째 줄에 앉아 있던 다른 직원이 웃음을 참으며 덧붙였습니다.
"저도 비슷하게 느낍니다. 누가 실수하거나 놓친 부분이 있으면, '지난번에도 비슷했죠'라는 말이 자주 나오는 것 같습니다."

저는 잠시 말을 멈추고, 화이트보드를 한번 바라봤습니다.
"맞는 말입니다. 저도 모르게 그런 표현을 쓴 적이 있었을 겁니다. 근데 잘 생각해보면, '지난번에도 그랬다'라는 말은 우리에게 아무 기준도 주지 못합니다. 오히려 사람 마음만 움츠러들게 만들죠. 그래서 저는 이 부분도 한번 바꿔 보고 싶습니다. 앞으로 회의에서 '예전 이야기'를 꺼내야 할 일이 있다면, '그때는 이렇게 처리했는데 이번에는 이 기준으로 바꿔 보자'라는 식으로 기준을 함께 붙이는 것을 원칙으로 했으면 합니다."

유 이사가 고개를 끄덕였습니다.
"결국 회의도 '반복되는 말'을 바꾸는 게 중요하다는 말씀이시군요."
"그렇습니다. 예를 들면, 어떤 오류가 반복될 때 '또 틀렸네'라는 말을 꺼내기보다, '이 상황이 나오면 앞으로는 1번, 2번, 3번 순서로 체크하자'라고 말하는 방식으로 회의 문화 자체를 바꾸는 겁니다. 이게 바로 감정적 반복이 아니라, 운영 기준을 반복하는 사무실이 되는 첫걸음입니다."

회의가 끝날 즈음, 화이트보드는 빽빽하게 채워져 있었습니다.
〈[오늘 정리한 '반복 기준'의 예]
① 첫 답장 구조
② 현장 이후 24시간 루틴

③ 일주일 내 후속 제안 방식
④ 중개보수·조건 설명 순서
⑤ 회의 때 쓰지 않기로 한 말, 대신 쓰기로 한 말〉

저는 의자를 조금 뒤로 빼고 그 판을 한동안 바라봤습니다.
'기계가 대신해줄 수 없는 영역이 여기 다 적혀 있구나.'

같은 문장을 수백 번 쓰더라도 사람이 직접 쓰는 게 좋은 부분, 시스템이 대신해도 되지만 그전에 우리가 '틀'을 만들어야 하는 부분, 그리고 어떤 상황에서도 '이 순서만큼은 지킨다'라고 서로 약속해놓을 부분. 자동화는 이 판을 깨끗하게 만든 다음 그 위에 덧붙여도 늦지 않습니다.

"오늘 내용을 너무 어렵게 느끼실 필요는 없습니다."
저는 마지막으로 직원들을 둘러보며 말했습니다.
"우리가 하려는 것은 대단한 IT 혁신이 아닙니다. 그냥 잘되는 날 우리가 자연스럽게 하고 있던 행동을 한번 적어 보고, 그것이 잘 안되는 날에도 억지로라도 반복해보자는 겁니다. 이렇게 쌓인 기준이 나중에는 자동보다 더 강한 힘을 냅니다. 버튼은 고장 날 수 있지만, 몸에 익은 기준은 한번 만들어놓으면 웬만해서는 사라지지 않거든요."

정 본부장이 웃으며 받아쳤습니다.
"결국 대표님 말씀은 '오늘도 버튼을 누르기 전에 우리가 먼저 패턴을 정하자'라는 거네요."
"네, 그렇게 정리하겠습니다. 자동이 사무실을 살려주는 게 아니라, 반복할 기준이 있는 사무실이 자동을 제대로 활용하는 겁니다."

그날 저녁, 직원들이 퇴근하고 난 뒤 저는 혼자 화이트보드 내용을 사진으로 찍어 핸드폰에 저장해두었습니다. 언젠가 또 새로운 시스템, 새로운 프로그램, '이거 쓰시면 정말 편해집니다'라는 제안을 들을 때마다 오늘 이 사진을 한 번씩 꺼내 보려고요.

'우리가 먼저 반복의 기준을 세웠는가?'

그 질문에 답하지 못하면, 아무리 좋은 자동화도 결국 새로운 피로만 사무실에 끌고 들어올 테니까요.

사무실을 움직이는 한 문장

자동화는 나중 문제고, 오늘 하는 일을 내일도 똑같이 할 수 있도록 기준을 정하는 게 먼저다.

일관성이 품질을 대리한다

"대표님, 이 손님 리뷰… 한번 같이 보셔야 할 것 같습니다."

어느 날 오후, 정민우 본부장이 조심스럽게 제 방문을 두드렸습니다. 태블릿을 들고 있었는데, 표정이 어딘가 난감했습니다.

"무슨 일입니까?"

"네이버에 새로 달린 리뷰인데요. 내용이 조금 찔립니다."

태블릿 화면에는 이런 리뷰가 적혀 있었습니다.

"상담해주신 분은 친절했는데, 직원분마다 말씀이 조금씩 달라서 솔직히 헷갈렸어요. 어디까지 믿어도 되는 것인지 잘 모르겠습니다."

점수를 보니 5점 만점에 3점이었습니다.

'친절'이라는 단어와 함께 적힌 3점짜리 리뷰만큼 대표를 애매하게 만드는 것도 없습니다.

"어떤 손님입니까?"

"지난달에 2층 사무실 계약하신 분 기억나시죠? 처음 상담은 제가 했고, 계약 진행 중에는 ○○ 대리가 중간 설명을 맡았고, 잔금 전날에 유서연 이사가 서류 체크를 도와줬던 그 건입니다."

이야기를 듣자, 장면들이 하나씩 떠올랐습니다. 처음 상담할 때 저는 정 본부장과 함께 임대료 인상 가능성, 권리금 조정 범위, 중개보수 기준을 명확하게 설명해줬습니다. 그런데 진행 과정에서 각자 설명하는 방식이 조금씩 달랐던 모양입니다.

"대표님, 손님이 그러셨답니다. 처음 들을 때와 계약을 앞두고 다시 들을 때 표현이 조금씩 달라지니까 뭔가 불안했다고요. 내용은 큰 차이가 없었는데, 말의 순서나 강조점이 조금씩 달라졌던 것 같습니다."

저는 화면을 가만히 내려다봤습니다.
'친절한데, 헷갈렸다?…'
이 리뷰에 우리 사무실의 숙제가 그대로 담겨 있는 것 같았습니다.

그날 저녁, 저는 임시 회의를 소집했습니다. 화이트보드 위쪽에 크게 이렇게 적었습니다.
〈요즘 우리 사무실 품질을 대신 보여주는 것은 무엇인가?〉

직원들이 자리에 앉은 뒤 제가 먼저 이야기를 꺼냈습니다.
"오늘 한 리뷰를 보면서 생각이 좀 복잡했습니다. 우리가 계약을 놓친 것은 아니에요. 손님도 결국은 만족하시면서 입주하셨고, 건물주도 고맙다고 하셨습니다. 그런데 리뷰에는 '친절했는데, 직원마다 말이 조금씩 달라서 헷갈렸다'라고 되어 있습니다. 자, 여기서 중요한 것은 우리가 실제로 틀린 말을 했느냐가 아니라 손님이 '같은 사무실'이라는 느낌을 받았느냐입니다."

유서연 이사가 고개를 끄덕였습니다.

"대표님, 솔직하게 말씀드리면 저도 가끔 그런 것을 느낍니다. 같은 건물, 같은 건인데 제가 설명할 때와 정 본부장님이 설명할 때가 초점이 조금 다를 때가 있습니다. 저는 리스크 쪽을 먼저 이야기하는 편이고, 정 본부장님은 기회나 장점을 먼저 이야기하시잖아요. 물론 나중에는 둘 다 설명하긴 하는데, 손님 입장에서는 '왜 사람마다 말이 다르지?'라는 느낌을 받으실 수도 있을 것 같습니다."

○○ 대리도 조용히 손을 들었습니다.

"저도 그런 경험이 있습니다. 처음에는 유 이사님이 임대료 인상 가능성을 이야기해드렸고, 제가 계약서를 쓸 때는 그 내용이 특약으로 정리되어 있었는데도 손님이 '아, 그때는 그냥 가능성이라고만 들었는데 이제 보니까 꽤 구체적인 조건이네요'라고 하시더라고요. 틀리게 말한 것은 아닌데 강도가 달랐던 것 같습니다."

저는 천천히 펜을 들었습니다.

"결국 우리 사무실의 문제는 '누가 설명하느냐?'에 따라 느낌이 조금씩 달라지는 부분에 있습니다. 우리는 제품을 파는 업이 아니라 설명과 판단 및 과정을 파는 업입니다. 이 말은 결국 '일관성'이 곧 품질이라는 뜻입니다."

화이트보드에 한 줄을 더 적었습니다.

〈일관성이 품질을 대리한다.〉

"여러분, 커피 이야기를 한번 해봅시다."

제가 말을 놀리자 직원들이 웃었습니다.

"대표님, 또 커피 비유가 나오네요."

"우리 사무실에 오는 손님들 대부분이 한 번쯤은 에스프레소 머신에서 나오는 커피를 드시죠. 여기서 중요한 것은 '오늘은 맛있고, 내일은 싱겁고, 모레는 너무 진하다'가 아니라 매일 비슷한 맛이 나는 겁니다. 어느 날은 약간 진하고 어느 날은 조금 부드러울 수는 있어도, '이 집은 대충 이 정도 맛'이라는 대략의 기대가 깨지지 않는 게 사람들이 느끼는 '품질'입니다. 우리 사무실도 마찬가지입니다. 직원마다 성격이 다르고 말투도 다르고 표정도 다릅니다. 그런데도 손님 입장에서 '이 사무실은 늘 이런 깊이, 이런 방식으로 설명해준다'라는 느낌이 있어야 합니다. 그래야 사람이 바뀌어도 사무실에 대한 신뢰가 그대로 유지됩니다."

정 본부장이 고개를 끄덕였습니다.

"그 말씀은 결국 우리가 '이 사무실에서 하는 말과 행동의 기본선'을 정해두자는 이야기군요."

"맞습니다. 오늘은 이 기본선을 어떻게 만들지 같이 이야기해보려고 합니다. 이것은 하나의 매뉴얼이라기보다 우리 사무실이 앞으로 지켜 나가야 할 '말과 행동의 습관'에 가깝습니다."

가장 먼저 꺼낸 주제는 '설명 순서'였습니다. 유 이사가 먼저 입을 열었습니다.

"대표님, 저는 손님을 상담할 때 거의 습관처럼 이렇게 진행합니다. 손님이 왜 이 상권을 보러 오셨는지 이유부터 듣고, 주변 상권 흐름과 공실 상황을 설명드리고, 그다음에 임대료, 보증금, 권리금, 중개보수 순서로 이야기합니다. 그 뒤에 리스크를 정리해서 말씀드리고, 마지막에 일정과 절차를 안내드리죠."

정 본부장이 이어서 말했습니다.

"저는 약간 다릅니다. 손님이 생각하는 예산과 업종 계획을 먼저 확인하고, 지금 보시는 매물이 그 예산과 계획 안에서 어느 위치에 놓이는지 말씀드립니다. 그리고 건물주 스타일과 과거 공실 내역을 이야기한 뒤에 중개보수, 조건 협상 가능 범위를 설명합니다. 마지막에는 '지금 이 자리에서 결정할 수 있는 것'과 '조금 더 고민하셔야 할 것'을 나눠 드립니다."

두 사람의 설명을 들으면서 저는 둘 다 나쁘지 않다고 느꼈습니다.

"보세요. 두 분 다 틀린 방식이 아닙니다. 그런데 손님 입장에서는 이렇게 느낄 수 있습니다. '유 이사는 상권 이야기를 먼저 하고, 정 본부장은 조건 이야기를 먼저 하네. 어느 쪽이 이 사무실의 공식 설명이지?' 이 혼란이 쌓이면 '사무실은 친절한데, 말이 조금씩 다르다'라는 리뷰가 나오는 겁니다."

직원들 시선이 다시 화이트보드로 향했습니다.

"그래서 제 제안은 이렇습니다. 우리 사무실만의 '설명 기본 순서'를 하나 정합시다. 그 안에서 각자의 스타일을 살리되, 손님이 누구를 만나든 이 순서만큼은 경험하게 하자는 겁니다."

저는 보드에 천천히 네 줄을 적었습니다.

〈① 왜 이 상권·이 건물을 보러 왔는지 이유 정리

② 상권 흐름과 건물 특징 설명

③ 임대료·보증금·권리금·중개보수·리스크 순으로 숫자와 조건 정리

④ 향후 절차와 일정, 고민 포인트 안내〉

"이 네 줄은 오늘부터 우리 사무실 '설명의 뼈대'입니다. 이 순서만 지키면 말투는 다르게 해도 괜찮습니다. 손님 입장에서는 '아, 이 사무실은 설명 방식이 일정하구나'라고 느낄 겁니다. 결국 이 일관성이 우리 사무실의 품질을 대신 보여주게 됩니다."

두 번째로 다룬 것은 서류와 체크리스트였습니다. 김경미 과장이 조용히 손을 들었습니다.

"대표님, 제가 회계·정산을 하면서 느낀 게 한 가지 있습니다. 서류를 정리할 때 직원마다 기준이 조금씩 다릅니다. 어떤 분은 계약서 앞뒤에 모든 메모와 도면, 사진까지 붙여 놓고, 어떤 분은 꼭 필요한 것만 딱 넣어서 주십니다. 둘 다 나름의 장점이 있지만 제가 볼 때는 '우리 사무실이 이 정도까지는 기본적으로 챙깁니다'라는 선이 하나 있으면 좋겠습니다."

저는 고개를 끄덕였습니다.

"결국 계약서 파일이 우리 사무실의 품질을 눈으로 보여주는 자료니까요."

김 과장이 준비해온 두 개의 파일을 보여줬습니다. 하나는 서류가 빽빽하게 꽂혀 있는 두꺼운 파일, 다른 하나는 깔끔하게 정리된 얇은 파일이었습니다.

"대표님, 건물주와 세입자에게 나중에 이 파일을 돌려 드렸을 때 어떤 파일을 받으시는 분이 '이 사무실 참 꼼꼼하네'라는 느낌을 더 많이 받으실까요?"

저는 웃으며 답했습니다.

"두꺼운 게 무조건 좋은 것은 아닙니다. 중요한 것은 '서류를 빼먹지 않고 넣어 주느냐'겠죠."

그래서 우리는 이야기를 나누며 '우리 사무실 계약 파일의 최소 구성'을 정리했습니다.

① 기본 계약서, 확인설명서, 공제증서, 5대공적장부

② 특약 정리 한 장(손님이 이해하기 쉬운 문장으로 다시 정리한 버전)
③ 권리·시설 인수인계 체크표
④ 관리비·전기·가스 등 정산 기준 안내

"이 네 가지는 어떤 고객, 어떤 계약이든 무조건 기본으로 들어가게 합시다. 추가 자료를 넣을 수는 있지만, 이 네 개가 빠지는 일은 없도록 하죠. 이게 바로 '서류에서의 일관성'입니다."

김 과장이 웃었습니다.
"좋습니다, 대표님. 이렇게 정해두면 나중에 새로 들어오는 직원들도 '우리 사무실 기본은 이 정도'라고 자연스럽게 배우게 되겠네요."

회의가 끝날 즈음, 저는 한 가지 이야기를 더 꺼냈습니다.
"여러분, 제가 강의를 다니면서 가장 많이 듣는 말 중 하나가 뭔지 아십니까?"

직원들이 제 얼굴을 바라봤습니다.
"'어느 구청에서 들어도 김명식 교수의 강의는 느낌이 비슷하다'라는 말입니다. 웃음 터지는 포인트도 비슷하고, 중간에 조용해지는 타이밍도 비슷하고, 결론으로 가는 흐름도 비슷하다고요. 이 말이 처음에는 약간 지루하게 들렸습니다. '조금 더 새로워야 하는 것 아닌가?' 하는 생각도 들었죠. 그런데 시간이 지나 보니 이 말이 사실은 최고의 칭찬이라는 것을 알게 됐습니다. 사람들은 '늘 비슷하게 기대할 수 있는 것'을 굉장히 편안해합니다. 저의 강의를 처음 듣는 분들은 새로움을 느끼고, 두 번째 듣는 분들은 '역시 이 스타일이구나' 하면서 안정을 느끼죠. 사무실도 똑같습니다. 우리가 하는 설명, 계약서 정리 방식, 사후 관리, 전화나 문자에 담겨 있는 말투까지 어느 정도는 '이 사무실답다'라는 느낌이 있어야 합니다. 그래야 시간이 흐를수록 그 일관성이 곧 '품질'로 쌓입니다."

정 본부장이 조용히 말했습니다.

"대표님, 결국 우리가 가야 할 방향은 '한번 반짝 잘하는 사무실'이 아니라 '늘 비슷한 밀도로 잘하는 사무실'이라는 말씀이시군요."

"그렇습니다. 오늘 하루 잘한 것은 운이지만 3년, 5년 동안 꾸준히 잘하는 것은 습관이고, 구조입니다. 손님은 그 차이를 무의식적으로 느낍니다. 한 문장을 어떻게 말하는지, 계약 파일을 어떻게 넘겨주는지, 문제가 생겼을 때 어떤 톤으로 사과하고 정리하는지. 이 일관된 움직임이 결국 우리 사무실의 진짜 품질을 대신 보여줄 겁니다."

직원들이 돌아가고 난 늦은 밤, 저는 혼자 사무실을 한 바퀴 돌았습니다. 상담 테이블 위에 올려진 볼펜 각도, 계약서 보관함에 꽂힌 파일들의 정렬 상태, 벽에 걸린 상권 지도에 붙어 있는 포스트잇. '내일 이 문을 처음 열고 들어오는 손님이 어떤 느낌을 받을까?' 문득 그런 생각이 들었습니다. 우리 사무실의 품질은 거창한 무엇이 아니라, 입구에서 느껴지는 분위기, 앉았을 때 듣게 되는 첫 몇 문장, 돌아가는 길에 가방 속에 넣어가는 서류 한 묶음에 이미 다 들어 있는지도 모릅니다. 그리고 그 요소들이 일관되게 유지될 때 손님은 비로소 이렇게 기억하겠죠.

'거기는, 늘 그 정도는 해주는 사무실이다.'

사무실을 움직이는 한 문장

사무실에서 품질은 '와, 대단하다'가 아니라, '늘 그렇다'라는 말이 나올 때 비로소 완성된다.

5장

리더십은 말이 아니라 온도다

사무실의 기후는 '감정 관리'에서 시작된다

아침부터 이상했습니다. 날씨 때문만은 아니었습니다. 창밖 하늘은 맑았고, 햇빛도 적당했습니다. 그런데 엘리베이터에서 6층 버튼을 누르는 순간부터 묘하게 숨이 막혔습니다.

'오늘 사무실 공기가 가볍지는 않겠구나.'

감이라는 것은 묘해서 말을 꺼내기 전인데도 몸이 먼저 알고 있는 날이 있습니다. 전날까지 서울에서 법정연수교육을 강의하고, 세종으로 내려와 밤늦게 메신저를 열어봤을 때부터 조짐은 있었습니다.

"대표님, 내일 말씀드리겠습니다."

"오늘 건, 일단 여기서 마무리하는 게 좋을 것 같습니다."

딱 잘라 말하지는 않았지만, 계약이 하나 날아갔다는 것은 누구나 알 수 있는 표현이었습니다. 그 메시지를 보낸 직원 이름을 보는 순간, 이튿날 사무실 표정까지 같이 떠올랐습니다.

문이 열리고 복도가 보이자 일부러 걸음을 조금 늦췄습니다. 사무실 문손잡이를 잡기 전에 속으로 짧게 한마디를 되뇌었습니다.

'오늘은 숫자보다 먼저 얼굴부터 보자.'

문을 열고 들어가자 제일 먼저 눈에 들어온 것은 책상에 앉아 있는데도 어딘가 힘이 빠져 있는 두 어깨였습니다.

“안녕하세요. 대표님.”

먼저 인사를 건넨 것은 신입에 가까운 김 대리였지만, 눈빛만 보면 누가 메시지를 보냈는지 금세 알 수 있었습니다. 굳이 바로 묻지 않고, 평소와 비슷한 톤으로 답했습니다.

“네, 오늘 다들 일찍들 왔네요.”

인사 몇 마디, 의자 끄는 소리, 컴퓨터 켜지는 소리가 이어졌지만, 어딘가 음량이 반 톤씩 낮았습니다. 약한 감기 기운처럼, ‘오늘 우리 사무실, 약간 처져 있구나’ 하는 기류가 느껴졌습니다.

그때 제일 먼저 해야 할 일은 ‘왜 그런지’를 따지는 게 아니라 ‘내 표정부터 정리하는 것’이라는 것을 몇 번의 실수 끝에 배웠습니다. 예전에는 저도 모르게 이렇게 시작하곤 했습니다.

“어제 무슨 일 있었습니까?”

“왜 이렇게들 힘이 없습니까?”

묻는 말 같지만, 듣는 사람 입장에서는 이미 평가가 섞여 있는 문장입니다. 그렇게 시작하면 사무실 공기는 설명이 아니라 변명으로 채워집니다. 그래서 이제는 조금 다르게 합니다. 코트를 걸고, 가방을 내려놓은 뒤 잠깐 화장실 앞 작은 공간으로 몸을 옮겼습니다. 거울에 비친 얼굴을 보면서 마치 다른 사람을 보듯 속으로 물었습니다

‘지금 내 감정은 몇 점짜리인가?’

기분이 나쁜지 좋은지보다는 지금 제 마음이 얼마나 좁아져 있는지 스스로 점수를 매겨 보는 습관이 생겼습니다.

‘한… 60점 정도 되겠네. 어제 강의 피로, 계약이 깨진 소식, 사무실 분위기까지 합치면 40점은 이미 빠져 있는 상태.’

이것을 인정하고 나면 이상하게도 마음이 조금 정리가 됩니다. 손을 씻고, 종이 타월을 접어 쓰레기통에 넣으면서 오늘 사무실에서 해야 할 말을 정했습니다.

'오늘은 결과 이야기보다 같이 버티자는 이야기를 먼저 해야겠다.'

아침 7시 40분, 정민우 본부장과 유서연 이사가 거의 동시에 들어왔습니다.

"좋은 아침입니다, 대표님."

"대표님, 어제 서울 강의는 잘 다녀오셨습니까?"

말투는 평소와 같았지만 정 본부장이 서류 가방을 내려놓는 손동작이 살짝 무거웠고, 유 이사의 목소리 끝에는 조심스러운 탐색이 섞여 있었습니다. 마치 제 기분부터 확인해보자는 눈빛이었습니다. 그 시선을 느끼면서 의도적으로 속도를 늦춰 답했습니다.

"잘 다녀왔습니다. 다만 오늘은 숫자보다 먼저 우리 마음부터 먼저 봐야 할 것 같습니다. 잠깐만 모이죠."

예전 같으면 월요일 아침 회의처럼 보드에 이번 주 목표, KPI(Key Performance Indicator : 핵심성과지표)부터 적었을 것입니다. 하지만 오늘은 달랐습니다. 회의실 대신 사무실 한쪽 소파 공간으로 모두를 불렀습니다. 책상과 모니터 사이에 앉아 있으면 자세부터 경직되기 때문입니다.

"다들 앉으시죠. 오늘은 보고가 아니라 나눔부터 하겠습니다."

직원들이 서로 눈치를 보며 앉는 것을 보고, 단도직입적으로 물었습니다.

"오늘 아침, 각자 기분을 한 단어로 말하면 뭐가 제일 먼저 떠오르십니까? 설명하지 마시고, 단어만 하나씩 해보죠."

순서대로 돌아가며 짧은 대답이 나왔습니다.

"아쉽습니다."

"버겁습니다."

"멍합니다."

"괜찮습니다만, 무겁습니다."

김 대리 차례가 되자 한동안 말을 잇지 못하다가 작게 입을 열었습니다.

"…죄송합니다."

저는 바로 말을 하지 않고 잠깐 침묵을 허용했습니다. 그 침묵이 변명보다 중요할 때가 있습니다.

"좋습니다. 지금 그 단어들이 오늘 우리 사무실의 '기후 예보'라고 생각해봅시다. 어제 일이 있어서 오늘 공기가 조금 흐릴 수 있습니다. 그것은 자연스러운 거죠. 중요한 것은 이 흐린 공기를 누구 책임으로 돌릴 것인지가 아니라, 오늘 하루 동안 얼마나 짙어지지 않게, 또 얼마나 빨리 걷히게 할 거냐입니다. 김 대리, 조금 이따가 저랑 둘이 커피 한잔하시죠. 지금은 우리 전체 이야기부터 먼저 하고요."

그 말 한마디에 김 대리의 어깨가 아주 조금 내려앉는 게 보였습니다. 견책이 아니라 '나중에 같이 보자'라는 제안만으로도 사람은 숨을 돌릴 틈을 얻습니다.

감정을 관리한다는 것은 마음을 숨기거나 억누른다는 뜻이 아닙니다. 제가 깨달은 것은 조금 다른 방향입니다. '대표가 자기 감정을 먼저 인정하고, 그다음에 스위치를 돌릴 수 있어야 사무실 전체 기류도 함께 방향을 바꿀 수 있다'는 것. 그래서 저는 아침 짧은 시간 동안 세 가지만 확인하려고 했습니다.

첫째, 오늘 우리 사무실 공기는 맑음인지, 흐림인지, 비 오는 날인지.

둘째, 그 공기의 원인이 실패한 계약인지, 갈등인지, 피로인지.

셋째, 대표인 나에게 기대하고 있는 말이 질책인지, 해답인지, 아니면 그냥 옆에 있어 달라는 것인지.

이 세 가지를 헷갈리면 대표의 첫마디는 대부분 빗나갑니다. "왜 그랬느냐?"로 시작하면 변명만 남고, "다음에는 잘하면 된다"로 덮어버리면 배울 기회를 놓치게 됩니다. 이 아침 시간의 감정 관리란 결국 '오늘은 어떤 말투로, 어떤 속도로 가야 하는지'를 먼저 정하는 작업에 가깝습니다.

10분쯤 이야기를 나눈 뒤 방향을 조금 바꿨습니다.

"자, 이제 어제 있었던 것을 조금만 객관적으로 정리해보겠습니다. 김 대리님, 어제 그 건을 '판단' 없이, '사실'만 말씀해주시겠어요? 누가 잘했고, 잘못했는지는 나중에 이야기하고요."

감정이 올라와 있는 직원에게 가장 먼저 물어야 할 것은 "왜 그랬냐?"가 아니라 "무슨 일이 있었냐?"라는 것을 몇 번의 시행착오 끝에 배웠습니다. 김 대리는 숨을 깊게 들이쉬고 하루 전 일을 차분히 풀어놓았습니다.

"어제 오후에 세입자 후보님이 오셔서 조건은 거의 맞춘 상태였고, 건물주님과 통화까지 연결을 드렸습니다. 통화 중에 관리비 부분에서 서로 생각이 다른 부분이 있었는데, 제가 중간에서 명확하게 정리를 못하고 '나중에 다시 이야기하자'라고 넘겼습니다. 그러다가 저녁에 세입자 쪽에서 '생각보다 부담이 크다'라고 말씀하셨고, 그대로 분위기가 식었습니다. 제가 중간에 정확하게 다시 짚고 넘어갔어야 하는데, 그 부분을 놓친 것 같습니다."

내용을 들으며 저는 일부러 중간에 끊지 않았습니다. 한 사람의 감정 뒤에 숨어 있는 '사실의 흐름'을 먼저 들어야 제대로 된 피드백도 가능합니다. 이야기를 들은 뒤 천천히 정리해줬습니다.

"좋습니다. 지금 나온 이야기에서 우리가 배울 수 있는 것은 세 가지 정도입니다.

첫째, 관리비처럼 나중에 다시 이야기하기 어려운 항목은 현장에서 최대한 '대략이라도' 숫자를 잡고 넘어가야 한다는 것.

둘째, 양쪽이 다른 생각을 하고 있을 때 그걸 덮어둔 채 '나중에'로 넘기면 대부분 나중에 안 좋게 끝난다는 것.

셋째, 이 상황이 '김 대리만의 실수'가 아니라 우리 사무실 전체가 다시 기준을 세워야 할 문제라는 것."

일부러 '누구 책임이다'라는 말을 쓰지 않았습니다. 대신 이렇게 덧붙였습니다.

"어제 이 건에서 제일 먼저 마음이 무너진 사람은 김 대리님이었겠지만, 대표인 제가 그 마음을 그대로 방치하면 오늘은 사무실 전체가 무너지게 됩니다. 그래서 이것은 혼자 짊어질 일이 아니라 같이 배우고, 같이 기준을 만들어야 합니다."

정 본부장이 거들었습니다.

"맞습니다, 대표님. 저도 예전에 비슷한 상황에서 '나중에 다시 이야기하자'라는 말을 자주 썼습니다. 익숙한 말인데, 돌이켜 보면 그때마다 계약이 흐려지더라고요. 오늘을 계기로 우리 사무실에서 '나중에 이야기하자' 대신 어떤 표현을 쓸지 같이 정해보면 좋겠습니다."

유 이사가 아이디어를 보탰습니다.

"예를 들면 '지금 이 자리에서 대략의 범위라도 정하고 가시죠'라든지, '이 부분은 서로 부담이 다르실 수 있으니 각자 생각하는 선을 한 번씩 말씀해주시겠어요?' 같은 말로 바꿔 보면 어떨까요?"

이렇게 대화를 주고받는 사이 처음에 무겁게 깔려 있던 공기가 조금씩 풀리기 시작했습니다. 책상 위에 올려져 있던 손이 펴지고, 입가에 작게 웃음이 번지고, 숨소리가 부드러워지기 시작했습니다. 감정 관리라는 말은 거창하지만, 결국 이런 장면들의 합입니다. 누군가의 마음이 구겨져 있을 때 그것을 회의실 한쪽에 세워 놓고, 사실을 분리해서 한번 정리해보고, '이것은 혼자 책임질 문제가 아니다'라는 말을 대표가 먼저 해주는 일. 이게 쌓이면 사무실 기후는 서서히 바뀝니다.

점심 전, 건물주 한 분에게서 전화가 걸려왔습니다.
"대표님, 잠깐 이야기를 나눌 수 있겠습니까?"

목소리 톤에서 약간의 불편함이 느껴졌습니다. 이런 전화는 사무실 공기를 다시 무겁게 만들 수 있는 위험 요소입니다. 예전 같으면 바로 스피커폰을 켜고 직원들 앞에서 같이 듣자고 했을 것입니다. 하지만 이것은 투명해 보여도 실은 모두를 더 긴장시키는 방법입니다. 그래서 지금은 다르게 합니다.
"네, 사장님. 지금은 직원들도 옆에 있어서 제가 잠깐 조용한 데로 이동한 뒤 바로 다시 전화를 드려도 되겠습니까?"
전화를 잠시 끊고 회의실로 들어간 뒤 다시 연결했습니다.

"아까 말한 건데요. 세입자 쪽에서 관리비가 부담된다고 했다가 그대로 빠진 모양이더라고요. 앞으로 이런 일이 자주 생기는 것은 아닌지 솔직히 좀 불안합니다."

저는 바로 해명을 시작하지 않았습니다.

"그럴 수 있으십니다. 사장님 입장에서 충분히 불안하실 수 있는 상황입니다. 우선, 어제 상황을 제가 먼저 정확히 듣고 정리한 다음에 오늘 안으로 다시 한번 보고를 드려도 될까요? 괜찮으시다면 세입자 쪽 반응과 저희 쪽에서 준비하고 있는 대책까지 같이 말씀드리겠습니다."

상대의 감정을 인정해주고 시간을 약속하는 것, 그게 대표가 먼저 해야 할 '감정 관리'입니다. 전화가 끝난 뒤 직원들에게 돌아와 차분하게 설명했습니다.

"사장님이 불안해하시는 것은 당연합니다. 우리도 앞으로 이런 일이 늘어나지 않도록 관리비 설명 방식을 바꿔야 하고요. 하지만 지금 가장 중요한 것은 '누가 잘못했냐?'가 아니라 그 불안을 우리 사무실로 향한 불신으로 키우지 않게 대표가 중간에서 한 번 더 막아내는 일입니다. 이것은 제가 할 몫입니다. 여러분이 자기를 탓하는 시간은 최대한 짧게 가져갑시다."

그 말을 하면서 스스로도 다시 한번 정리했습니다.

'대표는 감정을 꾹 눌러 참는 사람이 아니라, 먼저 받아서 정리해주고 방향을 바꿔 주는 사람이어야 한다.'

점심시간이 가까워졌을 때 김 대리에게 눈짓했습니다.

"같이 나가시죠."

사무실 근처 작은 공원 벤치에 앉았습니다. 편의점에서 사온 삼각김밥과 따뜻한 캔 커피를 하나씩 들고요.

"김 대리, 오늘 아침에 '죄송하나'라고 하셨죠?"

김 대리는 고개를 살짝 숙였습니다.

"네, 대표님. 제가 중간에서 정리를 잘했으면 여기까지 안 왔을 수도 있었을 텐데… 계약이 그렇게 되어서 솔직히 아침에 사무실을 들어오는 것도 부담이 됐습니다."

잠시 하늘을 올려다보니 맑은 하늘 아래 사무실 창문이 층층이 반짝이고 있었습니다.

"김 대리, 계약이 깨지는 것은 늘 복합적인 이유가 있습니다. 우리 설명이 부족했을 수도 있고, 상대 사정이 갑자기 바뀌었을 수도 있고, 건물주님 마음이 흔들렸을 수도 있고요. 우리가 할 일은 그 모든 변수를 다 끌어안고 혼자 죄책감을 떠안는 게 아닙니다. 대신, 다음에 비슷한 상황이 왔을 때 '이번에는 어디까지 정리하고 보내야겠다'라는 감을 조금 더 날카롭게 만드는 겁니다."

김 대리는 조용히 듣고 있었습니다.

"그리고 한 가지 더, 대표 입장에서 제일 무서운 것은 계약이 깨지는 게 아닙니다. 계약이 깨졌을 때 직원이 앞으로 움직일 힘을 잃는 겁니다. 그래서 오늘 저는 계약 이야기보다 김 대리 표정이 더 신경 쓰였습니다. 사무실 기후라는 것은 성공한 계약서 한 장으로 결정되는 게 아니라, 실패한 날에도 우리가 서로를 어떻게 바라보느냐로 정해집니다."

잠시 침묵이 흐르고 직원이 조심스럽게 웃었습니다.

"대표님, 그래도 아쉽긴 합니다."

"아쉽죠. 아쉬운 것은 당연합니다. 다만 그 아쉬움이 '나는 안 되나 보다' 쪽으로 흐르지 않게 우리가 중간에서 방향만 조금 돌려 봅시다. 오늘은 여기까지 와준 것만으로도 충분히 잘했습니다."

오후가 되자 사무실 공기가 아침과는 조금 달라져 있었습니다. 여전히 해결해야 할 일은 많았지만, 누군가의 깊은 한숨 대신 짧은 농담과 웃음이 조금씩 섞이기 시작했습니다.

김경미 과장이 회계 파일을 정리하다가 고개를 들고 말했습니다.

"대표님, 이번 달 지출을 정리하면서 보니까 힘든 달도 버틸 수 있었던 이유가 딱 보입니다."

"어떤 겁니까?"

"검토할 때마다 불편한 숫자 이야기를 먼저 꺼내 주셔서 그런 것 같습니다. '이번 달은 이 부분이 부담된다'라고 대표님이 먼저 말해주시니까, 저희도 숨기지 않고 '여기는 줄이고 여기는 당기자'라고 이야기할 수 있었습니다. 사실 회계 담당 입장에서는 이것을 혼자 끌어안고 있으면 표정이 어두워질 수밖에 없거든요."

저는 웃으며 답했습니다.

"그래서 제가 늘 강조하잖아요. 돈 이야기도, 감정 이야기도 먼저 꺼낼수록 싸게 먹힌다고."

사람들이 웃었지만, 그 말에는 몸으로 배운 진심을 담았습니다. 대표가 감정을 숨기면 사무실 사람들도 감정을 숨깁니다. 대표가 불안을 인정하지 않으면 직원들은 자신의 불안을 '능력 부족'으로 착각합니다. 결국 사무실 기후는 얼마나 솔직하게 말하느냐가 아니라, 누가 먼저 솔직해지느냐에서 갈립니다.

퇴근 시간이 가까워지니 하늘이 서서히 노을로 물들었습니다. 책상에 앉아 하루를 짧게 정리하는 메모를 남겼습니다.

〈[오늘 사무실 기후 메모]

- 아침 : 흐림, 지체감 섞인 공기
- 점심 전 : 부분 개방, 사실 정리
- 오후 : 안정, 농담과 작업이 함께 움식이는 상태〉

그리고 마지막 줄에 이렇게 적었습니다.

〈대표의 첫 표정과 첫 문장이 오늘 사무실의 온도를 정한다.〉

감정 관리는 어디선가 배워 오는 기술이 아니라 같은 사무실, 같은 사람들과 매일 같이 부딪히며 조금씩 깨닫는 과정입니다. 대표가 먼저 불안해지면 그 불안은 공기로 번져 나가고, 대표가 먼저 숨을 고르고 말을 가다듬으면 그 침착함이 또 공기로 번져 나갑니다. 그 단순한 사실을 체감하고 난 뒤부터 저는 아침마다 이런 질문을 던집니다.

'오늘 우리 사무실이 덜 지치게 버티려면, 내가 가장 먼저 다스려야 할 감정은 무엇인가?'

그 질문에 대충이라도 답을 찾고 문을 여는 날과 아무 생각 없이 들어가는 날의 차이는 저녁이면 반드시 드러납니다. 그래서 이제 나는 믿습니다. 사무실의 기후는 경기나 상권이나 경쟁 때문만이 아니라, 대표가 자기 감정을 어떻게 다루느냐에서 조용히, 그러나 확실하게 시작된다는 것을요.

사무실을 움직이는 한 문장

리더가 감정을 못 다스리면 에어컨과 난방이 제멋대로 돌아가듯, 사무실 기후도 하루에 몇 번씩 뒤집힌다.

위기일수록 **원칙이 리더를 지켜준다**

문제 한번 안 생긴 날에는 리더십이 굳이 필요 없습니다. 그냥 정해진 대로 돌아가면 되고, 실수도 웃으면서 넘어갈 수 있고, 조금 어색한 말도 "괜찮다"라는 한마디로 정리됩니다. 사무실이 정말 시험대에 오르는 것은 늘 '갑자기' 오는 날입니다. 전화 한 통, 메신저 알림 하나, 예상 못 한 방문 손님 한 명이 그날 하루의 온도를 한 번에 바꿔버릴 때가 있습니다. 그럴 때 대표가 붙잡을 수 있는 게 딱 하나 있습니다.

'그 상황이 벌어졌을 때 내가 어떻게 행동하겠다고 미리 정해둔 원칙.'

어느 화요일이 딱 그랬습니다. 그날 아침까지는 별다른 징조가 없었습니다. 이전 주에 성사된 계약 서너 건이 안전하게 잔금까지 연결될 것처럼 보였고, 새로 들어온 상가 매물도 사진 정리와 글쓰기만 하면 바로 올릴 수 있을 만큼 준비가 되어 있었죠. 저는 평소처럼 7시 전에 사무실에 도착했습니다. 불을 켜고, 이탈리아 커피머신을 예열해두고, 머그잔 두 개를 미리 꺼내 올려 놓았습니다. '하나는 오전 내내 내 것, 하나는 누가 먼저 들어오든 그 사람 것.' 이렇게 정해둔 지 오래라 이제는 습관이 되어 있었습니다.

화이트보드에는 그날의 큰 흐름만 간단히 적어 두었습니다.

〈오전 : 건물주 미팅 준비 / 오후 : 교육자료 정리 / 저녁 : 강의안 체크〉

특별한 위기감도 없었고, 마음도 비교적 가벼웠습니다. 8시가 조금 넘어 정민우 본부장과 유서연 이사가 들어왔고, 9시 전에 직원들이 차례로 인사를 하며 사무실이 채워졌습니다.

"오늘은 다들 현장보다 안정이 중요합니다. 이미 약속한 것들을 깔끔하게 마무리하는 날로 잡죠."

이렇게 말하고 난 지 1시간 정도 됐을 때였습니다. 가장 먼저 울린 것은 정민우 본부장의 휴대폰이었습니다. 그의 표정이 순식간에 굳어지는 것을 제 자리에서도 볼 수 있을 정도였죠.

"예, 네… 그렇게 느끼실 수 있습니다, 고객님. 오늘 중으로 한 번 더 말씀 나누는 자리를 만들겠습니다."

전화를 끊은 정 본부장이 제 쪽으로 다가왔습니다.

"대표님, 어제 계약하신 분 기억하시죠? 새롬프라자 1층 카페 인수 건이요."

"예, 잘 기억합니다. 문서도 다 정리하고 계약금도 입금 확인까지 된 건이죠."

"그 손님이 어젯밤에 단체 카톡방에다가 중개보수가 너무 과한 것 같다는 글을 쓰셨습니다. 그리고 방금 전화에서는 '계약을 다시 생각해보고 싶다'라는 뉘앙스로 말씀하셨습니다."

순간 머릿속이 복잡해졌습니다. '중개보수는 처음부터 분명히 안내해드렸는데…'라는 말이 입 밖으로 튀어나오려는 순간, 제 안에서 또 다른 목소리가 올라왔습니다.

'지금은 감정으로 반응할 때가 아니다. 순서를 먼저 잡자.'

마침 그때, 제 휴대폰이 울렸습니다. 건물주였습니다.

"대표님, 어제 계약하신 그 팀 말입니다. 밤에 연락이 와서는 이런저런 이야기를 하더니 오늘 아침에는 '한 번 더 생각해보겠다'라고 해서요. 혹시 어디에 문제가 있는 겁니까?"

건물주도 이미 상황을 인지하고 있었습니다. 직원들의 속삭임도 조금씩 늘어나기 시작했습니다.

"어제 그 건 아니에요?"

"중개보수 가지고 말이 나온 거면 우리한테도 영향 오는 거 아닌가요?"

눈앞에 있는 현실은 이랬습니다. 계약금까지 오간 건에서 손님은 마음이 흔들리기 시작했고, 건물주는 불안해졌으며, 직원들은 눈치부터 보기 시작한 상황. 이럴 때 대표가 기준을 못 잡으면, 하루 종일 "어떡하지요?"라는 말만 돌게 되어 있습니다. 저는 잠깐 제 책상 옆 작은 서랍을 열었습니다. 거기에는 예전에 혼자 정리해둔 메모지가 한 장 끼워져 있었죠. 연필로 큼지막하게 적힌 문장을 봤습니다.

〈위기일수록 원칙부터 꺼낼 것.〉

그리고 그 아래에 작게 적힌 다섯 줄을 읽었습니다.

〈감정으로 말하지 않는다.
사실부터 확인한다.
고객 앞에서 남 탓하지 않는다.
돈 이야기는 종이 위에서만 한다.
직원 앞에서는 책임을 대표가 먼저 가져간다.〉

제가 스스로 적어 둔 작은 약속 같은 것이었는데, 막상 이런 상황이 닥치니 그 다섯 줄이 머릿속을 정리해주는 느낌이 들었습니다.

"민우 본부장, 잠깐만 같이 앉죠. 정리부터 합시다."

우선 사실부터 확인했습니다.

"손님이 단톡방에 올린 글 캡처, 있습니까?"

"예, 대표님. 캡처해서 저장해두었습니다."

핵심 내용은 이랬습니다. '건물주는 이 조건에 흔쾌히 응해줬는데 중개보수가 너무 높지 않나 싶다. 요즘은 온라인으로도 많은 정보를 얻을 수 있는데, 중개보수가 예전 기준인 것 같아 고민된다.' 그렇게 과격한 표현은 아니었지만, '공개적인 자리에서 중개보수를 문제 삼았다'라는 점에서 가볍게 넘길 수 있는 것은 아니었습니다.

"건물주에게는 뭐라고 말씀드렸습니까?"

"아직 명확한 이야기는 못 드렸습니다. 손님이 워낙 조심스럽게 말해서 '오늘 대표님과 상의하고 다시 연락드리겠다'라고만 했습니다."

그러면 아직 무언가를 결정할 타이밍은 아니었습니다. 다음 순서는 원칙 두 번째, '사실부터 확인한다'였습니다.

"일단 손님과 통화는 제가 직접 하겠습니다. 그전에 어제 중개보수를 안내할 때 사용했던 자료와 설명 방식을 전부 정리해서 보여주세요. 우리가 빠뜨린 부분이 있는지부터 먼저 확인해봐야 합니다."

정 본부장이 계약서 사본과 안내 자료를 가져왔습니다.

"여기 보시는 것처럼 계약 전 상담 단계에서 중개보수율과 예상 금액을 말씀드렸고, 계약서 작성에 들어가기 전에 다시 한번 구두로 확인했습니다. 표준과 상한 내에서 협의된 금액이었습니다."

저는 조용히 자료를 훑어보며 말했습니다.

"좋습니다. 그러면 절차상 우리가 크게 놓친 부분은 없어 보입니다.

그렇지만 손님 입장에서 느끼는 것은 또 다를 수 있으니 오늘 통화에서는 '우리가 옳다'라는 이야기보다 '손님이 어디에서 불편함을 느끼셨는지'부터 들어보겠습니다."

그때 유서연 이사가 조심스럽게 말을 보탰습니다.

"대표님, 혹시 오늘 저도 통화 내용을 옆에서 같이 들어봐도 되겠습니까? 이런 상황일수록 어떻게 이야기를 풀어가시는지 제가 배우고 싶습니다."

"좋습니다. 그 대신 오늘 통화는 감정이 아니라 원칙만 가지고 가야 합니다. 내가 억울하다고 느끼는 순간, 말이 세지니까 우리는 처음 안내 과정에서 했던 말과 지금 손님이 느끼는 온도 차이만 잘 들여다보면 됩니다."

저는 스피커폰을 켜고 손님께 전화를 걸었습니다.

"대표님, 어제 계약을 도와드렸던 김명식 대표입니다. 어제 말씀을 나눈 뒤로 밤새 여러 생각이 드셨다는 소식을 전해 들었습니다. 혹시 지금 몇 분 정도 통화 가능하신지요."

손님의 목소리는 조금 경계가 섞여 있었지만, 그래도 대화는 열려 있었습니다.

"예, 대표님. 사실 계약 자체에 불만이 있는 것은 아니고요. 다만 주변에서 '요즘은 중개보수를 그렇게까지 안 준다'라는 이야기를 듣다 보니, 제가 너무 쉽게 결정한 것은 아닌가 하는 생각이 들었습니다."

저는 원칙 세 번째, '고객 앞에서 남 탓하지 않는다'를 떠올렸습니다.

"요즘 온라인이나 주변 이야기를 통해 여러 기준이 섞일 수 있습니다. 그럴 때일수록 저는 계약 전에 어떤 설명을 드렸는지, 그리고 대표님께서 어떤 기준에서 동의해주셨는지를 차분히 다시 보는 게 중요하다고 생각합니다. 혹시 저희가 설명을 너무 빠르게 했다고 느끼셨던 부분이 있으신지요?"

손님은 잠시 말을 고르고 나서 이야기를 이어갔습니다.

"설명이 없었다고 할 수는 없습니다. 다만 그때는 가게 자리와 조건이 마음에 드는 쪽으로 생각이 집중되어 있어서 중개보수 이야기가 조금은 뒤로 밀려 있었던 것 같습니다. 집에 와서 다시 계산기를 두드려보니, '이 금액이 적지 않구나' 하는 생각이 뒤늦게 찾아왔습니다."

그 말을 듣고 저는 '충분히 그럴 수 있다'라는 생각이 들었습니다. 상가 인수라는 것은 조건과 위치, 장래성에 마음이 급해지기 쉬운 일이고, 중개보수는 늘 마지막에 눈에 크게 들어오는 숫자니까요.

"그럴 수 있습니다, 대표님. 그래서 오늘은 한번 이렇게 해보면 어떻겠습니까. 어제 나눴던 내용을 다시 종이 위에 하나씩 차분히 적어 보겠습니다. 임대 조건, 권리금, 준비하셔야 할 초기 비용, 그리고 저희 중개보수의 기준과 역할까지, 대표님께서 한 번 더 납득하실 수 있도록 정리해서 보내드리겠습니다. 그 내용을 보시고, '그래도 도저히 납득이 안 된다'라고 하시면 그때는 다른 방법을 같이 찾아보시지요."

손님이 잠시 침묵한 뒤 천천히 대답했습니다.

"알겠습니다. 그렇게 정리해주시면 다시 한번 보겠습니다. 괜히 감정적으로만 이야기한 것 같아 저도 조금은 정리가 필요했습니다."

전화를 끊고 나니 숨이 조금 내려갔습니다. 그다음은 건물주에게 연락을 드릴 차례였습니다.

"사장님, 오늘 아침에 연락을 주신 것은 잘 받았습니다. 지금 임차인 대표님과는 차분히 내용 정리를 다시 하기로 했고, 계약 자체를 당장 뒤

집겠다는 상황은 아닙니다. 혹시 사장님께서 따로 전해 들으신 말씀이 있으십니까?"

건물주는 조금 걱정 섞인 목소리로 말했습니다.

"그 손님이 밤에 전화해서 '중개보수가 좀 과한 것 같다. 요즘은 다른 방식도 많다' 이런 식으로 말하더군요. 그래서 혹시 중개과정에서 서로 오해가 있었던 것은 아닌지 궁금했습니다."

저는 원칙 네 번째, '돈 이야기는 종이 위에서만 한다'를 기억했습니다.

"사장님, 저희가 어제 안내해드린 중개보수 기준과 금액은 처음 상담 단계에서부터 같이 검토했던 내용입니다. 혹시 내일 시간을 조금 내주실 수 있겠습니까? 임차인 대표님과 함께 세 분이 앉아서 종이 위에 전부 한번 적어 보겠습니다. 말로만 오가는 숫자는 오해를 만들 수 있으니까요."

건물주는 잠시 생각하다가 말했습니다.

"좋습니다. 그렇게 정리해보시지요. 저도 괜히 기분 상하는 방향으로 가는 것은 원치 않습니다."

전화를 마치고 나니 사무실 안의 시선들이 한 번에 저와 정 본부장 쪽으로 모였습니다. 누구는 문서 작업을 하는 척하면서 귀를 기울이고 있었고, 누구는 메신저 창을 열어두고도 손가락이 멈춰 있었습니다. 저는 직원들을 둘러보며 말했습니다.

"오늘 상황은 누구 잘못이라고 가를 수 있는 문제가 아닙니다. 손님 입장에서는 늦게 걱정이 생길 수 있고, 건물주 입장에서는 계약이 흔들릴까 봐 불안할 수 있고, 우리 입장에서는 절차대로 했는데도 괜히 의심받는 느낌이 들 수 있습니다. 하지만 이럴 때일수록 우리가 감정보다는 원칙으로 움직여야 나중에 후회가 없습니다."

그러고는 아까 서랍에서 꺼냈던 메모지를 화이트보드 옆에 붙였습니다.
"혹시 이거 예전에 보신 분 있습니까?"

직원들 몇 명이 웃으며 고개를 끄덕였습니다.
"예전에 대표님이 '혼자 공부한다'라고 적어 두신 것 아니십니까? '위기일수록 원칙부터 꺼낼 것'이라는 메모였다'라고 정 본부장님이 말씀하신 적 있습니다."
"맞습니다. 오늘은 이 다섯 줄을 사무실 전체 원칙으로 삼겠습니다. 감정으로 말하지 않고, 사실부터 확인하며, 고객 앞에서 누구 탓도 하지 않고, 돈 이야기는 종이에 적으면서 하며, 직원 앞에서는 책임을 제가 먼저 가져가겠습니다. 여러분께 부탁드리고 싶은 것은 딱 두 가지입니다. 하나는, 지금 이 상황을 '괜한 불평'으로 치부하지 말 것. 또 하나는, 서로 뒷말로 추측하지 말 것. 궁금한 것은 저에게 바로 물어보시고, 각자 맡은 손님에게는 평소처럼 집중해주시면 됩니다."
그 말을 하고 나니 사무실 안의 숨소리들이 조금씩 가벼워졌습니다.

다음 날, 건물주와 임차인, 그리고 저와 정 본부장이 한자리에 앉았습니다. 테이블 위에는 계약서, 계산기, 깨끗한 A4 용지 한 장이 놓여 있었습니다.
"오늘은 누가 이겼다, 누가 졌다를 가리는 자리가 아닙니다. 서로가 어디에서 불편함을 느꼈는지, 그리고 어디까지는 이미 약속했고 어디부터는 조정이 가능한지, 종이 위에 한번 차분히 적어 보는 시간입니다."

저는 먼저 전체 비용 구조를 적었습니다.
"임대보증금, 월세, 권리금, 인테리어 예상 비용, 초기 비품 구입, 그리고 저희 중개보수."

그 옆에 각 항목의 역할을 간단히 설명했습니다. 임차인은 자신이 준비해야 할 총액을 다시 한번 눈으로 확인했습니다.

"대표님, 이렇게 적고 보니 제가 어제는 '중개보수'라는 한 단어에만 시선이 꽂혀 있었던 것 같습니다. 사실 전체 구조 속에서는 처음 생각했던 범위에서 크게 벗어나지 않는데도 말입니다."

건물주도 고개를 끄덕였습니다.

"저도 어제 전화로만 들었을 때는 뭔가 크게 잘못된 줄 알았습니다. 이렇게 정리해서 보니 절차상으로는 큰 문제는 없어 보입니다."

저는 그 자리에서 한 가지만 덧붙였습니다.

"그렇다고 해서 대표님이 느끼신 불편함을 가볍게 여기고 싶지는 않습니다. 그래서 오늘 제가 한 가지 제안을 드리고 싶습니다. 향후 사후 관리와 오픈 준비 지원에서 저희가 조금 더 손을 보태겠습니다. 대표님께서 처음 사업을 시작하시는 만큼, 계약 이후 첫 한 달 동안의 현장 지원과 연결을 조금 더 촘촘하게 챙겨 드리겠습니다. 그 부분은 추가 비용 없이 저희 책임으로 맡겠습니다."

잠시 정적이 흐른 뒤 임차인이 말했습니다.

"대표님, 사실 제가 제일 불안했던 부분은 '이분들이 계약까지만 책임지고 그다음에는 손을 놓지는 않을까?' 하는 부분이었습니다. 오늘 이렇게 말씀해주시니 중개보수에 관한 생각이 조금 달라집니다. 어제 쓴 글은 제가 지우겠습니다."

그 말에 건물주도 웃으며 말했습니다.

"그러면 오늘은 각자 역할을 확인했다는 것으로 정리하죠. 대표님,

저는 지금처럼만 해주시면 됩니다."

사무실로 돌아오는 길, 정 본부장이 조용히 말했습니다.

"대표님, 오늘 자리에서 처음부터 '우리는 잘못 없다'라고 말씀하셨다면 분위기가 이렇게까지 부드럽게 풀리지는 않았을 것 같습니다. 원칙이 있으니까 말이 덜 세졌던 것 같습니다."

저는 웃으며 대답했습니다.

"사실 저도 중간에 몇 번은 목소리를 높이고 싶은 마음이 올라왔습니다. '우리는 안내 다 했다'라고 필사적으로 말하고 싶기도 했고요. 그런데 위기일수록 기억해야 할 게 하나 있더군요. 결과를 지키려다 보면 말이 세지고, 원칙을 지키려다 보면 말이 조금 느려집니다. 느려지는 쪽을 택해야 나중에 후회가 적습니다."

사무실 문을 열고 들어가니 직원들의 눈이 일제히 저를 향했습니다.

"대표님, 어떻게 되셨습니까?"

저는 웃으면서 일부러 천천히 말했습니다.

"오늘 일은 서로 조금 더 이해하게 된 시간으로 정리됐습니다. 우리도 중개보수를 설명하는 방식과 계약 이후 안내 방식을 한 번 더 다듬을 기회가 됐고요. 중요한 것은 누가 틀렸느냐가 아니라, 우리가 정해둔 원칙 안에서 어떻게 움직였느냐입니다. 오늘은 우리가 원칙 안에 있었다고 말할 수 있을 것 같습니다."

직원들 얼굴에 안도의 표정이 번졌습니다. 그날 하루가 끝날 때, 책상 앞에 앉아 메모지에 한 줄을 더 적었습니다.

〈위기 때 나를 지키는 것은 새로운 비법이 아니라, 이미 적어 둔 다섯 줄을

실제로 사용하는 용기다.〉

그리고 그 메모지를 다시 서랍에 넣지 않고, 화이트보드 옆에 붙여 두었습니다. 언젠가 또다시 갑작스러운 전화 한 통이 사무실 공기를 흔들 때, 적어도 그날의 저는 이 다섯 줄을 한 번 더 떠올릴 수 있을 테니까요.

사무실을 움직이는 한 문장

위기 때 원칙이 없으면 사람이 욕을 먹고, 원칙이 있으면 결정만 욕을 먹고 끝난다.

사과는 약점이 아니라 **리더의 언어다**

사무실에서 제일 꺼내기 어려운 말이 뭔지 한번 생각해보면, 숫자 이야기나 중개보수 이야기보다도, 사실 이 말이 제일 어렵습니다.

"제가 잘못했습니다."

대표 자리까지 올라온 사람들은 대부분 평생 '해결해온 사람'입니다. 판단을 해왔고, 책임을 져왔고, 웬만한 문제는 밀어붙여서라도 뚫고 나왔기 때문에 이 자리에 앉아 있는 경우가 많습니다. 그러다 보니 '사과'라는 단어 앞에서 본능적인 반감이 올라옵니다.

'내가 먼저 잘못했다고 말하면, 저쪽이 더 세게 나오지 않을까?'

'대표가 고개를 숙이면, 직원들까지 만만하게 보지 않을까?'

'어차피 서로 조금씩 잘못이 있는 건데, 왜 꼭 내가 먼저 사과를 해야 하지?'

저도 예전에는 이렇게 생각했습니다. 특히 상가 중개 현장에서 계약 하나를 놓고 여러 이해관계인이 얽혀 있는 상황에서는 누가 먼저 고개를 숙이느냐가 힘겨루기처럼 느껴질 때가 많았습니다. 그런데 사무실을 경영하고, 사람들과 팀으로 일하는 시간이 길어질수록, 한번은 마음을 바꿔야 하는 순간이 옵니다. '사과는 약점이 아니라, 리더가 쓸 수 있는 강력한 언어 중 하나구나' 하는 깨달음이 확실하게 온 날이 있었습니다.

어느 월요일 아침, 사무실 공기가 유난히 무거웠습니다. 출근 시간 전에 도착해서 평소처럼 불을 켜고, 커피머신을 예열해두고, 화이트보드에 그날의 큰 흐름을 적었습니다.

〈오전 : ○○빌딩 임대인 미팅 / 오후 : 상가168 시스템 정리 / 저녁 : 강의안 수정〉

커피가 천천히 떨어지는 소리를 들으면서 오늘 할 일들을 머릿속에서 정리하고 있는데, 유난히 사무실 안쪽이 조용했습니다. 보통은 "대표님, 안녕하세요" 하는 인사가 이어지고, 프린터 돌아가는 소리도 들리고, 누군가는 가볍게 농담을 던지면서 공기가 풀리는데, 이날은 어딘가 숨죽인 분위기가 돌았습니다. 잠시 뒤, 정민우 본부장이 제 자리로 왔습니다. 말투부터 심상치 않았습니다.

"대표님, 오늘 아침에 조금 큰 변수가 하나 생겼습니다."

"무슨 일입니까?"

정 본부장이 태블릿을 앞에 내밀었습니다. 대화창 하나가 떠 있었는데 '○○빌딩 김 사장님'이었습니다.

〈정 본부장님, 어제 우리 건물 2층 임대 조건이 말씀하신 것과 지금 나른 손님한테 나간 내용이 매우 다르네요. 저한테는 보증금 1억 원, 월세 500만 원이라고 하셨는데 어떤 분한테는 보증금 8,000만 원, 월세 450만 원이라고 안내하셨더라고요.〉

그 아래에는 캡처 화면이 하나 더 있었습니다. 우리 사무실에서 다른 임차인 후보에게 보낸 문자였습니다.

〈○○빌딩 2층, 보증금 8,000만 원 / 월세 450만 원 / 관리비 별도 / 권리금 없음. 관심 있으시면 방문 일정 한번 잡아 보시죠.〉

문자를 보낸 사람은 막내 직원이었습니다. 머릿속으로 상황이 그려지기 시작했습니다. 실제 임대인과 최종 협의한 조건은 '보증금 1억 원, 월세 500만 원'이었는데, 막내가 예전에 임시로 정리해두었던 초기 가안 조건을 그대로 보내버린 것입니다. 임대인 입장에서는 '나랑 상의도 없이 다른 조건을 돌리고 있다'라고 느낄 수밖에 없는 상황이었습니다.

"사장님께 먼저 전화가 왔고, 제가 바로 사실관계 설명을 드렸습니다. 막내가 예전에 임시로 저장해둔 조건을 덜 확인하고 보낸 거라고 말씀드렸고요. 그랬더니 사장님이 이렇게 말씀하셨습니다."

정 본부장이 숨을 한번 고르고 말을 이었습니다.

"'사실이 어떻든 간에 결과적으로는 내 건물을 싸게 광고한 게 되지 않느냐? 그런 실수를 하는 사무실이라면 앞으로 계약을 맡기기가 걱정된다'라고요."

순간, 여러 감정이 동시에 올라왔습니다. '이걸 왜 확인도 안 하고 보냈지?' 하는 답답함. '사장님 입장에서는 화나실 만하지' 하는 이해. '이걸 내가 나서야 할까? 아니면 본부장 선에서 정리하게 둘까?' 하는 계산. 그런데 그 모든 생각보다 먼저 올라온 생각은 '이건 대표인 내 책임'이라는 것이었습니다. 막내가 보냈다고 해도 초기 조건을 시스템에 제대로 정리해두지 않은 것도, 문자 템플릿 검수 과정을 만들어두지 않은 것도, 결국은 중개법인 대표인 제 몫이었습니다.

"민우 본부장. 사장님께는 제가 직접 찾아가겠습니다."

정 본부장이 눈을 동그랗게 떴습니다.

"대표님께서요? 제가 이미 설명을 드리기는 했는데…."

"설명은 이미 했잖습니까? 지금 사장님이 필요로 하는 것은 추가 설명이 아니라, 이 일이 가볍게 넘어갈 일은 아니라는 우리 쪽의 태도입니다. 제가 직접 가는 게 맞습니다."

오전에 예정되어 있던 다른 스케줄을 김경미 과장에게 양해를 구해 조정하고, 바로 ○○빌딩으로 향했습니다. 엘리베이터 안에서 사장님 얼굴을 떠올려 봤습니다. 평소에는 "김 대표님, 이번에도 잘 좀 부탁드립니다" 하며 웃으시던 분인데, 오늘은 표정이 다르실 것 같았습니다. 마음속에서 먼저 할 말을 정리했습니다.

'변명부터 하지 말 것. 누가 잘못했는지부터 따지지 말 것. 이 일을 가볍게 여기지 않는다는 것을 첫마디에서 보여줄 것.'

사무실 입구에 서 있는 김 사장님이 저를 보자마자 말문을 열었습니다.

"대표님, 바쁘실 텐데 직접 오셨네요."

그 얼굴에는 실망과 서운함이 섞여 있었습니다. 저는 눈을 똑바로 바라보고 천천히 말했습니다.

"사장님, 이번 일은 전적으로 제 책임입니다. 우리 사무실 이름으로 나간 모든 문자는 결국 제가 관리해야 할 영역인데, 조건 확인과 검수 과정이 부족했습니다. 먼저 이렇게 불편을 드린 점, 대표로서 신심으로 사과드립니다."

사장님이 잠시 말을 멈추고 저를 바라봤습니다.

"아니, 대표님이 직접 찾아와서 이렇게 말씀하시니 제가 더 민망합니다. 사실 제가 화가 났던 것은 실수 자체보다도 '이 사람들, 이걸 대수롭지 않게 넘기려는 건가?' 하는 마음 때문이었습니다."

저는 고개를 끄덕이며 조금 더 구체적으로 말했습니다.

"사장님, 실수는 한 사람이 했을지 몰라도, 그 실수를 만들게 한 구조는 제가 만든 겁니다. 조건을 임시로 저장해둔 문자가 그대로 남아 있었던 것도, 발송 전에 두 번 확인하는 규칙이 없었던 것도, 결국은 '이 정도는 괜찮겠지' 하고 넘긴 제 운영의 허점이었습니다."

그다음에서야 사실 설명을 곁들였습니다.

"초기에는 사장님 말씀처럼 보증금 8,000만 원, 월세 450만 원 안도 검토했습니다만, 후에 사장님과 상의해서 보증금 1억 원, 월세 500만 원으로 정리되지 않았습니까? 그런데 그 초기 내용을 막내 직원이 덜 정리하고 저장해두었다가 이번에 실수로 보내버린 겁니다. 이 부분에 대해서는 오늘 안으로 시스템을 정리하고, 앞으로는 사장님과 최종 합의된 조건 외에는 누구에게도 안내되지 않도록 발송 구조를 바꾸겠습니다."

김 사장님이 조용히 한숨을 내쉬며 말했습니다.

"사실 저도 이런 일이 처음은 아니라서, 예전에 다른 사무실에서 비슷한 경험을 한 적이 있습니다. 그때는 말이 자꾸 꼬이더라고요. '직원이 잘못했다. 원래는 이런 뜻이 아니었다' 이런 이야기만 듣다 보니 더 화가 났습니다. 그런데 대표님이 오늘 이렇게 처음부터 '내 책임'이라고 딱 짚어 주시니까, 실수는 실수대로 정리하고 앞으로를 생각할 수 있을 것 같습니다."

그 말을 듣는 순간, 머릿속이 분명해졌습니다.

'사과는 상황을 작게 만드는 기술이 아니라, 상대의 마음에 열린 문을 다시 여는 언어구나.'

사무실로 돌아가는 차 안에서 '아까 그 자리에서 내가 진짜로 사과한 게 맞나?'를 다시 질문했습니다. 겉으로만 "죄송합니다"라고 말해놓고, 속으로는 '어차피 직원이 잘못했는데'라고 생각하고 있었다면, 그것은 사과가 아니라 연기였을 것입니다. 그런데 오늘은 적어도 한 가지는 분명했습니다.

'저런 일이 생기도록 문자 템플릿을 관리하지 않은 것은 확실히 내 책임이다.'

그 생각을 인정하자 사과하는 말이 이상하게도 나를 더 가볍게 만들었습니다.

'잘못을 인정한다고 사무실이 무너지지 않는다. 오히려 이렇게 한번 짚고 가야 다음 실수가 줄어든다.'

사무실에 돌아와 직원들을 모아 짧은 회의를 열었습니다.

"오늘 ○○빌딩 건으로 사장님께 제가 직접 사과를 드리고 왔습니다. 우선 우리 이름으로 나간 문자를 제대로 관리하지 못한 것은 대표인 제 책임입니다. 이것은 누가 더 많이 잘못했는지 따질 문제가 아닙니다. 실수한 직원 탓만 할 게 아니라, 이 실수가 다시 반복되지 않게 우리 구조를 어떻게 바꿀지 같이 보자는 의미에서 이야기를 꺼냅니다."

막내 직원이 눈가가 빨개진 채로 조심스럽게 입을 열었습니다.

"대표님, 정말 죄송합니다. 그 문자를 예전에 제가 임시로 저장해두고 지우지 않았던 것 같습니다. 그날 집에 가서 생각해보니까 제일 후회됐던 부분이 '왜 보내기 전에 한 번만 더 확인하지 않았을까?'였습니다."

저는 고개를 끄덕이며 말했습니다.

"지금 그 마음이면 충분합니다. 오늘 제가 사장님께 대표로서 사과를 드렸으니 이제 우리 사무실 안에서 같은 실수가 반복되지 않도록 방법을 찾으면 됩니다. 실수한 사람을 계속 붙잡고 혼내는 것은 경영이 아니라 감정 배출입니다. 우리는 지금 이 상황을 우리 사무실 시스템을 한 단계 올리는 계기로 쓰면 됩니다."

그 말을 하면서 한 가지를 더 분명히 했습니다.

"그리고 앞으로 고객에게 사과할 일이 생긴다면, '죄송합니다만…' 뒤에 '하지만'이라는 말은 붙이지 맙시다. '죄송하지만 제가 일부러 그런 것은 아니고요', '죄송하긴 한데요. 사실은 이런 사정이 있어서…' 이런 문장은 사과가 아니라 변명으로 들립니다. 우리가 쓸 문장은 이겁니다. '불편을 드린 점 죄송합니다. 이 부분은 저희 책임입니다. 그래서 이렇게 바꾸겠습니다.' 사과, 책임, 변경. 이 순서만 지킵시다."

직원들의 눈빛이 조금씩 달라졌습니다. 유서연 이사가 조용히 웃으며 말했습니다.

"대표님이 직접 '제 책임'이라고 하시니까 오히려 저희가 더 정신을 차리게 되네요. 강의하실 때 '실수 없는 사람이 아니라 실수했을 때 태도가 다른 사람이 신뢰를 만든다'라고 늘 말씀하시잖아요. 오늘 그 장면을 사무실에서 그대로 본 느낌입니다."

그 말을 듣고 속으로 조금 쑥스러우면서도 안심이 됐습니다.

'그래, 밖에서 하는 말을 안에서도 지켜야 내가 하는 강의가 거짓말이 아니지.'

며칠 뒤, 또 하나의 사과가 필요한 사건이 있었습니다. 이번에는 고객이 아니라 직원에게였습니다. 어느 날 저녁, 강의 일정을 마치고 늦게 사무실로 돌아왔는데 불이 켜져 있었습니다. 안쪽에서 키보드를 두드리는 소리가 들렸습니다. 살펴보니 막내 직원이 다음 주 상권 분석 리포트를 정리하고 있었습니다.

"아직 안 가셨습니까?"

놀란 표정으로 일어나며 직원이 인사했습니다.
"대표님, 이번 주까지 이것을 다 정리해두면, 다음 주 회의 때 도움이 될 것 같아서요."

순간 가슴이 찔렸습니다. 한동안 "이번 달 안에 개인 상담 겸 커리어 코칭을 하자"라고 약속만 해놓고 계속 미루고 있었기 때문이었습니다. 외부 강의, 연수교육, 미팅… 스케줄 표는 빼곡했지만, 직원과의 약속은 계속 뒤로 밀리고 있었습니다. '혹시… 내가 약속했던 상담 시간을 계속 미룬 것 때문에 이 시간까지 남아서 보고서를 정리하고 있는 것은 아닌가?' 하는 생각이 들자 입에서 먼저 나온 말은 조언이 아니라 사과였습니다.
"오늘은 제가 먼저 한마디 해야겠습니다. 밖에서는 '사무실 사람들과 약속을 지키라'고 강의하면서, 정작 우리 사무실 직원과 한 약속은 계속 뒤로 미뤄왔습니다. 그 점은 대표로서 잘못했습니다. 이번 주 안에 시간을 제가 먼저 비워 놓겠습니다. 지금 생각하고 있는 진로와 목표에 대해 차분히 같이 이야기해봅시다."

직원이 당황한 듯 웃으면서 말했습니다.
"아닙니다, 대표님. 제가 더 열심히 해야죠."
"열심히 하는 것은 좋은데, 대표가 약속을 지키지 못한 것은 '열심히'로 덮을 수 있는 문제가 아닙니다. 오늘 이 말은 꼭 하고 싶었습니다. 대표가 먼저 사과할 줄 아는 사무실이 결국 오래간다고 믿기 때문입니다."

그날 이후로 직원과의 상담 약속은 일정표에서 '옵션'이 아니라 '필수 일정'으로 바뀌었습니다. 사과 한 번이 시간의 우선순위를 다시 정리해준 셈이었습니다.

경영하다 보면 자주 이런 순간과 만납니다.

'내가 굳이 사과까지 해야 하나?'

'상대도 잘못한 게 많은데 왜 내가 먼저 고개를 숙여야 하지?'

그럴 때마다 스스로한테 이렇게 묻습니다.

'지금 이 상황에서 나는 관계를 지키고 싶은가? 자존심을 지키고 싶은가?'

사과는 관계를 지키기 위해 자존심을 잠시 내려놓는 선택입니다. 물론 무조건 다 내가 잘못했다고 떠안으라는 말이 아닙니다. 중요한 것은 순서입니다. '사과 → 책임 인정 → 사실 설명 → 대안 제시', 이 순서를 지키면 사과는 약점이 아니라 리더의 언어가 됩니다. 반대로 '사실 설명 → 남 탓 → 억울함 표현 → 조건부 사과', 이 순서를 밟으면, 아무리 "죄송합니다"라는 말을 끼워 넣어도 상대는 사과로 듣지 않습니다. 상가 중개 사무실에서 우리가 파는 것은 결국 '이 사람들과 함께라면 문제가 생겨도 같이 풀 수 있다'라는 신뢰입니다. 실수하지 않는 사무실이 아니라, 실수했을 때 먼저 책임지고 사과할 줄 아는 사무실이 되어야 합니다. 대표가 직원에게, 직원이 고객에게, 그리고 때로는 대표가 고객에게 먼저 머리를 숙일 줄 아는 사무실. 그런 곳이 불황에도 무너지지 않습니다.

언젠가 강의장에서 한 수강생이 이렇게 물었습니다.

"교수님, 고객이 분명히 과한 요구를 하는데 그래도 사과해야 합니까?"

저는 잠시 생각하다가 이렇게 답했습니다.

"상대의 요구는 협상에서 다룰 문제고, 우리의 태도는 리더십에서 다룰 문제입니다. 요구가 과하다고 해서 우리가 거칠게 말해도 된다는 뜻은 아닙니다. 그래서 저는 '요구에는 기준으로, 감정에는 사과로' 대응합니다. 그 둘을 구분하는 순간부터 사무실은 훨씬 덜 흔들립니다."

사과는 이기는 기술이 아니라 다시 함께 가는 길을 여는 열쇠입니다. 그리고 그 열쇠를 제일 먼저 꺼낼 수 있는 사람은 결국 대표입니다.

사무실을 움직이는 한 문장

리더의 사과는 체면을 깎는 일이 아니라, 사무실 신뢰도를 한 단계 올리는 가장 빠른 버튼이다.

리더십은 결국 감정이 아니라 **태도의 반복이다**

어느 날은 이렇게 시작됩니다. 아침에 눈을 뜨자마자 휴대폰 알림창에 글자가 몇 줄 떠 있습니다.

〈교수님, 어제 강의 내용 중에 이 부분은 너무 냉정하신 것 같아요.〉

〈요즘 중개법인이 너무 돈 이야기만 하는 것 아닙니까?〉

강의 영상 아래 달린 댓글, 익명으로 들어온 메시지, 전날 밤에 도착했을 텐데 뒤늦게 확인한 알림들. 읽고 나면, 마음이 내려앉습니다.

'내가 너무 세게 말했나?'

'괜히 또 오해를 키운 건 아닐까?'

그렇게 마음이 출렁이는 날에도 사무실 시계는 똑같이 돌아갑니다. 7시가 가까워질수록 주차장에는 상가168 간판이 붙어 있는 우리 중개법인 창문이 보이고, 그 아래에 오늘도 출근해야 하는 제가 서 있습니다. 엘리베이터를 타고 올라가면서 거의 매일 같은 싸움을 합니다. '오늘은 힘들다. 짜증난다. 그냥 조용히 내 자리만 지키고 싶다'라는 마음과 '그래도 문을 먼저 열고, 같은 목소리로 인사하고, 같은 방식으로 하루를 시작하자'라는 마음 사이에서 갈등합니다. 리더십은 이 두 마음이 싸우는 순간, 어느 쪽 손을 들어주는가에서 시작되는 것입니다.

그날도 그랬습니다. 엘리베이터 문이 열리고 사무실 앞 복도가 보이자 한번 숨을 깊게 들이켰습니다. 얇은 알루미늄 손잡이를 잡고 문을 여는 그 1~2초 사이에 속으로 짧게 되뇌었습니다.

'밖에서는 대표의 기분이 먼저 보이고, 안에서는 대표의 태도가 먼저 보인다.'

문을 열자 어제 퇴근 전 정리해둔 사무실 풍경이 그대로였습니다. 화이트보드 아래 줄 맞춰 놓은 의자, 복도 끝까지 반듯하게 깔린 카펫, 커피머신 위에 뒤집어 놓은 유리잔, 김경미 과장이 어제 퇴근 전에 세어 놓은 영수증 봉투. 저는 가방을 내려놓고 조용히 커피머신 스위치를 켰습니다.

'오늘은 기분이 아니라 태도로 버티자.'

그 생각을 하면서도 머릿속에는 아침에 읽었던 〈대표님은 너무 강한 사람 같아요.〉라는 댓글이 계속 맴돌았습니다. 솔직히 말하면 '강해 보여서 나쁠 건 없지 않나?' 하는 반발심이 먼저 올라왔습니다. 하지만 곧 어제 상담한 초보 공인중개사 얼굴이 떠올랐습니다.

"교수님, 솔직히 말하면 저는 교수님이 강의하실 때보다 영상이 끝나고 조용히 웃으면서 '괜찮습니다. 누구나 다 그렇게 지나갑니다'라고 하실 때 위로가 되더라고요."

그 말이 떠오르자 조금 호흡이 가라앉았습니다.

'그래, 강한 말보다 한결같은 태도가 더 오래 남는 법이지.'

잔을 받치고 컵에 뜨거운 물을 채운 뒤 화이트보드 앞으로 갔습니다. 오늘도 같은 자리에 같은 색 마커를 꽂고, 다음과 같이 적었습니다.

〈오전 - 경기도 상가 매출 분석 미팅

오후 - 정민우 본부장 1:1 코칭

저녁 - 학원 중개 실무교육 강의안 수정〉

글씨를 적으면서 마음속으로 또 다짐했습니다. '기분이 내려가는 날일수록 적어도 한결같은 태도만큼은 지키자' 이게 요즘 제가 붙들고 있는 리더십의 기준입니다.

8시가 조금 안 된 시각, 사무실 문이 다시 열렸습니다.

"대표님, 좋은 아침입니다."

정민우 본부장이 먼저 들어왔습니다. 겉으로 보기에는 언제나처럼 단정했고, 노트북과 태블릿을 들고 있는 자세도 늘 같았습니다. 저는 일부러 어제와 같은 목소리, 그저 평소와 똑같은 톤으로 인사를 건넸습니다.

"오늘도 일찍 오셨네요. 민우 본부장님. 어제 보내준 보고서는 잘 받았습니다. 10분만 있다가 커피 한잔하면서 어제 이야기를 이어서 하시죠."

그 말에 정 본부장이 살짝 미소를 지었습니다.

"네, 대표님."

몇 분 뒤, 유서연 이사도 출근했습니다.

"대표님, 오늘은 중개법인 홈페이지 문의가 좀 늘었습니다. 어젯밤 강의 영상 영향인 것 같습니다."

얼마 전 올린 강의 영상이 생각보다 반응이 좋아 문의가 몰리고 있었던 차였습니다. 순간 그 댓글들이 다시 떠올라 얼굴이 조금 굳어졌습니다.

"그 영상 말입니까?"

말끝이 약간 날카로워졌는데, 유 이사가 눈치를 채고 살짝 웃으며 말했습니다.

"대표님, 어제 말씀이 조금 강하게 들린 부분도 있었지만, 그래서 더 힘이 됐다는 분들도 많았습니다. 영상을 안 보고 댓글만 보고 오신 분들보다는 통째로 강의를 보신 분들이 훨씬 많다는 것을 저희는 데이터로 보고 있습니다."

그 말에 저도 모르게 웃음이 나왔습니다.

"그렇습니까? 그래도 오늘은 조금 더 부드럽게 이야기해야겠습니다. 우리 사무실에서는 대표부터 목소리를 낮춰야 하니까요."

그렇게 말하면서 또 한 번 느꼈습니다.

'이렇게 내 감정이 오르락내리락하는 사이, 직원들은 내 표정과 말투에서 오늘 사무실의 온도를 읽고 있겠구나.'

그래서 저는 기가 막히게 좋은 날에도, 개운하지 않은 날에도 인사할 때만큼은 비슷한 톤을 유지하려고 합니다. "좋은 아침입니다" 이 한 문장을 같은 목소리로 건네는 것은 생각보다 쉽지 않습니다. 하지만 이상하게도 그 작은 반복이 사무실을 지탱해줍니다. 리더십이 감정이 아니라 태도의 반복이라는 것을 더 분명히 깨달은 것은 이런 날들 때문입니다.

한번은 막내 직원이 실적이 잘 나오지 않아 눈에 띄게 위축된 적이 있었습니다. 회의할 때마다 자기 차례가 되면 "저는 아직 보고를 드릴 게 없습니다"라고 말하곤 했고, 현장 이야기를 꺼내면 자꾸 말을 돌리려 했습니다. 그 모습을 보고 있자니 답답했습니다. '이 친구가 왜 이럴까? 1~2개월도 아니고….' 지적하고 싶고, 압박을 주고 싶은 마음이 자꾸 올라왔습니다. 하지만 그날 아침 화이트보드 앞에서 적은 문장이 떠올랐습니다.

〈오늘은 사람에게 화를 내지 않고, 상황을 함께 보자.〉

저는 오후에 그 직원을 조용히 불렀습니다.

"오늘은 실적 이야기는 잠깐 접어 두고, 하루 이야기를 좀 들을 수 있을까요?"

직원이 살짝 놀란 표정을 지었습니다.

"제… 하루요?"

"네. 출근해서 퇴근할 때까지 어떤 순서로 움직이고, 언제 제일 힘이 빠지고, 어디에서 자꾸 자신이 떨어지는지 한번 같이 보고 싶습니다. 오늘은 '왜 못했냐?'가 아니라 '어디서 막히냐?'를 보는 시간이라고 생각하시면 됩니다."

그렇게 30분 정도 이야기를 들어보니, 실적 부진의 이유는 생각보다 단순했습니다. 직원은 이렇게 이야기했습니다.

"사실은 전화를 걸기 전에 한참 망설입니다. 수화기를 들었다 놓았다 하다가 시간이 금방 지나가버리고, 한번 거절당하고 나면 그다음 번호를 눌렀다가 또 멈춥니다. 그래서 실제로 통화한 것은 얼마 안 되는데 하루를 돌아보면 '나는 오늘도 한 게 없다'라는 느낌만 남습니다."

저는 고개를 끄덕이며 천천히 말했습니다.

"좋습니다. 그러면 오늘은 대단한 변화는 말고, 태도 하나만 바꿔 볼까요? 전화 걸기 전에 망설이는 시간을 줄이는 대신, '지금은 망설이는 시간이 아니라 대본을 한 줄 읽는 시간이다'라고 정해보면 어떻습니까? 전화를 걸기 전에 대본 한 줄만 소리 내서 읽고, 바로 번호를 누르는 태도. 이것을 이번 주 동안 반복해봅시다."

그 직원이 조금 안심한 표정을 지으며 말했습니다.

“그 정도라면 한번 해보겠습니다.”

“그리고 혹시 전화를 걸다가 너무 하기 싫어지는 순간이 오면, 그때는 실적 걱정보다 ‘지금 내가 어떤 표정인지’만 생각해보세요. 표정이 완전히 굳어 있으면 물 한 컵을 마시고, 창문 쪽으로 한번 걸어갔다가 오고. 욕심이 아니라 태도를 조정하는 작은 동작부터 반복하는 겁니다.”

그 이후 저는 일부러 그 직원의 숫자를 집요하게 묻지 않았습니다. 대신 “오늘 대본 한 줄 읽고 걸어 보셨습니까?”, “오늘 표정 점검은 몇 번이나 하셨습니까?” 이렇게 물었습니다.

한 달쯤 지나자 직원의 표정이 조금 달라졌습니다. 이전에는 회의 때마다 자리에서 몸을 웅크리고 앉아 있던 사람이 “오늘은 열 통 중에 다섯 통은 끊기지 않고 끝까지 들었습니다”, “오늘은 거절당해도 목소리를 낮추지 않고 끝까지 인사했습니다”라고 이야기했습니다. 숫자는 그 뒤에 자연히 따라왔습니다. 그 모습을 보면서 저는 다시 확신하게 됐습니다.

‘실적을 바꾸는 것은 한 번의 독한 각성이 아니라, 하루에 수십 번씩 반복하는 작은 태도들이다.’

그리고 그 태도를 만들어주는 일을 포기하지 않고, 반복하는 사람이 결국 리더라는 것도요.

서녁 무렵, 사무실이 조금 한산해질 때쯤이면 가끔 정민우 본부장과 유서연 이사를 잠깐 불러 앉힙니다.

“제가 사무실에서 하는 행동 중에 안심이 되는 행동이 있는지 한번 말씀해주시겠습니까?”

이상하게 들릴 수도 있는 질문인데, 정 본부장이 먼저 진지하게 말했습니다.

"대표님이 아침에 사무실 들어오실 때 기분이 안 좋으신 것 같아도 눈을 맞추고 '오늘도 고맙습니다'라고 하실 때입니다. 솔직히 매일 똑같아서 클리셰처럼 들리기도 하는데요. 그런데 그 말씀을 안 하시는 날에는 오히려 어색합니다. '오늘은 무슨 일이 있으신가?' 하고요. 그래서 저는 대표님이 그 인사를 계속 같은 톤으로 해주시는 게 참 좋습니다."

유 이사도 말을 보탰습니다.

"저는 회의 마무리 방식이 떠오릅니다. 어떤 안건이든 마지막에는 꼭 '그러면 오늘 이야기에서 각자 한 줄씩 가져가는 것은 뭡니까?' 이렇게 물으시잖아요? 그 질문 덕분에 회의가 '혼난 시간'이 아니라 '정리된 시간'으로 남습니다. 그게 대표님의 태도라서 저희도 다른 회의를 진행할 때 비슷하게 묻게 됩니다."

그 말을 들으면서 마음속으로 조용히 새겼습니다.

'아, 결국 사람들이 기억하는 것은 내가 하루 동안 무슨 기분이었는지가 아니라, 기분이 어떠하든 반복해서 보여준 태도구나.'

저는 감정이 흔들리지 않는 사람이 아닙니다. 불안할 때도 있고, 화가 날 때도 있고, 허탈해서 아무 말도 하기 싫을 때도 있습니다. 하지만 그럴수록 스스로 붙잡게 되는 문장이 있습니다.

'리더는 자신의 감정을 숨기는 사람이 아니라, 감정을 어떻게 다루는지 매일 비슷한 방식으로 보여주는 사람이다. 그 보여주는 방식이 결국 태도다.'

하루를 마무리할 때 저는 가끔 이런 상상을 해봅니다.

'만약 누군가 우리 사무실 천장에 카메라를 하나 달아 놓고, 내가 사무실 안에서 어떻게 앉아 있고, 어떻게 걸어 다니고, 어떤 표정으로 직원들에게 말을 건네는지 일주일 내내 찍어 본다면 어떤 패턴이 보일까? 기분에 따라 달라지는 널뛰기 패턴으로 보일까? 아니면 사람을 대하는 태도가 비슷한 일관된 흐름이 보일까?'

리더십은 결국 '얼마나 잘나 보이느냐?'보다 '얼마나 예측 가능한 사람이냐?', '말로 얼마나 설득하느냐?'보다 '얼마나 비슷한 행동을 반복해서 보여주느냐?'에 따라 결정됩니다. 감정은 어쩔 수 없이 흔들립니다. 그런데 태도는 선택할 수 있습니다. 아침에 문을 열 때 어떤 인사를 할지, 회의에서 어떤 질문으로 마무리할지, 실수가 생겼을 때 어떤 순서로 말을 꺼낼지, 퇴근할 때 어떤 눈빛으로 불을 끌지. 이 작은 선택을 매일 비슷한 방식으로 반복할 때 직원은 대표의 감정이 아니라 대표의 태도를 보고 따라옵니다.

저는 오늘도 사무실 불을 끄기 전에 속으로 묻습니다.

'오늘 하루, 내 감정은 여기저기 흔들렸지만, 내 태도는 어제와 크게 다르지 않았는가?'

만약 '그래도 어제와 비슷했다'라는 답이 나오는 날이면, 그날은 조용히 미소가 지어집니다. 그렇게 하루, 또 하루가 쌓여서 어느새 '리더십'이라는 이름으로 불리게 됩니다.

사무실을 움직이는 한 문장

리더십은 특별한 날의 명언이 아니라, 평일마다 비슷하게 반복되는 시선·말투·행동의 패턴이다.

6장

철학이 없는 사무실은 금세 방향을 잃는다

철학이 곧 브랜드다.
브랜드가 곧 신뢰다

간판을 바꾸겠다는 이야기가 처음 나온 것은 생각보다 사소한 데서 시작됐습니다.

"대표님, 요즘 간판의 글자가 너무 많습니다."

어느 저녁, 퇴근 전 회의 시간에 유서연 이사가 조심스럽게 말을 꺼냈습니다.

"상가 중개, 상가 임대, 상가 매매, 투자 상담, 밑에는 '상가168 중개법인', 그 옆에는 전화번호, 그리고 구석에 '상가 전문'까지… 지나가는 분들이 과연 뭘 기억하실까 하는 생각이 자꾸 듭니다."

저는 잠깐 말문이 막혔습니다. 솔직히 말하면, 그 간판은 제가 직접 문구를 정한 것이었습니다. '그래도 뭘 하는지 다 써야 하지 않나? 상가 중개도 하고, 임대도 하고, 매매도 하고, 투자 상담도 한다는 것을 알려야지' 그렇게 하나둘 붙이다 보니 간판은 점점 전단처럼 변해갔고, 어느 순간부터는 저도 그냥 지나치게 되는 글자 덩어리가 되어 있었습니다.

정민우 본부장이 말을 보탰습니다.

"대표님, 솔직히 말씀드리면요. 근처 다른 중개사무소 간판과 큰 차이를 못 느끼시지 않습니까? '상가 전문', '투자 전문', '○○ 역세권'… 글자만 조금씩 다르지 결국 다 비슷비슷하지 않습니까?"

저는 그제야 사무실 창밖으로 보이는 건물 외벽을 떠올렸습니다. 우리 간판만이 아니라 양옆, 맞은편, 사거리까지 '최저 수수료, 빠른 계약, 무료 상담' 등 모두가 비슷한 문구를 쓰고 있었습니다. '우리가 저 속에 섞여 있는 것은 아닐까?' 하는 생각이 들자 괜히 마음이 불편해졌습니다.

"그럼 우리는 뭘 써야 한다는 겁니까?"

내 질문에 유 이사가 잠시 숨을 고르고 말했습니다.

"글자를 줄이기 전에 먼저 이것을 정해야 할 것 같습니다. '우리는 어떤 철학으로 중개하는 곳인가?' 그게 한 문장으로 정리되면 간판이든, 명함이든, 블로그든 같은 말로 나갈 수 있지 않을까요?"

정 본부장이 고개를 끄덕였습니다.

"결국 브랜드라는 게 로고나 색깔만 의미하는 게 아니라, '아, 저 사무실은 저런 생각으로 일하는 곳이야'라는 이미지가 아니겠습니까? 그 이미지를 만드는 게 철학이라고 생각합니다."

회의실에 잠깐 정적이 흘렀습니다. 저는 마음속으로 중얼거렸습니다.

'철학, 브랜드, 신뢰… 말로는 많이 했지만, 우리 사무실의 한 문장은 뭐였지?'

그날 밤, 집에 돌아와서도 머릿속에서 그 질문이 떠나지 않았습니다.

'우리 사무실은 뭘 제일 잘하는 곳이라고 말할 수 있을까?'

'우리는 어떤 것은 받아도 되고, 어떤 것은 받지 말아야 한다고 분명하게 말할 수 있을까?'

그게 없다면 우리가 적어 놓은 '상가 전문'이라는 네 글자도 사실은 껍데기에 불과한 것 같았습니다. 침대맡에 메모장을 놓고 몇 줄을 적어 봤습니다.

〈우리는 상가를 중개하는 사람이 아니라 생존을 위해 버티는 삶을 돕는 사람이다.

우리는 한 건을 밀어붙이는 대신 관계를 다시 볼 수 있게 도와주는 사람이다.

우리는 손님 편도, 건물주 편도 아니다. 계약서 편이다.〉

적고 나서 보니 어느 것도 딱 떨어지는 느낌이 없었습니다. 하지만 한 가지는 분명했습니다. '이 질문을 피하면 결국 남는 것은 간판에 적힌 문장뿐이겠구나.'

그다음 날 아침, 출근하자마자 화이트보드 맨 위에 이렇게 적었습니다.

〈오늘 회의 안건 : 우리 사무실을 한 문장으로 소개한다면?〉

점심시간이 조금 지나서 정민우 본부장, 유서연 이사, 그리고 경리·총무를 맡고 있는 김경미 과장이 회의실에 모였습니다.

"대표님, 오늘 회의 안건이 철학이라면서요?"

김 과장이 약간 긴장된 얼굴로 물었습니다.

"어렵게 생각하지 마시고요. 그냥 어제 지인분이 '야, 너네 중개법인은 뭐 하는 곳이냐?'라고 물었다고 치고, 그 질문에 딱 한 문장으로 대답해야 한다면 뭐라고 할지 한번 들어보고 싶습니다. 누가 먼저 말씀해 보시겠습니까?"

정 본부장이 먼저 손을 들었습니다.

"저는요… '상가168 중개법인은 상가 주인과 예비 창업자 사이에서 현실적인 결정을 돕는 사무실이다'가 떠올랐습니다. 너무 교과서적인가요?"

유 이사가 고개를 끄덕였습니다.

"나쁘지 않은데요. 저는 조금 더 감정이 들어갔으면 좋겠습니다. '우리 사무실은 무리한 창업을 말리는 상가 중개법인이다' 이렇게요. 실제로 대표님이 현장에서 제일 많이 하시는 말이 '이 매장은 지금 들어오시면 힘듭니다' 아니십니까?"

모두가 웃었습니다. 김 과장이 조심스럽게 말을 보탰습니다.

"저는 경리 입장에서 보니까요. '들어오는 돈과 나가는 돈을 같이 보고, 도와주는 사무실이다'라는 말이 떠오르는데요. 계약서는 한 번 쓰고 끝나는 게 아니라, 그 이후의 비용 구조까지 보는 곳이라는 뜻으로요."

각자의 문장이 나올수록 제 마음도 조금씩 가벼워졌습니다.

"좋습니다. 그러면 지금 나온 이야기를 한 줄로 정리하면 어떨까요?"

저는 화이트보드에 천천히 적어 나갔습니다.

〈무리한 창업을 말리고, 현실적인 결정을 돕고, 돈의 흐름까지 같이 보는 상가 중개법인〉

한참을 바라보다가 마지막에 한 문장을 더 붙였습니다.

〈그래서 한 번 거래한 고객이 다음번에도 먼저 찾아오는 사무실〉

회의실이 잠시 조용해졌다가 유 이사가 제일 먼저 입을 열었습니다.

"대표님, 이거 좋은데요. '우리는 어떤 사무실인가요?'라고 누가 물으면, 이대로 읽어 드려도 될 것 같습니다."

정 본부장도 웃으며 말했습니다.

“이게 바로 우리 사무실 철학 아닙니까? 무리하게 밀지 않고, 현실을 같이 보고, 그래서 다시 찾아오게 만드는 것.”

“그래요. 복잡하게 말할 필요 없습니다. 우리는 ‘무리한 계약을 말리고, 버틸 수 있는 계약만 돕는 사무실’이라고 합시다. 이것을 기준으로 놓고, 앞으로 들어오는 매물과 고객을 다시 보기로 하죠.”

그날 회의는 그렇게 끝났습니다. 간판 문구를 바꾸는 회의로 시작했지만, 결국 우리가 어떤 사무실인지 다시 확인하는 시간이 된 셈이었습니다. 그 후로 변화가 생기기 시작한 것은 간판이 아니라 대화부터였습니다.

어느 날 오후, 서울에서 내려온 한 건물주가 사무실에 들렀습니다.

“대표님, 이번에 ○○동 코너 자리가 나왔는데요. 보증금을 좀 세게 올리고 월세도 한 번에 맞춰서 수익률을 확 끌어올리고 싶습니다. ‘상가 168’ 이름을 달고 프리미엄을 세게 붙여서 내봅시다.”

예전 같았으면 “요즘 시세가 어느 정도라서요”라며, 조건 계산부터 들어갔을지도 모릅니다. 하지만 그날은 달랐습니다. 저는 이렇게 물었습니다.

“사장님, 지금 이 건물에서 제일 신경 쓰이는 게 무엇인지 한 번만 말씀해주시겠습니까? 공실 기간입니까? 수익률입니까? 아니면 이 건물을 보는 사람들의 시선입니까?”

건물주가 잠시 생각하더니 말했습니다.

“솔직히 요즘 공실이 조금 늘어서 걱정입니다. 수익률은 천천히 올려도 되는데, ‘저 건물 요즘 자주 바뀐다’라는 소리를 듣는 게 싫어요. 그래서 이번에는 좀 오래가는 업종을 찾고 싶긴 합니다.”

'무리한 계약을 말리고, 버틸 수 있는 계약만 돕는다.'

지난 아침 회의 때 화이트보드에 썼던 문장이 머릿속에 떠올랐습니다.

"사장님, 그렇다면 지금 말씀하신 보증금·월세 수준은 조금 조정하셔야 할 수도 있습니다. 단기 수익률은 올라갈지 모르지만, 버티는 사장님을 만나기는 어려울 겁니다. 저희 사무실 철학이 조금 분명해서 솔직하게 말씀드립니다. 저희는 무리한 계약은 처음부터 잡지 않으려고 합니다."

건물주의 표정이 잠시 굳어졌습니다. 당장은 "그래도 좀 세게 가보자"라는 말이 나올 것처럼 보였습니다. 저는 말을 덧붙였습니다.

"대신 저희가 이 상권에서 2년 이상 버틴 업종들만 추려서 후보군을 만들겠습니다. 사장님이 '길게 가도 좋다'라고 하실 만한 사장님들 위주로만 접촉하겠습니다. 그래서 결과가 조금 늦어져도 괜찮다고 생각해주실 수 있으시겠습니까?"

잠시 후, 건물주의 어깨에서 힘이 빠지는 게 보였습니다.

"대표님, 그래서 제가 여기 와서 이야기하는 겁니다. 알겠습니다. 그러면 이번에는 대표님 철학대로 한번 가봅시다."

그날 이후로 우리는 그 건물의 조건을 시장 평균보다 약간 낮게 잡았고, 대신 장사를 오래 해온 상인들을 중심으로 천천히 후보를 모았습니다. 계약이 성사되기까지 예상보다 시간이 조금 길었지만, 오랫동안 가게를 지키고 있는 임차인을 보면서 건물주가 이렇게 말했습니다.

"대표님, 처음에는 조금 답답했는데, 지금은 이게 훨씬 편합니다. 이 사장님 아니면 다시 누구를 구해야 할지 상상이 안 돼요."

그 말을 듣는 순간 마음속으로 중얼거렸습니다.

'그래, 이게 우리가 말하는 브랜드지. '세게 붙여서 한 번에 빼주는 사무실'이 아니라, '조금 천천히 가더라도 오래 버티는 사람을 붙여 주는 사무실.' 이 이미지를 사람들 머릿속에 심는 것. 그게 결국 브랜딩이고, 신뢰다.'

철학이 브랜드가 된다는 것을 가장 뚜렷하게 느끼는 순간은 반대로 우리가 '안 한다'라고 말할 때입니다. 어느 날 오후, 한 예비 창업자가 청주에서 일부러 찾아와 상담을 요청했습니다.

"대표님 강의를 보고 왔습니다. 저는 퇴직금을 한 번에 모아서 프랜차이즈 카페를 내고 싶은데요. 지금 마음은 당장이라도 계약서를 쓰고 싶습니다."

이야기를 들으면 들을수록 마음속에서 경고등이 켜졌습니다. 이미 점포 두 군데에서 보증금과 권리금 이야기를 들었다고 했고, 본사에서 지금 '이번 달에만 가능한 조건'이라고 계속 전화가 온다고도 했습니다. 저는 조심스럽게 물었습니다.

"혹시 한 달 생활비가 얼마나 나가십니까?"

그는 잠깐 뜸을 들이다가 가계부 사진을 보여줬습니다. 저는 그 자리에서 계산기를 두드려 봤습니다.

"지금 말씀하신 점포에 들어가시면 첫 1년 동안 생활비까지 감안했을 때 마이너스를 버티실 수 있는 기간이 길어야 6개월 정도로 보입니다. 6개월 안에 손익분기점(BEP : Break-Even Point)을 찍지 못하면, 그다음부터는 생활비까지 끌어 쓰게 되실 겁니다."

그의 표정이 굳어졌습니다.

"그래도 대표님, 지금이 아니면 이런 자리가 언제 또 나오겠습니까? 제가 강의에서 본 '상권의 골든타임'이 바로 이런 게 아닙니까?"

저는 숨을 고르고 말했습니다.

"맞습니다. 상권에도 골든타임이 있고, 자리가 나오는 타이밍도 있습니다. 그런데 사장님의 통장에도 골든타임이 있습니다. 버틸 수 있는 시간보다 자리 욕심이 앞서면, 좋은 상권도 감당이 안 될 수 있습니다. 저희 사무실 철학으로는 이 구조를 보고 '가시죠'라고 말해드리기 어렵습니다."

잠시 침묵 끝에 그가 물었습니다.

"그러면 대표님은 지금 저에게 '하지 말라'고 하시는 겁니까?"

저는 고개를 천천히 끄덕였습니다.

"네. 지금 구조라면 적어도 1년 정도 생활비를 따로 확보하시고, 본사 조건에 휘둘리지 않을 수 있을 때 다시 상가를 보셨으면 합니다. 그때까지 저희가 상권 공부를 같이 도와드릴 수 있다면 도와드리겠습니다. 하지만 지금 이 자리에서 계약서를 쓰는 일은 저희 사무실 이름으로는 진행하지 않겠습니다."

그날 상담은 그렇게 끝났습니다. 계약서도, 중개보수도, 어떤 숫자도 남지 않는 하루였습니다. 대신 몇 달 후, 그 예비 창업자에게서 이런 메시지가 도착했습니다.

〈대표님, 그날 대표님이 '하지 말자'라고 해주셔서 지금도 감사드립니다 그때 계약했으면 지금쯤 카드를 돌려막고 있을 것 같습니다. 다시 시작할 때 꼭 먼저 찾아 뵙겠습니다.〉

저는 그 문자를 저장해두었습니다. 사람들 머릿속에 우리 사무실이 '계약을 잘 떠내는 곳'이 아니라 '필요할 때는 말려 주는 곳'으로 남는 것, 그게 우리 철학이 브랜드가 되고, 결국 신뢰가 되는 순간이라고 생각했습니다.

요즘 저는 강의에서 이런 질문을 자주 던집니다.

"여러분 사무실의 철학은 무엇입니까? 간판에 뭐라고 쓰여 있느냐 말고, 여러분이 받지 않는 매물, 하지 말라고 말하는 계약, 돌려보내는 손님을 보면 여러분 철학이 보입니다."

철학은 벽에 걸어 둔 문구가 아니라, '이것은 안 하겠습니다'라고 조용히 말할 수 있는 기준입니다. 브랜드는 명함에 찍힌 로고가 아니라, 그 기준 때문에 한 번 거절당하고도 다시 찾아오는 사람들의 기억입니다. 그리고 신뢰는 그 기억이 쌓여서 "저 사무실은 적어도 나를 망하게 하지는 않을 거야"라고 말하게 되는 순간에 비로소 생깁니다.

결국 철학이 브랜드고, 브랜드가 곧 신뢰입니다. 우리 사무실은 이 순서를 매일 연습하는 중입니다. 오늘도 간판 글자는 바뀔 수 있습니다. 하지만 간판 뒤에서 어떤 마음으로 계약을 보고 있는지, 이 한 줄만큼은 바꾸지 않으려 합니다.

'무리한 계약을 말리고, 버틸 수 있는 계약만 돕는 상가 중개법인.'

언젠가 누가 우리를 떠올릴 때 간판 색깔이 아니라, 이 한 줄이 먼저 떠오른다면, 그때가 진짜 브랜딩이 끝난 날일 것입니다. 그리고 그날까지 저는 오늘도 사무실에서 조용히, 하지만 꾸준히 걷습니다.

사무실을 움직이는 한 문장

우리가 왜 이 일을 하는지 한 문장으로 말하지 못하면, 간판이 아무리 커도 브랜드는 아직 세워지지 않은 것이다.

홍보는 기술이 아니라 태도다

아침 일찍 사무실 문을 열고 불을 켜고 나면, 제일 먼저 확인하는 것은 커피머신 물 잔량도 아니고, 화이트보드 메모도 아닙니다. 오늘 우리 사무실이 바깥세상에 어떤 얼굴로 나가고 있는지, 그 화면부터 한 번 훑어보는 게 요즘 저의 루틴입니다. 컴퓨터를 켜고, 북마크에 꽂아 둔 우리 블로그, 인스타그램, 네이버 플레이스, 그리고 가끔 유튜브 채널까지 쭉 눌러 보면, 숫자보다 먼저 눈에 들어오는 게 있습니다.

'지금 이 글과 사진의 말투는 우리가 상담할 때 쓰는 말투랑 같은가?'

그게 안 맞으면, 아무리 조회수가 많아도 마음이 편하지가 않습니다.

그날도 그랬습니다. 7시 조금 넘은 시각, 사무실에는 아직 저와 커피머신 돌아가는 소리밖에 없었습니다. 커피잔 두 개를 내려놓고 화면을 넘기는데, 이제 올라간 블로그 글이 눈에 들어왔습니다. 제목은 이런 식이었습니다.

〈세종 상가 투자, 이거 하나면 끝납니다!〉

저는 마우스를 잠시 멈췄습니다.

"끝나긴 뭐가 끝나…."

혼잣말이 나왔습니다. 내용을 천천히 읽어 내려가 보니, 정민우 본부장이 현장을 다니면서 정리해서 올린 글이었습니다. 구조 분석도 깔끔하고, 임대료 시세 비교도 잘 나와 있었고, 공실 리스크도 솔직하게 적혀 있었습니다. 그러나 제목과 첫 문단의 느낌이 묘하게 우리답지 않았습니다. 조금 뒤, 8시가 가까워질 무렵 정 본부장이 출근해 노트북을 켜면서 말했습니다.

"대표님, 어제 올린 글 보셨습니까? 반응이 좀 있더라고요. 조회수는 괜찮게 나왔습니다."

저는 커피를 하나 건네며 물었습니다.

"제목은 누가 달았습니까?"

"아… 제가 달았습니다. 요즘 이런 식으로 써야 사람들이 한 번 더 클릭한다고 해서요. '이거 하나면 끝' 이런 느낌으로요…."

저는 웃으면서 의자를 돌려 정 본부장 쪽으로 몸을 틀었습니다.

"민우 본부장, 우리가 현장에서 손님에게 '이거 하나면 끝입니다'라고 말합니까?"

정 본부장이 잠깐 멈칫했습니다.

"그… 그건 아니죠."

"그렇죠. 현장에서는 '이 자리에도 분명 장점이 있지만, 이런 부분은 한 번 더 고민하셔야 한다'라고 말하면서, 장단점을 섞어서 말씀하시잖아요. 글 쓸 때도 그 태도 그대로 가면 됩니다."

정 본부장이 머리를 긁적였습니다.

"확실히 제목은 조금 센 것 같긴 합니다. 그래도 요즘에는 이렇게라도 해야… 라는 마음이 앞섰던 것 같습니다."

저는 화면을 돌려 보여주며 말했습니다.

"기술로는 맞을 수 있지만, 태도는 우리랑 안 맞습니다. 조회수가 몇 번 더 나오는 대신, 우리 말투를 잃어버리면 손해 보는 장사입니다. 우리는 '고객을 안 망하게 하는 사무실'이지, '한 방에 끝내주는 사무실'은 아니잖아요."

정 본부장이 웃으면서 고개를 끄덕였습니다.
"그 말은 진짜 우리 같네요. '안 망하게 하는 사무실'."
"그게 우리 홍보의 기준이었으면 좋겠습니다. 문구는 유행을 따라가도 되지만, 태도는 우리가 지켜야 합니다."

조금 뒤, 유서연 이사가 출근했습니다. 가방을 내려놓고 자리에 앉자마자 저를 향해 말했습니다.
"대표님, 어제 그 광고 대행사에서 다시 연락이 왔습니다. '세종 상가 투자 1등 키워드 세팅' 어쩌고 하면서요. 한 달만 맡겨 보시면, 블로그 상위 노출을 시켜 드린다고…."

정 본부장이 바로 거들었습니다.
"대표님, 사실 저도 그거 조금 고민했습니다. 키워드 세팅, 알고리즘 분석 이런 것들… 남들도 다 하는 것 같아서요."

저는 의자 등받이에 몸을 기대고 두 사람을 번갈아 봤습니다.
"좋습니다. 한번 생각해봅시다. 만약 우리가 그 회사에 비용을 주고 맡겨서 '세종 상가 투자'를 검색하면, 우리 글이 맨 위에 뜬다고 치죠. 그러면 그 글을 누르는 사람은 어떤 마음으로 들어올까요?"

유 이사가 대답했습니다.
"'어디 좋은 물건 없나?'를 기대하면서 들어오시겠죠."

"맞습니다. 그런데 우리가 글에서 제일 먼저 해야 할 말은 뭘까요? '이 자리는 무조건 좋다'가 아니라, '이 동네는 이런 사람에게 맞고, 이런 사람에게는 안 맞는다'부터 말해줘야 하잖아요. 그러면 문제는 알고리즘에서 그 첫 문장이 안 예뻐 보인다는 겁니다. '리스크'라는 단어가 들어가면 클릭률이 떨어진다고 하니까요. 그러나 우리가 현장에서 손님을 만날 때는 어떻습니까? 위험한 부분부터 먼저 짚어 주는 게 우리 태도잖아요."

정 본부장이 조용히 고개를 끄덕였습니다.

"결국 광고도, 글도, 영상도 다 똑같다는 말씀이시군요. 기술보다 태도가 먼저다."

"그렇죠. 기술은 남한테 맡길 수 있는데, 태도는 누구에게도 맡기면 안 됩니다. 우리가 '기술은 조금 부족해도 태도는 믿을 만한 사무실'로 기억되면 좋겠습니다."

그때 경리·총무 담당 김경미 과장이 서류철을 들고 다가왔습니다.

"대표님, 잠깐만요. 광고비를 정리하면서 궁금한 게 하나 생겼습니다. 요즘 블로그랑 인스타그램에 시간을 많이 쓰시는데, 이게 숫자로 볼 때는 바로 효과가 안 보입니다. 중개보수로 들어오는 계약과 직접 연결되지 않으니까요. 그래서 회계 장부에는 '광고비'라고 쓰긴 쓰는데, 이게 맞는 표현인지 잘 모르겠습니다."

저는 웃으며 말했습니다.

"경미 과장님, 회계 장부에는 어쩔 수 없이 '광고비'라고 써야겠지만, 우리 머릿속에서는 좀 다르게 불러 봅시다."

"뭐라고 부르면 될까요?"

"'관계 준비비'요. 오늘 바로 계약이 안 나와도 6개월 뒤, 1년 뒤에

‘그때 그 글을 보고 연락드렸어요’라고 말하는 사람을 위해 미리 깔아 두는 비용이니까요. 홍보를 ‘당장 계약 금액을 뽑아내는 기술’로 보면, 항상 손해 보는 느낌이 들지만, ‘언젠가 올 사람을 위해 미리 불을 켜놓는 태도’라고 보면, 장기적으로는 이득입니다.”

경미 과장이 웃었습니다.

“그러면 저는 장부에는 ‘광고비’라고 적고, 마음속에는 ‘관계 준비비’라고 적어 두겠습니다.”

“그 정도면 충분합니다.”

그날 오후, 저는 직원 몇 명을 불러 모아 짧은 회의를 했습니다. 화이트보드 위에 크게 네 글자를 썼습니다.

〈말투 점검〉

“오늘은 디자인도, 해시태그도, 조회수도 이야기하지 않겠습니다. 오직 한 가지만 보죠. ‘우리가 올린 글과 영상, 사진 설명이 실제 상담할 때 쓰는 우리 말투와 같은가?’ 자, 각자 최근에 올린 글 하나씩 골라 보세요.”

직원들이 자기 글을 화면에 띄웠습니다. 어느 직원의 글은 이렇게 시작하고 있었습니다.

“지금이 아니면 놓칩니다.”

저는 그 문장을 손가락으로 가리키며 말했습니다.

“실제로 상담할 때 이런 표현을 쓰십니까?”

직원이 멋쩍은 얼굴로 웃었습니다.

"솔직히… 안 씁니다. 글 쓸 때만 나오는 말입니다."

"그렇죠. 만약 우리가 이렇게 말하면 손님이 뭐라고 하실까요? '그래요? 그럼 그냥 놓치겠습니다' 이럴 가능성이 훨씬 큽니다. 우리가 현장에서 손님에게 하는 말은 조금 다르잖아요. '지금 고민하셔야 할 시점입니다', '이번 물건은 이런 장점이 있지만, 이 부분 때문에 망설이실 수 있습니다' 이런 식으로 선택은 손님 쪽에 두고, 우리는 옆에서 기준만 잡아 드리잖아요. 글에도 그 태도가 그대로 묻어나야 나중에 우리 사무실에 왔을 때 이질감이 없습니다."

다른 직원의 글을 열어 보니, 문장 마지막마다 느낌표가 여러 개 달려 있었습니다.

"완전 강추!! 절대 후회 없습니다!!!"

저는 천천히 물었습니다.

"실제 상담할 때도 이렇게 말씀하시나요?"

직원이 고개를 세차게 저었습니다.

"아니요. 절대 안 그럽니다."

"그렇죠. 상담에서 한 번도 안 쓰는 말을 화면에서는 쓰는 순간, 손님 머릿속에 생기는 생각이 있습니다. '아, 온라인은 그냥 홍보용이구나. 진짜 이야기는 따로 있겠지.' 우리는 그런 의심을 만들고 싶지 않습니다. 홍보는 '우리의 진짜 태도를 조금 멀리까지 보내는 일'이지, 화면용 가짜 말투를 하나 더 만드는 일이 아니니까요."

사무실 공기가 조금 가벼워졌습니다. 사람들 얼굴에 '그러고 보니 그렇네' 하는 표정이 돌았습니다. 그날 저녁, 우리는 새로 정한 원칙을 화이트보드 한쪽에 적어 두었습니다.

〈첫째, 글과 영상에서는 상담실에서 쓰지 않는 표현은 쓰지 않는다.
둘째, '지금 아니면 끝' 같은 협박형 문장은 금지.
셋째, '안전하게, 오래가게'라는 우리 태도가 문장 어디엔가 드러나야 한다.〉

누군가가 물었습니다.

"대표님, 그럼 조회수는 조금 포기해야 할 수도 있겠네요?"

저는 웃으며 대답했습니다.

"우리는 조회수로 사는 사무실이 아닙니다. 계약서 수와 '고객 이름'으로 사는 사무실입니다. 한 명이라도 우리 글을 읽고 '그래, 여기는 나를 세게 밀어붙이지는 않겠구나'라고 느끼게 만들 수 있다면, 그 한 명이면 충분합니다. 홍보는 숫자를 높이는 기술이 아니라, 한 사람의 마음을 놓치지 않으려는 태도입니다."

며칠 뒤, 그 태도가 실제로 돌아오는 장면을 하나 더 보게 됐습니다. 오후 늦게 걸려온 전화였습니다.

"혹시 김명식 대표님 계신가요?"

"네, 말씀하십시오."

"대표님, 제가 상가를 하나 가지고 있는데요. 정말 이상하게도, 인터넷을 뒤지다가 대표님 사무실 블로그 글을 보게 됐습니다. 다른 데는 '수익률 몇 퍼센트'만 강조하는데, 여긴 '공실이 날 때 이 건물이 버틸 힘이 있는지부터 보셔야 합니다'라고 써 있더라고요. 글을 다 읽고 나니까, '아, 이 사람은 적어도 나를 망하게 하지는 않겠다'라는 생각이 들었습니다. 그래서 바로 전화드렸습니다."

저는 조용히 웃었습니다. 조회수 그래프에는 표시되지 않는, 그러나 우리가 제일 듣고 싶었던 말이었습니다.

"말씀 감사합니다. 일단 건물 이야기부터 편하게 들려주시겠습니까?"

전화를 끊고 나서 사무실 사람들에게 이 전화 내용을 나눴습니다.

"여러분, 이게 오늘 우리 홍보 성적표입니다. 그래프보다 한 사람 입에서 나온 이 한 문장이 더 중요합니다. '이 사람은 나를 망하게 하지는 않겠다.' 우리가 앞으로도 잡아야 할 문장은 이쪽입니다."

사무실 창밖으로 어두운 하늘이 내려앉았고, 간판 불이 하나둘 켜지기 시작했습니다. 저는 모니터를 꺼놓고, 책상 위에 놓인 명함과 브로슈어, 그리고 벽에 걸린 액자를 한 번씩 둘러봤습니다.

홍보를 잘하고 싶은 마음은 누구에게나 있습니다. 그런데 진짜 차이를 만드는 것은 '기술을 아느냐?'가 아니라, '이 홍보를 보는 사람이 어떤 기분이 들면 좋겠는지'를 끝까지 생각하는 태도입니다. 저는 혼자 중얼거렸습니다.

"우리 사무실은 결국, 화면 속에서도 사람 냄새가 나는 사무실이 되어야 한다."

그게 제가 믿는 홍보의 방향이고, 사무실 사람들에게 계속 나누고 싶은 이야기입니다.

사무실을 움직이는 한 문장

홍보는 글쓰기 요령보다 '내가 이 말을 정말 믿는가?'에서 힘이 나온다. 태도가 흔들리면 문장도 힘을 잃는다.

지역의 신뢰는 **하루에 만들어지지 않는다**

어느 날, 조용한 사무실에 전화벨이 울렸습니다. 발신 번호를 보니 처음 보는 번호였는데, 목소리는 묘하게 익숙한 느낌이었습니다.

"혹시 세종… 상가 중개 실무 강의하시는 그 김명식 대표님 맞으십니까?"

"네, 말씀해보시겠습니까?"

"아, 대표님. 저는 세종 ○○동에서 작은 약국을 하는 사람입니다. 사실 오늘 처음 전화를 드리는 건데요. 대표님 이야기는… 이미 몇 년 전부터 들었습니다."

저는 살짝 웃으면서도, 속으로는 '또 어디서 바람이 불어온 걸까?' 하는 생각을 했습니다

"그렇습니까? 어디시요?"

"저희 동네에 있는 슈퍼 사장님, 그리고 맞은편 카페 사장님이 '상가 관련해서는 세종에서 그래도 여기를 한 번은 가봐야 한다'라고 말씀하시더라고요. 그래서 오늘 좀 늦은 감이 있지만 한번 상담을 받아 보려고 합니다."

그 말을 듣는 순간, 제 머릿속에 여러 얼굴이 동시에 떠올랐습니다. 이 동네에서 5년, 7년, 10년 넘게 가게를 지키고 있는 사람들, 예전에

저에게 '사장님, 지금은 하지 마시죠'라는 말을 들었던 분들, 계약했든 못 했든, 어쨌든 어떤 하루를 함께 보냈던 사람들. 전화 한 통이 여기까지 오는 데 걸린 시간은 30초도 안 걸렸지만, 그 30초 뒤에 붙어 있는 세월은 절대 짧지 않다는 것을 저는 알고 있었습니다.

지역의 신뢰라는 것은 어느 날 갑자기 SNS에서 '대박'이 터져서 생기는 게 아니라, 한동네에서 서로 얼굴을 보고 지나치며 쌓아 올린 수많은 사소한 장면들의 합계에 가깝습니다. 그리고 그 합계는 대부분 느리게, 그리고 생각보다 조용하게 쌓입니다.

처음 사무실을 이 건물로 옮겼을 때가 떠오릅니다. 엘리베이터 옆 안내판에도 이름이 제대로 올라가지 않았던 시절, 동네 사람들 입장에서는 '여기 또 새로운 부동산 중개사무소가 하나 생겼구나' 정도였을 것입니다. 그때부터 제가 스스로 정한 원칙이 하나 있었습니다.

'우리가 먼저 말을 걸지 않아도 시간이 지나면 동네 사람들이 자연스럽게 말을 걸고 싶은 사무실이 되자.'

말은 거창해 보이지만, 실제로 제가 한 일은 아주 작았습니다. 아침마다 7시 전에 사무실 불을 켜면서 복도에서 마주치는 청소하시는 분께 매일 똑같이 "오늘도 수고 많으십니다" 인사를 건넸고, 1층 편의점에서 컵라면 하나를 사더라도 "사장님, 오늘도 장사 잘되시죠?" 하고 안부를 물었습니다. 주말에 사무실 근처 카페에 가면 자리만 잡고 노트북을 펴는 게 아니라 "혹시 이 건물 공실 때문에 고민하시는 것은 없으세요?" 같은 질문 대신, 그냥 "오늘 커피 맛이 더 괜찮네요"라는 말을 한 번 더 붙였습니다. 당장은 어떠한 계약도, 매출도 만들어내지 못 하는 말들이었습니다. 하지만 저는 알고 있었습니다. 지역에서 신뢰를 얻는다는 것은 오늘 당장 계약을 따내는 것보다 내일 다시 인사를 나눌 수 있는 관계를 쌓는 일이라는 것을요.

어느 날 아침, 사무실이 아닌 동사무소에서 시작된 하루가 있었습니다. 그날은 주민센터에서 하는 작은 상인회 모임에 '지역 상가 공실과 임대료 구조'에 대해 한 번만 이야기해달라는 요청을 받았고, 새벽부터 간단히 자료만 챙겨서 걸어 내려갔습니다. 회의실에는 이미 익숙한 얼굴들이 몇몇 보였습니다. 엘리베이터에서 자주 마주치는 분식집 사장님, 퇴근길마다 지나치던 세탁소 주인, 주말마다 문 앞에 초록색 채소 박스를 쌓아 놓던 채소가게 부부. 회의는 거창하지 않았습니다. 모두가 종이컵에 담은 커피를 하나씩 들고 앉았고, 저에게 주어진 시간은 30분 남짓이었습니다.

"여러분, 상가 임대료는요. 세입자 한 사람을 기준으로 맞추는 게 아니라 이 동네에 오는 사람들의 발걸음을 기준으로 맞춰야 합니다."

그날 제가 한 이야기는 특별한 것도 없었습니다. 지나치게 낮은 임대료는 건물의 가치를 깎고, 지나치게 높은 임대료는 세입자를 말려버린다는 상식에 가까운 이야기들이었습니다. 다만 제가 조금 더 신경 쓴 부분은 따로 있었습니다.

"사실 제가 말씀드리고 싶은 건 숫자보다는 '버티는 시간'입니다. 상가 장사라는 것은 오픈 3개월 안에 승부가 나는 것처럼 보이지만 실제로는 3년, 5년을 버티는 힘이 있는 사람이 결국 이 동네 장사를 이끌어갑니다. 그러니 여러분이 계약서를 쓰실 때는 '버틸 수 있는 구조'인지부터 같이 봐야 합니다. 그 부분에서 제가 도울 수 있는 것은 계약을 '해드리는 것'만이 아니라 어떤 계약은 여러분 대신 '말리는 것'도 포함됩니다."

회의가 끝나고 사람들은 제게 명함을 하나씩 받아 갔습니다. 그 자리에서 바로 상담 예약이나 계약 의뢰가 들어온 것은 아니었지만, 한 가지는 분명했습니다. 그날 이후로 이 동네 사람들에게 저는 '새로 생긴 부동산 중개사무소 사장'이 아니라 '가끔은 계약을 말리는 상가 이야기를 잘하는 사람'으로 기억되기 시작했다는 점이었습니다. 그리고 그 기억은 시간이 지나면서 조금씩 의외의 방향으로 흘러갔습니다. 몇 달 뒤, 1층 슈퍼 사장님이 사무실 문을 두드렸습니다.

"대표님, 어제 상인들끼리 모임이 있었는데요. 요즘 공실이 늘어난다고 이야기하다가 대표님 이야기가 나왔습니다."

"어떤 말이요?"

"'괜히 급하게 계약하라고 안 하는 사람이 있다'라는 이야기요. 그때 주민센터에서 강의하신 것을 들었던 사장님이 다른 분들에게 계속 이야기하시더라고요. '일단 한번 만나서 들어만 봐도 좋다. 우리 동네 정서를 잘 안다'면서요."

저는 그 이야기를 들으면서 조용히 고개를 끄덕였습니다. 강의를 한 번 했다고 해서 갑자기 의뢰가 몰려오는 것도 아니고, 당장 사무실 매출에 큰 변화가 생기는 것도 아닙니다. 하지만 지역에서는 결국 입소문이 천천히 돌면서 '한 번쯤 들어볼 만한 사람' 목록 안에 우리 이름이 들어가는가, 안 들어가는가가 중요합니다. 그 목록에 한 번이라도 올라가면 언젠가는 전화가 오고, 그 전화는 대개 이런 내용입니다.

"사실 대표님을 꼭 찾아가 보라는 말을 여기저기서 들었습니다."

유서연 이사와 정민우 본부장에게도 각자의 방식으로 지역 신뢰를 쌓아가는 시간이 있었습니다. 어느 날 저녁, 유 이사가 오랫동안 앉아 있다가 저에게 조심스럽게 말을 꺼냈습니다.

"대표님, 제가 요즘 저녁마다 한동네만 계속 걸어 다니고 있습니다. 전단을 돌리는 것도 아니고, 조사를 하는 것도 아니고, 그냥 빈 점포 앞에서 불 꺼진 유리문을 한참씩 보고 있습니다."

"힘들지 않습니까?"

"힘든데, 이상하게 그 동네에 자주 나가다 보니 가게 사장님들이 먼저 인사를 건네기 시작하더라고요. '아, 또 오셨네요'라든가 '요즘은 어떻습니까? 이쪽 상권은?' 하시면서요. 그리고 어느 날은 갑자기 이런 말을 들었습니다. '이사님은 참 우리 동네를 아끼는 것 같아요' 그 말을 듣는데, 그동안 걸어 다녔던 시간이 허투루 지나간 게 아니구나 싶었습니다."

정 본부장도 비슷한 경험을 들려줬습니다.

"대표님, 제가 담당하는 구역 떡집 사장님이 있는데요. 그분이 요즘 매번 이렇게 말씀하십니다. '나는 상가를 살 일은 없는데, 누가 이런 쪽 이야기를 물어보면 일단 자네 사무실부터 알려줄게.' 처음에는 웃으면서 넘어갔는데, 시간이 지나니까 알겠더라고요. 이분은 본인이 매물을 주거나 직접 계약을 할 계획은 없지만, 자기 주변 사람들에게는 저를 같이 묶어서 소개하고 싶어 하는 거죠. 이게 모두 지역에서 얻는 신뢰가 아닐까, 싶습니다."

그 두 사람의 이야기를 들으면서 저는 다시 한번 확인했습니다.

'지역의 신뢰'라는 것은 큰 계약 한 번으로 얻어지는 게 아니라, 그 지역을 좋아하는 티를 꾸준히 내는 사람에게 조용히 쌓이는 보상 같은 것이라는 것을요. 물론, 지역에서 신뢰를 얻는 과정이 늘 편안하고 아름답게만 흘러가는 것은 아닙니다. 오해도 생기고, 실수도 하고, 때로는 억울한 상황도 찾아옵니다.

어느 날, 민원이 하나 들어왔습니다.

"동네에서 너무 우리 건물만 비싸게 부른다고 어디 가서 대표님 이름을 언급하시면서 불만을 터뜨리는 분이 계십니다."

이야기를 들어보니, 상가 주인 모임에서 제가 제시했던 기준이 그분 귀에는 '내 건물은 별로다'라는 말로 들린 모양이었습니다.

사무실 분위기가 조금 무거워졌습니다.

"대표님, 이럴 때는 어떻게 해야 할까요?"

저는 잠시 생각하다가 직원들을 불러 이렇게 말했습니다.

"우리가 잘못한 부분이 없다고 해도 기분이 상하신 것은 사실입니다. 직접 찾아가서 '사장님 건물을 일부러 깎아내리려고 했던 말은 아니다'라고 차분히 설명합시다. 그리고 앞으로 그 건물에 관한 이야기를 할 때는 더 조심해서 표현합시다."

며칠 뒤, 제가 직접 그 건물주를 찾아갔습니다.

"사장님, 제 말 때문에 마음이 불편하셨다고 들었습니다. 그게 제 의도는 아니었습니다. 다만, 임대료 구조를 말씀드리다 보니 표현이 거칠게 들렸을 수 있습니다."

그분은 처음에는 눈살을 찌푸렸다가 천천히 속마음을 털어놓았습니다.

"나는 내가 이 동네에서 건물 하나만큼은 제대로 지켰다고 생각했는데, 그 기준이 깨지는 것 같아서 섭섭한 마음이 있었습니다."

우리는 그날, 매물 이야기보다 사장님의 '자부심 이야기'를 더 오래 나눴습니다. 돌아오는 길에 저는 스스로한테 이렇게 말했습니다.

'지역의 신뢰는 한 번의 강의, 한 번의 계약, 한 번의 칭찬으로 쌓이는 게 아니라, 때로는 이렇게 오해를 풀고, 사과도 하고, 다시 기준을 맞추는 과정을 거치면서 조금씩 더 두터워지는 거구나.'

그래서 저는 요즘, 지역을 대하는 기준을 이렇게 정리합니다.

'이 동네에서 나와 우리 사무실이 하고 싶은 일은 단순히 '계약서를 많이 쓰는' 게 아니라, '이 동네에 대해 함부로 말하지 않는' 것이다.'

함부로 띄우지 않고, 함부로 깎아내리지 않고, 좋은 것은 좋다고 말하되 위험한 구석까지 함께 보여줄 수 있는 사람. 그런 사람이 하나둘 생겨날수록 그 지역은 조금 더 건강한 표정을 갖게 됩니다. 그리고 시간이 흘렀을 때 누군가는 이렇게 말할 것입니다.

"이 동네 상가 이야기라면, 그래도 저기 사무실에 한번 물어보고 하자."

그 말속에는 가격표에 적히지 않는 가치들이 잔잔하게 숨어 있습니다. 지역의 신뢰는 하루에 만들어지지 않습니다. 한 달에도 완성되지 않고, 어쩌면 1년, 2년으로도 부족할 수 있습니다. 하지만 분명한 것은 있습니다. 오늘 내가 이 동네 사람들에게 어떤 말투로, 어떤 표정으로, 어떤 판단 기준으로 다가갔는지가 언젠가 돌아오는 전화 한 통의 분위기를 완전히 바꿔 놓는다는 것을요.

"대표님, 여기를 꼭 한번 들러 보라고 해서 왔습니다."

이 한 문장을 듣기까지 걸리는 시간은 길고 느릴지 몰라도, 그 과정이 바로 지역에서 경영한다는 말의 진짜 의미에 가장 가까운 시간이 아닐까, 저는 그렇게 믿으면서 오늘도 같은 문을 열고, 같은 동네를 바라봅니다.

사무실을 움직이는 한 문장

동네 신뢰는 이벤트 한 번으로 터지는 폭죽이 아니라, 매일 문 여는 시간과 문 닫는 태도가 쌓여 만든 저축 통장이다.

직원의 말투가 곧 사무실의 브랜드다

아침 8시가 조금 안 된 시간, 사무실에 들어오면 늘 먼저 들리는 소리가 있습니다. 커피머신이 돌아가는 소리, 프린터가 예열되는 소리도 있지만, 제가 가장 신경을 곤두세우고 듣는 것은 사실 따로 있습니다. 직원들끼리 주고받는 첫인사 말투, 그리고 제일 처음 울리는 전화에 응대하는 목소리 톤입니다.

"대표님, 브랜드는 이름이랑 간판에서 나오지 않습니까?"

강의장에서 누군가 이렇게 물을 때마다 저는 늘 비슷한 예를 듭니다.
"간판은 눈에 보이는 이름이고요. 브랜드는 귀에 들리는 말투입니다. 사무실에 처음 전화했을 때 들리는 직원 한 사람의 목소리가 그 사무실에 대한 첫인상을 거의 만들어버립니다."
이것은 강의용 멘트가 아니라, 사무실을 운영하면서 매일 체감하는 현실입니다.

어느 날 아침, 조금 일찍 도착해 사무실에서 홀로 커피를 내리고 있는데, 전화벨이 예상보다 빨리 울렸습니다. 아직 공식 출근 시간 전이라, 유서연 이사와 정민우 본부장은 사무실로 올라오는 중이었고, 9시에 맞춰 출근하는 직원들은 건물 앞쯤 어디에 있을 시간이었습니다. 전화를 받으려는데, 마침 옆자리에서 미리 나와 있던 막내 직원 지현 씨가 수화기를 먼저 들었습니다.

"네, 여보세요. 상가168 중개법인입니다."

여기까지는 좋았습니다. 그런데 잠시 뒤, 제 귀에 걸리는 말이 들렸습니다.

"아, 지금 담당자가 바빠서요."

순간, 저는 커피잔을 책상 위에 조용히 내려놓았습니다. 전화는 몇 마디 더 오가다가 곧 끊겼습니다. 지현 씨는 별일 아니라는 듯 수화기를 내려놓고 다시 컴퓨터를 켰고, 저는 말없이 메모지를 한 장 꺼내 방금 들은 표현을 조용히 적어 두었습니다. '지금 담당자가 바빠서요' 이 말은 생각보다 많은 의미를 품고 있습니다.

'당신 전화를 받을 만큼 한가하지 않다.'

'우리는 이미 할 일이 많아서 새 고객은 조금 번거롭다.'

의도야 어땠든, 상대에게 전해지는 메시지는 이런 쪽에 가깝습니다. 사실 그 순간, 지현 씨는 그냥 "담당자가 아직 출근 전인데, 연락처를 남겨 주시면 꼭 다시 연락드리겠습니다" 정도의 말을 하고 싶었을 것입니다. 하지만 짧은 말 습관 하나가 그 전화기 너머 사람에게는 사무실 전체 분위기로 늘려버립니다. 저는 그 통화를 그냥 흘려보내지 않기로 했습니다.

잠시 뒤, 유서연 이사와 정민우 본부장이 차례로 들어왔습니다.

"대표님, 오늘은 일정이 좀 타이트합니다. 오전에 상가 주인 미팅 두 건, 오후에 임차인 쪽 상담 세 건이 잡혀 있습니다."

정 본부장이 태블릿을 보여주며 일정을 설명하는 동안에도 제 머릿속에서는 아까 그 문장이 계속 맴돌고 있었습니다.

"좋습니다. 그런데 오늘 일정을 이야기하기 전에 아주 사소한 것부터 하나 짚고 넘어가야겠습니다."

저는 아까 적어 둔 메모지를 들어 보였습니다.

〈지금 담당자가 바빠서요.〉

직원들이 동시에 저를 바라봤습니다.

"혹시, 아까 이 표현을 쓴 분이 누구십니까?"

지현 씨가 놀란 표정으로 손을 들었습니다.

"아… 대표님, 제가 무심코 그랬던 것 같습니다. 죄송…."

저는 손을 살짝 내저었습니다.

"책임을 묻고 싶은 게 아닙니다. 우리 사무실의 말투를 점검해보고 싶은 겁니다. 만약 여러분이 고객이라면 사무실에 처음 전화를 걸었는데 '지금 담당자가 바빠서요'라는 말을 들으면 어떤 느낌이 드나요?"

유서연 이사가 먼저 입을 열었습니다.

"일단, 제가 방해하는 사람 같다는 느낌을 받을 것 같습니다. '아, 바쁠 때 전화했구나' 하고요."

정 본부장이 뒤를 이었습니다.

"두 번째는… '새로운 고객은 조금 귀찮게 생각하나?' 하는 생각이 들 수도 있을 것 같습니다."

저는 고개를 끄덕였습니다.

"맞습니다. 말 한마디로 사무실의 인상이 정리됩니다. 우리가 투자해서 멋진 간판을 달고, 블로그에 좋은 글을 올려도, 전화 받을 때 이렇게 말하면, 그 사람 머릿속에는 '아, 여기는 좀 바쁘고 차가운 곳 같다'라는 브랜드 이미지가 생깁니다. 그래서 오늘은 우리 사무실의 브랜드를 새로 만든다는 마음으로, '직원 말투 점검 회의'를 잠깐 하겠습니다."

저는 화이트보드에 크게 한 줄을 적었습니다.

〈우리 사무실은 어떤 말투로 이야기하는가?〉

그리고 직원들에게 하나씩 질문을 던졌습니다.

"첫 번째, 우리가 손님 전화를 받을 때 절대 쓰지 말아야 할 말은 무엇인지, 떠오르는 대로 말해보시겠습니까?"

사무실이 잠깐 조용해지더니 여기저기서 손이 올라오기 시작했습니다.

"지금 바빠서요."

"그건 저희 일이 아닙니다."

"그냥 네이버에 검색해보시면 돼요."

"그런 건 잘 모르겠습니다."

저는 나오는 말마다 옆에 짧은 표시를 달아 두었습니다.

"좋습니다. 이제 두 번째 질문입니다. 우리가 실제로 현장에서 상담할 때 쓰는 말 중에 '이 말은 우리 사무실 말투라고 내세워도 좋겠다' 싶은 문장은 뭐가 있을까요?"

정 본부장이 손을 들었습니다.

"저는 '일단 걱정하시는 부분부터 먼저 이야기해보시죠'라는 말을 자주 씁니다."

유 이사가 뒤이어 말했습니다.

"저는 '이게 사장님께 맞는 선택인지, 같이 한번 따져 보겠습니다'라고 자주 말씀드립니다."

다른 직원들도 하나씩 내놓았습니다.

"지금 결정 안 하셔도 됩니다. 차분히 보시죠."

"손해 보는 계약은 아니어야 하니까 제가 아는 한도 내에서는 다 말씀드리겠습니다."

저는 그 말을 들으면서 제 안에서 조용히 정리가 되는 느낌을 받았습니다.

'그래, 우리가 현장에서 쓰는 말투는 이렇게 따뜻하고 조심스러운데, 왜 전화만 받으면 딱딱하거나 바쁜 사람처럼 들릴까?'

결국 문제는 기술이 아니라, '의식하지 않은 순간에 튀어나오는 말 습관'이었습니다. 잠시 뒤, 저는 아까의 문장을 지우고 다른 문장을 적었습니다.

〈손님의 귀에 먼저 닿는 사람 = 사무실의 얼굴〉

그리고 지현 씨를 바라보며 말했습니다.

"지현 씨, 오늘 아침 전화를 받을 때 어떤 마음이었는지 솔직하게 이야기해주시겠습니까?"

지현 씨가 고개를 숙였다가 천천히 말을 꺼냈습니다.

"사실, 갑자기 전화가 오니까 좀 당황했습니다. 담당자분들은 아직 다 출근 전이고, 제가 내용을 제대로 모르는 상태라 '괜히 잘못 말씀드리면 어떡하나?'라는 생각이 먼저 들어서요. 그래서 본능적으로 '지금은 바쁘다'라고 거리를 둔 것 같습니다. 시간을 벌고 싶었던 건데, 돌이켜 보니 듣는 분 입장에서는 '당신 전화를 받을 여유가 없다'로 들렸을 수 있을 것 같습니다."

저는 고개를 끄덕였습니다.

"사실 지현 씨만의 문제가 아닙니다. 새로 들어온 직원 중 상당수가 비슷한 실수를 합니다. 그리고 저도 예전에 현장에서 일할 때, 피곤한 날에는 비슷한 말투를 썼던 기억이 있습니다. 그래서 오늘 이 자리에서 우리 사무실에 딱 맞는 '첫인사 말투'를 같이 만들고 싶습니다."

저는 다시 화이트보드에 문장을 적었습니다.

〈안심시키되 시간을 확보하는 말투〉

"자, 그러면 우리가 원하는 방향은 정해졌습니다. 이제 실제 문장을 같이 짜보겠습니다."

우리는 그 자리에서 여러 표현을 놓고 실험을 해봤습니다. '지금 담당자가 바빠서요'를 어떻게 바꾸면 좋을지, 각자 한 문장씩 제안해보라고 했습니다.

"담당자가 지금 외근 중인데, 연락처를 남겨 주시면 30분 안에 꼭 연락드리겠습니다."

"상세하게 도와드려야 해서 담당자분께 정확히 전달을 드리고 연락드리겠습니다. 성함과 편한 시간을 알려주시겠습니까?"

"상담이 조금 길어질 수 있는 내용이라, 담당자와 시간을 맞춰서 차분히 안내를 드리면 좋을 것 같습니다."

이런 문장들을 칠판에 적어 놓고, 하나씩 소리 내어 읽어 봤습니다. 그리고 마지막으로, 서로에게 질문을 던졌습니다.

"내가 고객이라면, 이 말을 듣고 어떤 기분이 들까?"

"갑자기 끊으려는 느낌인가? 아니면 내 이야기를 제대로 듣기 위해 준비하는 느낌인가?"

조금의 수정 끝에, 우리는 결국 이런 문장을 골랐습니다.

"지금 담당자가 외근 중이어서요. 고객님 상황을 정확히 전달을 드리고, 30분 안에 꼭 연락드리겠습니다. 성함과 연락처를 남겨 주시면, 최대한 고객님 일정에 맞춰 도와드리겠습니다."

완벽한 문장은 아닐지 몰라도, 최소한 '바빠서요'라는 말 대신 '도와드리기 위해 시간을 확보하겠다'라는 의지가 담겨 있었습니다. 저는 직원들을 향해 말했습니다.

"앞으로 우리 사무실에서 '지금 담당자가 바빠서요'라는 말은 금지어입니다. 대신, '어떻게 하면 제대로 도와드릴 수 있을까?'를 담은 문장으로 바꿉시다. 이게 바로 우리 사무실 브랜드의 말투입니다."

그날 오후, 실제로 비슷한 상황이 한 번 더 찾아왔습니다. 점심시간이 조금 지난 뒤 사무실 전화가 다시 울렸고, 이번에도 지현 씨가 전화를 받았습니다. 저는 굳이 옆에 서 있지 않고, 자리에서 조용히 서류를 넘기며 귀만 기울였습니다.

"네, 상가168 중개법인입니다."

"아, 상가 하나 문의드리려고 하는데요…."

"네, 고객님. 도와드리겠습니다. 지금 상가 담당자가 현장에 나가 있는 상황이라, 고객님 상황을 정확히 전달드리고 30분 안에 다시 연락드리겠습니다. 성함과 연락처, 그리고 편하신 시간대를 알려주시면, 그때 맞춰서 자세히 안내해드려도 괜찮으실까요?"

잠시 정적이 흐른 뒤, 수화기 너머에서 부드러운 웃음소리가 들렸습니다.

"아, 네. 그러면 제 이름은 ○○○, 연락처는 010-○○○○-○○○○ 입니다. 이렇게 자세히 말씀해주시니까 믿음이 가네요."

지현 씨는 통화를 마치고 살짝 긴 숨을 내쉬었습니다. 그리고 제 쪽을 바라보며 조심스럽게 웃었습니다.

"대표님, 아까보다 훨씬 나았던 것 같습니다."

저는 엄지를 들어 보였습니다.

"지금 그 통화 하나가 우리 사무실 브랜드를 바꿔 놓은 겁니다. 전화기 너머의 한 사람이 '여기는 바쁜 사무실'이 아니라 '내 이야기를 제대로 들어줄 준비가 된 사무실'이라고 느끼셨을 겁니다."

며칠 뒤, 정민우 본부장이 흥미로운 이야기를 가지고 왔습니다.

"대표님, 며칠 전 외근 나갔을 때 만났던 손님 기억나십니까? 오늘 다시 연락이 왔는데요. 이분이 이런 이야기를 하셨습니다. '처음 전화했을 때 받으셨던 직원분 말투가 참 편안해서, 그냥 한번 만나보자고 마음먹었습니다'라고요."

유서연 이사가 웃으면서 덧붙였습니다.

"요즘 들어 그런 말씀을 하시는 분들이 조금씩 늘고 있는 것 같습니다. '전화 받는 분이 친절하시더라', '상담 예약할 때부터 숨이 덜 차더라' 같은 이야기요."

저는 그 말을 들으면서 브랜드는 결국 '소소한 장면들의 합'이라는 생각이 들었습니다. 상담실에서 제가 아무리 좋은 말을 해도 문 앞에서, 전화기 앞에서, 카운터에서 직원들 말투가 거칠거나 차갑게 느껴지면, 고객은 '이 사무실은 나와 안 맞는다'라는 결론을 내립니다. 반대로, 대표가 차분한 말투를 유지하려고 아무리 애써도, 직원들의 말투가 전혀 다른 방향을 향하고 있으면, 고객의 머릿속에는 '대표는 좋은데, 사무실 분위기는 좀 딱딱하다'라는 이상한 이미지가 남게 됩니다. 그래서 저는 언젠가부터 이렇게 정리해서 말하곤 합니다.

"대표 한 사람의 말투는 철학이고, 직원 한 사람의 말투는 브랜드다."

대표가 사무실이 지향해야 할 방향을 결정한다면, 직원은 그 방향을 실제로 고객의 귀에 들리게 만드는 사람입니다. 그리고 고객은 철학이 아니라, 결국 들리는 목소리와 느껴지는 분위기로 선택합니다.

어느 저녁, 사무실이 조금 한가해졌을 때 저는 직원들을 모아 작은 실습을 하나 더 했습니다. 이번에는 각자 휴대폰으로 자신이 실제로 상담했던 통화 내용을 기억나는 대로 재연해보라고 했습니다. 그리고 '이 말투는 우리 사무실 브랜드로 남겨도 좋겠다' 싶은 장면과 '이 말투는 지금이라도 버리고 싶다' 하는 장면을 나눠 보게 했습니다.

한 직원이 이렇게 말했습니다.

"저는 예전에 '그건 안 됩니다'라고 딱 잘라 말해버린 적이 있습니다. 지금 생각해보면, '이런 이유 때문에 어렵습니다. 대신 이런 방향은 가능하실 수 있습니다'라고 말했어야 했겠구나 싶습니다."

또 다른 직원이 말했습니다.

“어느 날은 제가 기분이 조금 안 좋아서 고객님께서 같은 질문을 두 번 여쭤보셨을 때 ‘아까 말씀드렸잖아요’라고 해버린 적이 있습니다. 그 뒤로는 그 말만큼은 절대 쓰지 않겠다고 마음먹었습니다.”

이런 이야기들이 쌓여가면서, 우리 사무실만의 말투 기준이 조금씩 또렷해졌습니다. 저는 화이트보드에 마지막으로 이렇게 썼습니다.

〈우리가 지키고 싶은 사무실 말투

① ‘시간 괜찮으십니까?’로 시작하는 말투

② ‘차분히 같이 보자’라고 제안하는 말투

③ ‘안전한 선택인지 먼저 따지자’라고 권하는 말투

④ ‘지금 결정 안 하셔도 된다’라고 말할 수 있는 말투〉

그리고 그 아래에 이렇게 덧붙였습니다.

〈이 네 가지 틀 안에서 말을 주고받으면, 고객이 어디에서 우리를 만나든 ‘아, 여기는 사람에 대한 기본 태도가 같다’라고 느끼실 것입니다. 그 느낌이 바로 브랜드입니다.〉

브랜드를 이야기하면 사람들은 종종 로고, 간판, 슬로건을 떠올립니다. 하지만 중개법인, 부동산 사무실처럼 사람이 전면에 서는 업종에서 브랜드란, 결국 직원 한 사람 한 사람의 말투가 아니라면 다른 무엇으로 설명할 수 있을까 하는 생각을, 요즘 더 자주 하게 됩니다. 그래서 매일 아침, 간판 불이 제대로 켜지는지 확인하는 것만큼이나 직원들의 “안녕하세요. 상가168 중개법인입니다”라는 첫 문장이 어떤 온도로 흘러나오는지를 귀로 듣고, 마음으로 점검하려고 합니다.

경영의 언어는 숫자만으로는 완성되지 않습니다. 사무실 문을 여는 순간부터 전화기 너머로, 상담실에서, 복도에서 흘러나오는 직원들의 말투가 곧 우리 사무실의 얼굴이고, 고객 머릿속에 오래 남는 브랜드 색깔이 됩니다.

사무실을 움직이는 한 문장

사장이 아무리 멋지게 말해도 직원의 한마디가 퉁명스러우면, 고객 머릿속에는 그 말투가 브랜드로 저장된다.

한결같음이 결국 **브랜딩을 완성한다**

어느 수요일 저녁이었습니다. 사무실 문을 닫고 난 뒤, 책상 위에 쌓인 서류를 정리하고 있는데 카카오톡 알림이 두 번 연달아 울렸습니다. 하나는 유서연 이사가 보낸 캡처 화면이었고, 다른 하나는 정민우 본부장이 올린 짧은 메시지였습니다. 유 이사가 보낸 캡처에는 이런 글이 적혀 있었습니다.

〈상가168 중개법인, 몇 년이 지나도 말투가 똑같다. 좋게 말하면 늘 차분하고, 괜히 급하게 밀어붙이지 않는다. 그래서 나 같은 소심한 사람은 여기랑 맞는 것 같다.〉

어디서 본 후기냐고 물었더니, 예전에 한 번 거래했던 임차인이 개인 블로그에 올린 글이라고 했습니다. 정 본부장의 메시지에는 이런 문장이 적혀 있었습니다.

〈대표님, 오늘 강의 다녀오신 구청에서 또 같은 이야기를 들었습니다. '교수님은 몇 년째 내용은 조금씩 바뀌어도, 공인중개사 이야기를 하실 때 톤이 늘 한결같다'라고요. 그게 저는 제일 큰 장점이라고 생각합니다.〉

두 메시지를 번갈아 보다가 문득 웃음이 났습니다. 요즘 세상은 새롭고 자극적인 것들이 브랜드처럼 이야기되지만, 막상 우리 사무실을 오래 기억해주는 사람들의 말을 가만히 들어보면 "늘 비슷하다", "왠지 안 바뀐다", "예전과 같다"라는 표현이 제일 앞에 나옵니다. 그 말속에 담긴 감정을 잘 들여다보면, 사람들이 우리에게 기대하는 것은 대단한 혁신이 아니라 '언제 연락해도, 예전과 비슷한 온도로 받아줄 것 같은 곳'이라는 안도감에 가깝습니다. 이것은 결국 한결같음이 만들어내는 브랜딩입니다.

며칠 전, 면접을 보러 온 지원자 한 명이 이런 이야기를 했습니다.

"대표님, 사실 제가 이 사무실에 지원한 이유가 하나 있습니다. 인스타그램 글을 한참 내려보면서 읽어 봤는데 글마다 표현은 조금씩 달라도 톤이 묘하게 다 똑같다는 느낌을 받았습니다. '요란하게 말하지 않는다', '책임지는 말을 한다', '상대방을 탓하지 않는다', 이 세 가지가 느껴져서, 이런 말투가 나오는 사무실이라면 배울 게 많겠다고 생각했습니다."

그 말을 듣는 순간, 저는 잠깐 말문이 막혔습니다. '아, 우리가 일부러 만든 콘셉트는 아닌데….' 그러다가 곧 생각을 바꿨습니다. 별로 의식하지 않고 써온 글들이 어딘가 한방향을 가리키고 있었다는 것은 결국 그 안에 제가 오랫동안 손에서 놓지 않은 기준이 조금씩 녹아 있었기 때문일 것입니다. 한결같음은 '바꾸지 않겠다고 고집하는 태도'라기보다 '중요한 것을 정해놓고 상황이 바뀌어도 그 자리를 지키려 하는 마음'에 가깝습니다. 그리고 그 마음이 조용히 쌓여서 브랜드가 됩니다.

어느 날 오후, 정 본부장이 회의 자료를 들고 제 자리에 왔습니다.

"대표님, 요즘 같은 불황에는 브랜딩도 좀 세게 가야 하지 않겠습니까? 유튜브도 그렇고, 인스타그램도 그렇고 눈에 띄어야 사람들이 볼 것 같습니다."

그 말이 틀린 말은 아니었습니다. 그래서 저는 먼저 고개를 끄덕이고 물었습니다.

"민우 본부장 생각에는 우리가 지금까지 보여준 이미지는 어떤 쪽입니까?"

정 본부장이 조금 생각하다가 말했습니다.

"조금은 차분하고, 설명이 길지 않고, 손님의 편을 먼저 들어주는 쪽이라고 생각합니다."

"그럼 '세게 간다'라는 것은 우리 말투를 바꾸자는 뜻입니까? 아니면 보여주는 방식만 조금 바꾸자는 뜻입니까?"

정 본부장이 웃었습니다.

"말투까지 바꾸자는 것은 아닙니다. 다만, 요즘은 짧은 영상이든 이미지든 처음 1, 2초 안에 확 들어오게 만들어야 하니까 형식적인 부분에서 조금 더 눈에 띄게 만들면 어떨까, 해서 말씀드렸습니다."

그래서 우리는 그날, '브랜딩'이라는 단어에 관해 이야기를 길게 나눴습니다. 결론은 단순했습니다.

"내용과 기준은 한결같이, 보여주는 방법은 시대에 맞게."

말과 태도, 상담 순서는 쉽게 바꾸지 않되 색감이나 이미지, 전달 채널은 요즘 사람들의 눈높이에 맞게 조금씩 조정하자는 뜻이었습니다. 한결같음과 변화는 서로 반대편에 서 있는 개념이 아니라, '안 바꾸는 것'과 '바꾸는 것'을 명확히 나눠야만 브랜딩이 길게 간다는 의미입니다. 브랜딩이라는 말을 조금 더 현실적인 장면으로 바꿔 보면 이렇습니다.

어느 날, 5년 전부터 거래를 이어 온 건물주 한 분이 사무실에 들르셨습니다. 처음 우리 사무실 문을 여셨을 때는 지역에 새로 투자한 상가가 하나뿐이었는데, 지금은 인근에만 세 채를 더 사셨고, 세입자와의 분쟁, 재계약, 공실 관리까지 웬만한 일은 다 겪어본 분입니다. 그 건물주님이 소파에 앉자마자 이렇게 말씀하셨습니다.

"대표님, 여기는 참 이상해요. 좋게 말하면 5년 전이랑 똑같고, 나쁘게 말해도 5년 전이랑 똑같습니다."

순간, 웃어야 할지 긴장해야 할지 판단이 잘 안 됐습니다.

"어떤 부분이 그러십니까?"

"일단, 상담받을 때 질문하는 순서가 늘 같아요. '사장님이 진짜 걱정하는 게 뭐냐?', '이번 계약에서 절대 양보 못 하는 선은 어디냐?', '혹시 이 계약으로 후회할 수 있는 지점은 어디라고 생각하시냐?', 이 세 가지를 꼭 물어보시더라고요. 그리고 계약서를 쓸 때도 항상 '사장님이 나중에 감정 상할 수 있는 부분'을 먼저 짚어 주시고요. 5년 동안 세입자도 바뀌고, 시세도 바뀌고, 세금도 복잡해지고, 세상은 많이 바뀐 것 같은데 대표님이 저한테 건네는 질문과 조언하는 방식은 거의 안 바뀌었습니다. 그래서 저도 웬만하면 다시 여기 와서 상의하게 되는 것 같습니다."

그 말을 듣고 나서 저는 속으로 조용히 정리했습니다.

'아, 이분이 기억하는 것은 우리가 했던 화려한 설명이 아니라, 언제 와도 비슷한 온도로 이어지는 질문과 태도의 순서구나.'

고객 입장에서 한결같음이란 '이 사무실에 오면 내 이야기를 이 순서대로 들어준다'라는 예측 가능함을 의미합니다. 그리고 그 예측 가능함이 시간이 지나면 '믿음'이라는 단어로 바뀝니다. 브랜딩을 너무 어렵게 생각할 필요는 없습니다. 동네 국밥집이 수십 년 동안 사랑받는 이유를 떠올려 보면 금방 이해가 됩니다. 간판이 특별해서가 아니라 '언제 가도 국물이 같은 맛이다'라는 신뢰가 쌓였기 때문입니다. 부동산 사무실도 마찬가지입니다. 고객은 사실 우리 로고 모양을 잘 기억하지 못합니다. 하지만 이런 것은 기억합니다.

'저 사무실은 늘 설명이 먼저가 아니라 질문이 먼저였다.'

'계약을 서두르지 않고, 내가 망설이면 한 번 더 정리해줬다.'

'계약이 끝나고도 전화가 한 번 더 와서 '그 뒤로는 괜찮으십니까?'라고 물어봐줬다.'

이런 장면들이 반복되면 그게 바로 브랜드 색깔이 됩니다. 그리고 그 색깔은 대단히 세련된 문구 없이도 사람들 입에서 입으로 흘러갑니다.

"거기는 좀 느리지만, 후회는 덜 하게 해주는 사무실이다."

저는 이 말을 우리 사무실이 지향하는 한 문장 중 하나로 받아들이고 있습니다. 빠르게 계약을 쌓는 사무실이라는 평가보다, 한번 계약하면 오래가는 사무실이라는 말이 더 큰 자산이라고 믿기 때문입니다.

어느 날, 서울에서 강의를 마치고 내려오는 길에 우리 중개법인 명함을 한참 동안 들여다본 적이 있습니다. '상가·빌딩 전문 중개법인' 문구 자체는 특별할 게 없었습니다. 그런데 가만히 생각해보니 이 명함 한 장에 들어 있는 의미는 시간이 지날수록 조금씩 더 무거워지고 있었습니다. '전문'이라는 단어를 쓰려면, 실력만 갖추면 되는 게 아니라 태도와 기준, 말투까지 함께 쌓여야 한다는 것을 사무실을 운영할수록 더 절감(切感)했기 때문입니다. 결국 한결같음은 '우리는 이 방향으로 가겠다'라는 선언이자, 그 선언을 몇 년이고, 어쩌면 수십 년까지 지켜보겠다는 약속입니다. 그리고 그 약속이 지켜질 때 사람들은 그 사무실을 '브랜드'로 부르기 시작합니다.

마지막으로, 저는 사무실 벽에 붙어 있는 작은 포스트잇을 떠올립니다.

〈오늘도 같은 말, 같은 순서, 같은 마음으로〉

누가 적었냐고 묻는다면, 아마 저와 직원들 모두의 필체가 조금씩 섞여 있을 것입니다. 누군가는 전화 응대에서, 누군가는 현장 보고서에서, 누군가는 계약서 작성 순서에서, 각자의 자리에서 한결같음을 붙잡고 있기 때문입니다. 브랜딩은 어느 날 갑자기 멋진 캠페인 하나로 완성되는 게 아니라, 사무실 안에서 매일 반복되는 사소한 장면들이 같은 방향을 가리킬 때 비로소 이름을 얻게 되는 것이라고 확신합니다.

사무실을 움직이는 한 문장

브랜딩은 새로운 것을 자꾸 시도하는 데서가 아니라, 잘하는 몇 가지를 지겹도록 반복하는 데서 완성된다.

7장

사무실을 넘어,
나 자신을
경영하라

사무실의 한계는 **대표의 성장 한계와 같다**

비가 그친 밤이었습니다. 서울에서 법정연수교육을 마치고 세종으로 내려와 보니, 사무실 시계가 밤 8시를 조금 넘기고 있었습니다. 직원들은 이미 다 퇴근했고, 복도 끝까지 형광등이 반만 켜져 있어서인지, 익숙한 공간인데도 조금 낯설게 느껴졌습니다. 저는 습관처럼 커피머신 쪽으로 먼저 걸어갔습니다. 이탈리아에서 들여온 머신은 하루에도 몇 번씩 우리 사무실을 소개해주는 조용한 배우 같은 존재라, 밤늦게 불을 켤 때면 괜히 '오늘도 수고했다'라는 말을 해주고 싶어지곤 합니다. 에스프레소 한 잔을 뽑아 들고 제 자리로 돌아와 앉았을 때, 책상 한쪽에 쌓여 있는 강의안 뭉치와 다른 쪽에 놓인 사무실 월간 실적표가 동시에 눈에 들어왔습니다.

"서울에서는 잘하는 교수님으로 불러 주시는데, 이 사무실에서는 아직도 '성장 중인 대표님'이네."

나지막이 중얼거리고 나니 웃음인지, 한숨인지 모를 소리가 같이 나왔습니다. 사무실 매출은 분명 몇 년 전보다 많이 늘어 있었습니다. 중개법인으로 전환하고, 직원도 둘에서 시작해 지금은 여러 명이 됐고, 강의도 전국에서 들어오는 통에 일정표는 늘 꽉 차 있습니다. 겉으로 보면 '성공했다'라는 말까지 들을 만한 상황인데, 어느 날부터인지 마음 한구석에서 자꾸 이런 생각이 떠올랐습니다.

'이 사무실이 여기서 더 커질 수 있을까?'

그리고 조금 더 솔직해지면, 질문은 이런 문장으로 바뀌었습니다.

'혹시… 내가 여기까지인 것은 아닐까?'

며칠 전, 정민우 본부장이 퇴근 무렵 제 자리에 조심스럽게 앉았던 날이 있었습니다.

"대표님, 괜찮으시면 말씀 하나 드려도 될까요?"

표정이 평소와 조금 달라 보여서 저는 컵을 내려놓고 의자를 그쪽으로 돌렸습니다.

"그럼요. 이야기해보세요."

정 본부장은 잠깐 숨을 골랐습니다.

"요즘 직원들끼리 하는 이야기를 듣다 보면… 사무실이 잘 돌아가긴 하는데, 왠지 더 이상 '점프'는 없을 것 같다는 이야기가 가끔 나옵니다."

"점프?"

"네. 계약은 꾸준히 나오고, 강의 문의도 계속 들어오고, 대표님 일정은 더 바빠지고 있는데, 이 구조대로라면 우리는 앞으로도 비슷한 레벨에서 빙빙 돌 것 같다는 느낌이 든다는 겁니다. 솔직히 말씀드리면, 저도 가끔 그렇게 느낍니다."

순간 마음이 쿡 하고 찔렸습니다.

"그 말은 제가 뭔가를 막고 있다는 말이네요?"

농담처럼 웃으며 되물었지만, 제 목소리에서도 미세한 긴장이 묻어 나왔는지 정 본부장은 고개를 살짝 끄덕였습니다.

"대표님이 막는다는 뜻보다는… 대표님이 너무 바쁘셔서 사무실이 대표님 속도를 넘어서지 못하는 것 같다는 느낌입니다. 대표님이 성장하는 만큼 우리가 커가고, 대표님이 바쁘게 빙빙 돌 때는 우리도 그 안에서만 돌아가는 것 같은… 그런 느낌이랄까요?"

말끝에 붙어 있는 조심스러움을 느끼면서도 저는 그 말이 꽤 정확하다는 것을 알고 있었습니다. 조금 더 시간이 지나서 이번에는 유서연 이사가 다른 방향에서 비슷한 이야기를 꺼냈습니다.

"대표님, 질문 하나 드려도 될까요?"

유 이사는 언제나처럼 정리된 표정으로 제 앞에 앉았습니다.

"사무실이 앞으로 3년 뒤에 어떤 모습이면 좋겠다고 생각하세요?"

"3년 뒤요?"

"네. 강의는 지금보다 더 많아져 있을 테고, 중개법인 매출도 지금보다 늘어 있을 텐데, 대표님 개인은 그때 어떤 상태로 일하실 것 같은지 궁금했습니다. 지금처럼 하루 종일 강의를 뛰고, 밤마다 사무실을 돌아와서 서류를 확인하고, 직원들 상담은 자투리 시간에만 해주시는 그런 모습인지, 아니면 조금 다른 그림을 그리고 계신지요?"

저는 잠시 말문이 막혔습니다. 머릿속에서 떠오르는 그림이 선명하지 않았기 때문입니다.

"왜 그런 질문을 해요?"

"요즘 직원들이 자기 성장계획표를 쓰다가 마지막 칸에 '3년 뒤 우리 사무실은 어떤 모습일까?'라는 부분에서 많이 막힙니다. 대표님이 그려주시는 그림이 필요하다는 생각이 들었습니다. 그림이 있어야 우리가 그 안에서 각자 어디까지 자라야 할지 감이 올 것 같아서요."

그 말을 듣는데, 오히려 제가 면접 보는 지원자처럼 느껴졌습니다.
'대표라는 자리가 사무실 월세를 내고, 직원들 월급을 주는 책임만 의미하는 게 아니구나. 이 사람들 앞에서 내가 어디까지 성장하려고 하는지 그 방향을 보여주는 자리가 대표구나.'

머릿속으로만 알고 있던 문장이 가슴으로 들어오는 순간이었습니다. 돌이켜 보면, 사무실이 가장 빠르게 성장하던 시기는 아이러니하게도 제가 가장 열심히 '배우던' 때였습니다. 새벽에 서울로 올라가 다른 중개법인 대표들을 만나고, 저녁에는 앞선 선배들을 찾아다니며 "이 부분은 어떻게 하셨습니까?"를 되묻던 시절. 강의장 뒤편에 서서 다른 강사가 어떻게 말을 풀어가는지 유심히 보던 시절. 그때는 사무실도 매년 새로운 국면을 맞았습니다. 거래 금액이 튀어 오르고, 오피스에서 상가로, 상가에서 건물로, 담당하는 자산도 조금씩 업그레이드됐습니다.
그런데 어느 순간부터 저는 강의와 실무, 경영이라는 세 개의 축을 '버티는 것'에만 신경 쓰기 시작했고, '내가 더 성장하려면 무엇을 배워야 할까?'라는 질문 대신, '이 구조를 어떻게 버틸까?'라는 생각을 더 많이 하게 됐습니다. 그렇게 '성장 모드'에서 '유지 모드'로 내 마음속 기어를 바꾸는 동안, 사무실도 비슷한 속도로 성장의 속도를 줄이고 있었던 것입니다. 대표의 시야가 넓어지는 만큼 사무실이 다루는 일의 폭도 넓어지고, 대표의 몸과 마음이 한계에 걸리면 사무실도 그 지점에서 같이 멈춰버린다는 사실을 서서 실감하고 있었습니다. 사무실의 한계는 결국 대표의 성장 한계와 닿아 있다는 말이 더 이상 추상적인 문장이 아니게 된 순간입니다.

그날 밤, 저는 노트를 한 권 꺼내 이렇게 적어 내려가기 시작했습니다. 첫 장에는 크게 한 줄을 썼습니다.

〈사무실이 막히면, 먼저 대표부터 점검한다.〉

그리고 그 아래에 조용히 항목들을 나열했습니다.

〈내가 지금 멈춰 있는 이유는 무엇인가?
내가 요즘 가장 많이 붙잡고 있는 변명은 무엇인가?
내가 다시 배우고 싶은 주제는 무엇인가?
몸과 마음을 회복시키는 루틴은 잘 작동하고 있는가?
지금 내 옆에서 솔직하게 조언해줄 사람이 있는가?〉

이 질문들을 적어 놓고 보니 한 가지 사실이 분명해졌습니다. 요즘 들어 사무실 이야기를 할 때는 누구에게든 길게 할 수 있으면서, 정작 제 성장에 대해서는 깊게 나눌 상대를 거의 만들지 않았다는 점이었습니다.

'결국, 나부터 경영해야 하는 거구나.'

대표의 감정과 체력, 대표의 공부와 생각의 깊이, 대표의 인간관계와 습관. 이 모든 것을 하나의 '회사'라고 생각하고, 체계적으로 관리하는 사람이 결국 사무실의 상한선을 결정짓는다는 것을 이제야 조금씩 인정하게 됐습니다.

다음 날 아침, 저는 출근 시간을 평소보다 조금 앞당겼습니다. 이른 시간이라 사무실은 아직 조용했고, 커피머신에서 나는 소리만 공간을 깨우고 있었습니다. 에스프레소를 한 모금 마신 뒤, 화이트보드 한쪽에 작은 칸을 만들었습니다. 제목을 이렇게 적었습니다.

〈김명식 대표 성장 노트〉

그리고 그 아래에 그날그날 제가 체크할 항목을 적기 시작했습니다.

〈오늘 내가 새로 배우거나 점검할 주제 하나
오늘 직원들보다 먼저 꺼내서 나눌 나의 고민 한 줄
오늘 강의/상담에서 일부러 줄일 말버릇 하나
오늘 몸을 위해 지킬 약속 한 가지(수면, 식사, 걷기 등)〉

정민우 본부장과 유서연 이사가 출근해서 이 칸을 보고 웃었습니다.

"대표님, 드디어 대표님 칸이 생겼네요."

"그동안은 직원 성장표만 관리하고, 정작 대표님 성장은 마음속으로만 하셨잖아요."

저도 웃으면서 말했습니다.

"사무실이 어디까지 클지는 결국 대표가 어디까지 자라느냐에 달려 있는 것 같습니다. 그래서 이제부터는 여러분 성장표만 보지 말고, 제 성장표도 같이 봐주셔야겠습니다. 제가 멈춰 있는 것 같으면, 먼저 이야기해주세요."

그 말을 하면서도 조금은 쑥스러웠습니다. 하지만 이상하게도 사무실 공기가 그 순간 조금 부드러워지는 느낌이 들었습니다. 대표가 '완성된 사람'처럼 굳어 있지 않고, 함께 자라는 사람으로 자리를 잡을 때, 직원들도 조금 덜 긴장한 얼굴로 자기 한계를 털어놓을 수 있게 되는 것 같습니다.

어느 날은 이런 일도 있었습니다. 서울에서 강의를 마치고 내려왔더니, 사무실 난제 채팅방에 직원들이 서로의 성장 목표를 공유한 기록이 남아 있었습니다. 정 본부장은 〈올해 안에 건물주 세 분과 장기적인 자산 플랜 상담을 직접 리딩해보기〉를 적어 두었고, 유 이사는 〈상가 계약뿐 아니라 임대인·임차인 갈등 조정 케이스를 연간 열 건 이상 경험해보기〉를 써두었습니다. 그 아래에 김경미 과장은 이렇게 적어 놓았습니다.

〈재무·세무 설명을 대표님 없이 고객에게 직접 열 번 이상 해보기. 단, '어려운 말'이 아니라 고객이 이해할 수 있는 말로 설명하기〉

그리고 마지막 줄에 직원 중 한 명이 이런 문장을 덧붙였습니다.

〈대표님도, 본인 성장 목표 한 가지를 단체방에 공유해주세요.〉

그 메시지를 읽는데 묘하게 뭉클했습니다. '사무실의 한계는 대표의 성장 한계와 같다'라는 말이 이제는 저 혼자 고민하는 문장이 아니라, 우리 사무실 전체가 함께 확인하고 싶은 기준이 되어가고 있다는 느낌이 들었기 때문입니다. 그래서 저는 잠깐 고민하다가 이렇게 답장을 보냈습니다.

〈올해 안에 직원들 앞에서 제 실수와 한계를 먼저 이야기하는 날을 열두 번 만들겠습니다. 강의와 상담 비율을 조정해서 제가 사무실 안에서 여러분과 보내는 시간을 더 늘려 보겠습니다. 제 건강 루틴을 바로잡아서 대표가 먼저 지치지 않는 사무실을 만들겠습니다.〉

메시지를 보내고 나니 직원들이 〈좋습니다〉, 〈기대됩니다〉 같은 답을 보내왔습니다. 그 답을 보면서 저는 조용히 생각했습니다.

'사무실은 결국 공간이 아니라, 함께 자라기로 약속한 사람들의 집합이구나. 그리고 그 집합의 상한선을 정하는 사람은 대표가 아니라, 성장하려고 애쓰는 대표의 '태도'이겠구나.'

그래서 저는 오늘도 이렇게 스스로 되묻습니다.

'사무실이 막힌 느낌이 들 때 나는 먼저 무엇을 탓하는가? 시장인가? 직원인가? 운인가? 아니면 아직 자라야 할 나 자신인가?'

답이 불편할수록 성장의 여지는 더 많이 남아 있습니다. 사무실의 한계는 결국 대표가 그리려는 자신의 성장 그림만큼만 정해지니까요.

사무실을 움직이는 한 문장

사무실 천장은 건물 높이가 아니라 대표의 생각 높이에 먼저 걸리니 결국 한계선은 내 머릿속에서 그어진다.

회복 루틴이 무너지면 **경영도 흔들린다**

그날 아침, 알람이 울리기도 전에 눈이 떠졌습니다. 시간을 보니 새벽 4시 50분이었고, 몸은 이미 일어났지만 머릿속은 아직 어딘가에서 돌아오지 못한 느낌이었습니다. 전날까지 사흘 연속 서울시 법정연수 강의를 다녀왔고, 그사이에 세종 사무실 실무 보고와 상가 중개 상담, 온라인 강의 문의까지 겹쳐서 실제로 침대에 누워 있던 시간은 많아야 3~4시간 정도였습니다.

'오늘은 그냥, 버틴다.'

속으로 이렇게 중얼거리면서도 한쪽에서는 알았습니다. 이게 벌써 몇 번째 '그냥 버틴다'인지, 그리고 이런 식의 버팀이 오래가면 언젠가는 반드시 경고등이 들어온다는 것을요. 그럼에도 불구하고, 저는 여느 때처럼 6시에 자리에서 일어나 세수를 하고 몸의 신호보다 일정표를 먼저 올려다봤습니다.

'오늘 오전에는 강의가 없고, 오후에 상가 특강 하나, 중간에 사무실 회의 한 번이면 되겠네. 이 정도면 괜찮겠지.'

그렇게 생각했지만, 이미 그 순간부터 하루의 균형이 살짝 기울어 있었습니다. 사무실 문을 연 시간은 6시 50분이었습니다. 불을 켜고, 커피머신 물 온도를 확인하고, 원두를 갈아 에스프레소를 한 잔 뽑으면서 평소처럼 '오늘도 잘 부탁한다'라는 마음으로 컵을 한 번 돌려 잡았습니다. 하지만 손가락 힘이 예전만큼 섬세하게 조절되지 않는 게 느껴졌습니다. 컵을 들고 책상에 앉았는데, 눈이 문서를 따라가지 못하고 한 글자를 두 번씩 읽고 있는 저를 발견하는 데는 오래 걸리지 않았습니다. 그때 휴대폰이 먼저 울렸습니다.

"대표님, 저 경미입니다."
김경미 과장의 목소리였습니다.

"네, 경미 과장님."
"오늘 오전에 급여 이체 일정이랑 부가가치세 예정분 관련해서 잠깐 상의드릴 게 있어서요. 10분만 시간 괜찮으실까요?"
"그럼요. 지금 올라오세요."

잠시 후 경미 과장이 파일을 들고 들어와 제 앞에 앉았습니다.
"대표님, 여기 보시면 이번 달 인센티브를 계산하면서 대표님 메모가 살짝 섞여 들어간 것 같아서요. 정민우 본부장 건에 '강의 동행'이라고 적혀 있는 줄이 있는데, 실제 동행하신 것은 지난달이어서 이번 달 실적이랑은 구분해서 반영해야 할 것 같습니다."

제가 파일을 받아 보니, 정말로 제 손 글씨가 들어가 있었습니다. 전날 밤, 강의를 끝내고 세종에 내려오는 길에 차 안에서 급하게 메모했던 내용이 인센티브 기준표와 섞여버린 것이었습니다.

"아, 이게 여기에 들어갔군요."
저는 민망해서 웃으며 넘기려다가, 문득 가슴이 살짝 쿡 하는 느낌이 들었습니다.

'이건 단순한 실수인데, 이렇게 피곤한 상태가 계속되면 언젠가 더 큰 것을 놓치겠구나.'

경미 과장은 조심스럽게 말을 이었습니다.

"대표님, 요 며칠 얼굴이 많이 수척해지셔서… 부가가치세 신고도 있고, 연말 정산 준비도 시작해야 하는데, 혹시라도 대표님이 무리하시다가 건강에 이상이 생기시면, 사무실 입장에서는 세금보다 그게 더 큰 리스크일 것 같습니다."

그 말을 듣는데, '세금보다 더 큰 리스크'라는 부분이 귀에 오래 남았습니다. 보통 대표 입장에서는 현금흐름과 세금, 인건비 같은 숫자가 제일 먼저 떠오르기 마련입니다. 그런데 경리·총무를 맡고 있는 사람의 입에서 '대표님 건강이 제일 큰 리스크'라는 말이 나왔다는 것은 이미 사무실에서 제가 지나치게 지치고 있다는 것을 다 알고 있다는 뜻이기도 했습니다.

그날 오전 9시 30분, 정민우 본부장이 커피를 들고 조심스럽게 제 자리에 왔습니다.

"대표님, 오늘 얼굴이 평소랑 조금 다르십니다."

"그래 보여요?"

"네. 강의를 다녀오시면 아무리 피곤하셔도 말씀하실 때 눈빛은 밝으셨는데, 오늘은 눈은 뜨고 계신데 시선이 조금 밑으로 떨어져 있는 느낌입니다."

정 본부장이 웃으면서 말을 이어갔습니다.

"솔직히 말씀드리면, 요즘 직원들끼리 농담 반 진담 반으로 이런 이야기가 나옵니다. '대표님이 쓰러지시면, 우리 다 같이 세종시청 앞 잔디에 모여서 긴급 회의해야 한다'라고요."

저도 같이 웃었지만, 그 말이 농담으로만 들리지는 않았습니다.
"대표님께서 강의도, 사무실도, 학원 일정도 다 책임지고 계시니까 하루이틀 컨디션이 안 좋으신 것은 괜찮더라도 만약 크게 한번 쓰러지시면, 사무실 전체가 같이 멈출 수밖에 없다고 다들 느끼고 있는 것 같습니다."

그 말을 듣는 순간, 머릿속에서 이렇게 문장이 정리됐습니다.
'회복 루틴을 대충 넘기는 것은 내 몸 하나만 위험해지는 게 아니라 사무실 전체의 브레이크가 약해지는 일이다.'

차의 속도가 아무리 좋아도 브레이크가 약하면 그 차는 위험한 차입니다. 사무실도 마찬가지였습니다. 경영은 앞으로 나아가는 방법만큼 어떻게 멈추고 쉬어야 하는지도 같이 설계해야 했습니다.

며칠 뒤, 결정적인 일이 하나 있었습니다. 서울 강남에서 저녁까지 강의하고, 세종으로 내려오던 날이었습니다. 그런데 고속도로 한가운데에서 갑자기 시야가 순간적으로 좁아지는 느낌이 들었습니다. 멀리 있던 헤드라이트들이 한 번에 뭉개져 보이더니, 아주 짧은 순간이지만 머리가 허공에 떠 있는 것처럼 멍해지는 느낌이 지나갔습니다.
'아, 이건 아니지.'

저는 바로 다음 휴게소로 차를 뺐습니다. 창문을 열고 차 안에 차가운 공기를 들여보내면서 한참 동안 두 손으로 핸들을 붙잡고 숨만 고르고 있었습니다. 그리고 결국, 세종까지 직접 운전해서 내려가는 대신 조금 돌아가더라도 쉬었다가 천천히 내려오기로 했습니다. 그날 집에 도착해서 겨우 씻고 누웠을 때 머릿속에 한 가지 생각만 반복됐습니다.

'이대로 가면 언젠가 진짜 큰 사고가 나겠구나. 그리고 그때는 내 몸만의 문제가 아니라 사무실 전체, 직원들 가정, 수많은 고객의 계약까지 한 번에 흔들릴 수 있겠구나.'

그날 밤, 저는 마음속으로 조용히 선을 하나 그었습니다.

'이제부터는 무조건 회복 루틴을 경영의 일부로 넣는다.'

다음 날 아침, 사무실 화이트보드에 새로운 칸을 하나 만들었습니다. 제목은 이렇게 썼습니다.

〈대표 회복 루틴 - 사무실 필수 장치〉

그리고 그 아래에 구체적인 항목들을 적어 내려갔습니다.

〈주 2회, 강의 없는 날은 저녁 7시 이후 전화·문자 업무 중단
하루 최소 30분 걷기 - 점심 직후 또는 퇴근 직전 선택
한 달에 이틀은 '완전 휴무' - 강의·상담·회의 모두 미배정
주 1회, 정 본부장·유 이사와 '대표 상태 점검 미팅' 30분
밤 11시 이후에는 중요한 의사결정 금지 - 그 이후 들어온 문제는 다음 날 오전에 판단〉

정민우 본부장과 유서연 이사가 화이트보드 앞에서 이 내용을 읽더니 서로 눈을 마주 보고 웃었습니다.

"대표님, 진짜 이렇게 하십니까?"

"네. 여러분이 증인입니다."

제가 웃으면서 대답하자 유 이사가 한마디를 덧붙였습니다.

"대표님, 이것은 '대표님만의 약속'이 아니라 사무실 전체의 안전장치라고 생각하면 좋을 것 같습니다. 저희 입장에서는 이 루틴이 지켜질수록 대표님이 오래 버티실 수 있고, 대표님이 오래 버티실수록 우리도 오래 같이 갈 수 있으니까요."

정 본부장도 곧장 받았습니다.

"앞으로 강의 일정을 잡을 때 대표님 회복 루틴을 먼저 보고 배치하겠습니다. 외부에서 들어오는 요청이라도 최소한 이틀 중 하루는 대표님이 완전히 쉬실 수 있도록 사전에 조율하겠습니다."

이야기를 나누면서 느꼈습니다.

'내가 쉬는 계획을 세우는 게 직원들에게 미안한 일이 아니구나. 오히려 이 사람들은 대표가 오래가야 본인들도 안정적으로 성장할 수 있음을 알고 있구나.'

대표의 회복은 개인적인 사치가 아니라, 사무실 전체의 지속 가능성을 위한 투자였습니다.

그 후로, 저는 일부러 직원들 앞에서 제 회복 루틴을 입 밖으로 자주 꺼냈습니다.

"오늘은 강의가 없는 날이라 저녁 7시 이후에는 전화를 안 받겠습니다. 긴급한 상황이면 민우 본부장이나 서연 이사에게 먼저 연락을 주세요."

"이번 주 토요일은 완전 휴무일로 잡았습니다. 저도 개인적으로 회복 시간을 가지려고 합니다. 여러분도 가능하면 그날은 사무실이나 고객 단톡방에서 조금 떨어져 지내보세요."

이렇게 말할 때마다 직원들 반응은 비슷했습니다. 처음에는 어색한 웃음, 그다음에는 안도감 섞인 표정, 그리고 시간이 지나면서 이런 말도 나오기 시작했습니다.

"대표님, 오늘은 회복 루틴대로 퇴근하셔야 합니다. 제가 보기에도 이제 슬슬 피곤해 보이십니다."

어느 날은 정 본부장이 강의를 마치고 내려온 저에게 이렇게 이야기했습니다.

"대표님, 오늘 강의에서 '중개사는 자기 회복을 경영의 일부로 봐야 한다'라고 말씀하셨잖아요. 그 말을 들으면서 좋았는데, 한편으로는 '우리 대표님은 본인 회복은 어떻게 관리하고 계실까?'라는 생각도 들었습니다. 그래서 앞으로는 저희가 회복 루틴을 지키시는지 옆에서 점검해 드리겠습니다."

그 말을 듣는데 묘하게 마음이 편안해졌습니다. 대표가 혼자서 모든 것을 다 책임지는 시대는 이미 지났다고 느꼈기 때문입니다. 이제는 대표의 회복도 사무실이 함께 지켜줘야 오래가는 경영이 가능합니다.

회복 루틴을 정리하고 나서 가장 먼저 달라진 것은 사무실 공기였습니다. 예전에는 제가 피곤할 때 목소리가 조금만 낮아져도 직원들이 눈치를 보면서 "대표님 오늘 컨디션이 안 좋으신가 보다"라고 귓속말했는데, 이제는 제가 먼저 말합니다.

"오늘은 강의가 이어져서 제가 에너지가 조금 덜한 날입니다. 그래서 오후 회의는 30분간 핵심만 정리하고 끝내겠습니다. 대신 다음 주에 상태 좋을 때 한 번 더 길게 이야기 나누시죠."

대표가 자기 상태를 먼저 투명하게 말해주면 사무실은 괜히 분위기를 눈치 보지 않아도 됩니다. 그 투명함이 괜한 오해와 긴장감을 줄여주고, 어느 날 갑자기 폭발하는 감정 대신 '아, 오늘은 이렇게 조절하는구나'라고 서로 이해할 수 있게 해줍니다. 회복 루틴이란 결국, 대표의 몸과 마음을 위한 장치이기도 하지만, 직원들의 마음이 괜한 불안으로 흔들리지 않게 해주는 심리적 안전장치이기도 합니다.

어떤 분들은 이렇게 묻기도 합니다.

"대표님, 그렇게 회복 루틴까지 챙기면 진짜 중요한 기회를 놓치는 게 아닙니까? 어떤 날은 밤 11시에 들어온 전화 한 통이 큰 계약으로 이어질 수도 있잖아요."

그 질문도 이해됩니다. 저 역시 젊을 때는 24시간 전화 받는 것을 충성도와 열정의 상징처럼 여긴 시절이 있었으니까요. 그런데 시간이 지나면서 이렇게 생각이 바뀌었습니다.

'대표 방의 불이 항상 켜져 있는 사무실보다 대표가 제때 쉬고 정신이 맑을 때 결정을 내리는 사무실이 장기적으로 보면 실수도 적고, 사고도 적으며, 후회하는 선택도 적다.'

그렇게 줄어든 실수와 사고, 후회가 결과적으로는 놓친 한두 건의 기회보다 훨씬 더 큰 가치를 만들어준다는 것을 수많은 공인중개사의 사례에서 직접 목격해왔습니다. 현장에서 쓰러져 병원에 누워 계시는 대표님들을 만나면 대부분 똑같은 말씀을 하십니다.

"조금만 미리 쉴 걸 그랬습니다. 그때 하루만 멈췄어도, 지금 이 상태까지는 안 왔을 겁니다."

저는 이제 그 말을 듣기 전에 미리 스스로한테 묻기로 했습니다.

'지금 내가 더 필요한 것은 더 많은 일정이냐? 아니면 한번 제대로 쉬는 시간이냐?'

그리고 그 질문에 정직하게 답하려고 노력하는 것, 그게 제가 정한 대표로서의 회복 루틴입니다. 회복 루틴이 무너지면 경영도 함께 흔들립니다. 사무실 운영은 체력이 좋은 날에만 잘하는 일이 아니라, 지치지 않도록 설계하는 일까지 포함되니까요.

사무실을 움직이는 한 문장

버티는 힘은 멘탈이 아니라 회복 루틴에서 나오니, 쉬는 법을 잃은 대표는 언젠가 일하는 법도 잊게 된다.

불황에도 끄떡없는 대표는 '의사결정 원칙 세트'를 갖고 있다

비가 온다는 예보도 없었는데, 그날 아침 하늘은 이상하게 잿빛이었습니다. 사무실에 도착하니 이미 정민우 본부장과 유서연 이사가 회의실 창가에 서서 휴대폰 화면을 보고 있었습니다. 둘 다 말은 없었지만, 표정은 충분히 많은 이야기를 하고 있었습니다.

"무슨 일입니까?"

제가 코트를 벗으며 묻자 정 본부장이 화면을 제 쪽으로 돌려 보여줬습니다.

"대표님, 뉴스 보셨습니까? ○○은행에서 또 금리 인상 예고가 나왔습니다. 심리만 놓고 보면, 사실상 '불황 모드'로 들어간다는 신호 같습니다."

제목은 자극적이었습니다.

'상가 공실률, 3년 만에 최고치.'

'자영업 폐업, 통계 이후 최대.'

이 비슷한 문구들은 몇 년마다 한 번씩 놀아오는 계절성 감기처럼 반복되지만, 현장에 있는 우리 입장에서는 그때마다 공기가 실제로 변했습니다. 유 이사가 조심스럽게 말을 이었습니다.

"대표님, 벌써 인근 공인중개사 사무실 몇 군데에서 '광고비를 당분간 줄여야겠다', '직원을 데리고 가는 것은 무리다' 이런 이야기가 나오고 있습니다. 어제도 후배 한 명이 전화해서 '선배님, 이제는 진짜 줄일 것은 줄여야 하는 것 아닙니까?'라고 묻더라고요."

저는 잠시 창밖을 봤습니다. 도로 건너편 상가 건물 유리창마다 임대 광고 현수막이 한 장, 두 장 늘어나는 속도가 눈으로도 느껴지는 계절이었습니다. 그 순간 머릿속을 스치는 생각은 하나였습니다.

'이럴 때일수록 우리가 어떤 생각의 순서로 결정할지 미리 정해놓지 않으면 안 되겠다.'

사실 불황은 숫자로 먼저 오는 것 같지만, 실제로는 사람들의 머릿속으로 먼저 들어옵니다. "이제 큰일 났다", "올해는 그냥 버티기만 해도 다행이다" 이런 말이 입에서 자주 오르내리기 시작하면, 아직 숫자는 버틸 만해도 이미 마음이 반쯤 접혀버린 상태가 됩니다. 대표인 저는 그 마음이 어디서부터 흔들리는지 너무 잘 알고 있었습니다. 매출표보다 먼저 보는 게 통장 잔액이 되는 시점, 광고비 항목이 '투자'가 아니라 '지출'이라는 단어로 보이기 시작하는 시점, 직원 이름을 떠올릴 때 함께 성장할 사람이라기보다 '급여'라는 숫자부터 떠오르기 시작하는 시점. 이럴 때 대표로서 즉흥적으로 결정을 내리면 대부분 나중에 후회로 돌아왔습니다. 그래서 저는 마음속으로 결심했습니다.

'이번에는 다르게 가보자. 상황이 나빠질수록, 그때그때 기분으로 결정하는 게 아니라 우리가 미리 합의해둔 '의사결정 원칙 세트' 안에서 움직여 보자.'

그날 오후, 저는 전 직원을 회의실로 불렀습니다. 화이트보드 맨 위에 굵은 글씨로 이렇게 썼습니다.

〈불황일수록 더 자주 꺼내 볼 사무실의 약속〉

직원들이 자리에 앉자 저는 천천히 말을 꺼냈습니다.
"여러분, 요즘 주변에서 가장 많이 듣는 말이 무엇입니까?"

누군가 작게 웃으며 말했습니다.
"다들 '살 만해?'라고 묻습니다."

다른 직원이 덧붙였습니다.
"저는 '요즘 어때? 버틸 만해?'라는 말도 자주 듣습니다."

정 본부장이 웃으며 말을 이었습니다.
"심지어 건물주님들조차 저한테 '요즘 공인중개사분들 많이 힘들죠?'라고 물어보십니다. 저희가 시장 상황을 이야기해야 하는 입장인데, 오히려 위로받는 느낌입니다."

사람들이 웃었지만, 웃음 뒤에는 분명한 긴장이 있었습니다. 저는 그것을 확인하고 나서 본론으로 들어갔습니다.
"그래서 오늘은 '요즘 힘들다'라는 이야기를 하려는 게 아니라요. '그래서 우리는 무엇을 기준으로 움직일 건지' 그 기준을 같이 만들어보고 싶습니다. 저 혼자 머릿속에 두고 있는 기준 말고, 여러분과 같이 공유되는 우리 사무실의 '의사결정 원칙 세트' 말입니다."

화이트보드에 〈첫 번째, 숫자보다 먼저 '살릴 줄'을 고른다〉라고 적었습니다. 그러면서 설명을 이어갔습니다.
"불황이 오면 사람들은 제일 먼저 '뭘 줄일지'를 고민합니다. 광고비를 줄일까? 직원을 줄일까? 사무실을 옮길까? 맞는 고민입니다. 하지만 순서가 조금 다릅니다. 우리는 먼저 '이 사무실에서 반드시 살려야 할 줄'이 무엇인지를 결정해야 합니다. 예를 들면 '전문성의 줄', '브랜드 신뢰의 줄', '고객과의 관계의 줄' 등이죠. 이 줄을 먼저 정해놓지 않으면 눈앞의 숫자를 맞추려고 살려야 할 줄부터 잘라버리게 됩니다."

유 이사가 고개를 끄덕였습니다.

"결론을 맞추려다가 기둥부터 자르는 경우가 많다는 말씀이시죠?"

"그렇죠. 예를 들어 우리가 상가 중개 전문 브랜드로 가기로 했다면, 지금 당장은 힘들어도 상가 관련 콘텐츠와 공부, 상담의 깊이만큼은 절대 줄이면 안 됩니다. 단기 수익 때문에 괜히 다른 종목을 건드리기 시작하면, 불황이 끝났을 때 우리가 쌓아 온 줄이 온통 엉켜버립니다."

저는 예전에 실제로 봤던 몇몇 사무실들을 떠올리며 말을 이었습니다.

"장사가 안되니까 갑자기 원룸, 토지, 상가, 빌라, 분양, 뭐든지 다 건드리는 사무실들이 있습니다. 그때는 살아남는 것 같아도 시간이 지나면 어디서도 '전문가'로 기억되지 않습니다. 우리는 그렇게 가지 않겠습니다. 불황일수록 우리가 어떤 사람인지를 더 확실히 보여주는 쪽으로 결정하겠습니다."

그리고 〈두 번째, 지출은 금액이 아니라 '흐름'을 기준으로 조정한다〉라는 문장을 적었습니다.

"불황이 오면 대부분 가장 먼저 나오는 말이 '광고비를 줄여야겠다' 입니다. 그런데 여러분, 광고비를 무조건 줄이는 게 정답일까요?"

직원들이 서로 얼굴을 쳐다봤습니다. 정 본부장이 먼저 입을 열었습니다.

"사실 광고비를 줄이면 바로 다음 달에 통장은 숨을 좀 돌리겠죠. 하지만 신규 문의가 줄어들면 2~3개월 뒤 매출이 줄고, 그때 다시 광고를 늘려도 이미 시간차가 벌어진 상태가 됩니다.”

“맞습니다. 그래서 우리는 숫자만 보고 ‘얼마를 줄일까?’를 고민하는 대신, ‘어떤 흐름은 유지하고 어떤 흐름은 바꿀지’를 먼저 보겠습니다. 예를 들어 효과가 검증된 채널은 유지하되, 반응이 없는 채널부터 과감하게 구조를 바꾸는 식으로요. 광고비를 그냥 줄이는 게 아니라 구조를 손보는 개념으로 보는 겁니다.”

저는 실제로 사무실에서 썼던 한 가지 방식을 소개했습니다.

“우리가 예전에 블로그, 현수막, 포털 광고, 지역 커뮤니티, 오프라인 간판을 한 번에 다 끌어안고 간 때가 있었습니다. 그때는 ‘있는 대로 다 해보자’라는 마음이었는데, 막상 통계를 내보니 실제로 계약으로 이어지는 흐름은 그중 두세 개 채널에 집중되어 있었습니다. 그래서 그 이후로는 최소 3개월 단위로 ‘어디에서 어떤 문의가 들어와서 어떤 계약으로 이어졌는지’를 꼭 확인하고, 반응이 없는 줄은 잘라내고, 먹히는 줄에 힘을 더 실어주는 방식으로 지출을 다루기로 했죠.”

유 이사가 말을 받았습니다.

“결국 ‘얼마’가 중요한 게 아니라 ‘어디에, 왜’ 쓰느냐가 핵심이라는 거네요.”

“네, 그게 바로 우리가 불황에서도 끊지 말아야 할 두 번째 원칙입니다. 돈은 숫자이기도 하지만, 흐름이기도 합니다. 흐름을 보지 못한 채 숫자만 자르다 보면 나중에 다시 살리기가 훨씬 어려워집니다.”

다시 화이트보드에 〈세 번째, 사람을 잃는 결정은 항상 마지막에 둔다〉라고 적었습니다. 이 문장을 쓰자마자 회의실 공기가 조금 달라졌습니다. 누구나 알고 있습니다. 불황이 오면 가장 먼저 거론되는 단어가 ‘인건비’라는 것을요. 저는 그 사실을 부정하지 않았습니다.

“여러분도 잘 아시겠지만, 사무실에서 지출 구조를 볼 때 인건비가 차지하는 비중은 큽니다. 그래서 힘들어지면 누군가는 이렇게 제안할 수 있습니다. ‘지금은 버티는 게 우선이니, 사람부터 줄입시다.’ 저는 그 말을 이해하면서도 가능한 한 마지막까지 뒤로 미루고 싶습니다.”

정 본부장이 고개를 끄덕였습니다.
“대표님, 그 말씀을 예전에도 들었지만, 오늘따라 더 무겁게 들립니다.”

저는 웃으면서 그의 눈을 바라봤습니다.
“사람을 줄이는 순간 지출은 줄어드는 것처럼 보이지만, 실제로는 사무실의 ‘경험’과 ‘관계’가 빠져나갑니다. 특히 이 시장처럼 신뢰와 반복 거래가 핵심인 곳에서는 더 그렇습니다. 우리가 어렵다고 해서 먼저 사람을 놔버리는 선택을 계속하면, 나중에 시장이 회복됐을 때 다시 힘을 합쳐 갈 사람들이 사라져버리게 될 겁니다. 사람을 지킨다는 말은 무조건 같은 방식으로 유지하겠다는 뜻이 아니라, 최대한 다른 줄들을 먼저 조정해보고, 그래도 안 되면 그때 가서야 정말 신중하게 결정하겠다는 뜻입니다. 가장 먼저 줄이는 항목이 ‘관계’가 되지 않도록 하는 것, 이게 우리 사무실의 세 번째 원칙입니다.”

이어서 〈네 번째, 감정이 격해진 날에는 큰 결정을 내리지 않는다〉라는 문장을 적었습니다. 이 말을 쓰는 동안 제 머릿속에는 몇 년 전의 한 장면이 떠올랐습니다. 큰 계약이 막판에 엎어지고, 건물주와 세입자 사이의 갈등이 한꺼번에 터져 나온 날, 저는 감정이 올라온 상태에서 사무실 이전과 구조조정까지 한 번에 입 밖으로 쏟아낸 적이 있었습니다. 물론 그대로 진행되지는 않았지만, 그날 제가 했던 말은 직원들에게 오랫동안 불안과 피로로 남아 있었습니다. 저는 그 기억을 떠올리며 직원들에게 솔직하게 말했습니다.

“대표인 저도 사실 감정이 흔들릴 때가 많습니다. 강의에서 어떤 반응을 봤는지, 상담에서 어떤 이야기를 들었는지, 건물주와 어떤 대화를 나눴는지에 따라 어떤 날은 스스로 당당하고, 어떤 날은 괜히 초라해지기도 합니다. 그래서 요즘은 이렇게 정하고 있습니다. ‘마음이 크게 출렁이는 날에는 큰 결정을 내리지 않는다.’ 사무실을 옮긴다든지, 사람에 대한 평가를 한다든지, 브랜드 방향을 바꾼다든지 하는 일은 항상 하루 이상을 두고 다시 한번 보는 습관을 들이고 있습니다.”

유 이사가 조용히 웃으며 말했습니다.

“그래서 요즘 대표님이 ‘이 이야기는 내일 다시 하사’라고 자주 말씀하셨군요.”

“네, 그 말은 ‘지금은 감정이 개입될 여지가 크니 조금 내려놓고 보자’라는 의미입니다. 대표가 자신의 감정을 모르는 척하는 것은 리더십이 아니라 위험입니다. 오히려 ‘지금은 내가 조금 과열되어 있다’라는 것을 아는 게 더 큰 리스크를 막아줍니다.”

마지막으로 화이트보드에 〈다섯 번째, 어려운 시기일수록 의사결정 원칙을 ‘소리 내어’ 확인한다〉라고 적었습니다.

직원들이 고개를 갸웃했습니다.

“소리 내어…요?”

제가 웃으면서 설명했습니다.

“불황이 오면 대표 머릿속은 더 혼잡해집니다. 이 채널을 줄일까? 이 사람을 더 쓸까? 이 사업을 접어야 하나? 머릿속에서만 고민하다 보면 기준이 자꾸 바뀝니다. 그래서 저는 중요한 결정을 내리기 전에 반드시 누군가를 앞에 두고 이 원칙들을 다시 읽어 보려고 합니다. 정 본부장이

나 유이사, 아니면 경미 과장 앞에서든, '우리가 첫 번째로 살릴 줄은 이거였지. 그래서 지금 이 선택이 그 줄을 살리는 방향인가?', '우리가 사람을 잃는 결정은 마지막에 하기로 했는데, 지금 이 제안은 그 원칙과 맞는가?' 이렇게 소리 내어 확인해보면, 내 마음이 원칙을 이용하는 것인지, 진짜로 원칙 안에서 고민하는 것인지 훨씬 분명하게 보입니다."

정 본부장이 고개를 끄덕였습니다.

"결국 의사결정 원칙 세트는 '대표님 혼자 머릿속에 넣어 두는 기준'이 아니라, 사무실 사람들이 함께 듣고, 함께 기억하고, 함께 확인하는 기준이라는 말씀이시군요."

"맞습니다. 그래야 불황이 와도 우리가 같은 방향을 보고 있다는 느낌을 서로 주고받을 수 있습니다. 혼자만 알고 있는 원칙은 아무리 좋아도 사무실의 힘이 되지 못합니다."

회의를 마무리하면서 저는 이렇게 말했습니다.

"여러분, 불황이 오면 모든 사람이 똑같이 힘들어집니다. 하지만 같은 불황을 지나도 어떤 사무실은 다시 서고, 어떤 사무실은 그냥 흩어져 버립니다. 차이는 생각보다 단순합니다. '우리는 이런 상황에서 어떻게 결정할 것인지'를 미리 함께 정해본 사무실과 그때그때 감정과 두려움으로 움직이는 사무실의 차이죠."

유 이사가 조용히 덧붙였습니다.

"대표님, 화이트보드에 적으신 이 다섯 줄, 사진 찍어도 될까요?"

"당연하지요. 오늘 이후로 이것은 우리 사무실의 '불황 매뉴얼'이 아니라, '어떤 때든 함께 보고 갈 의사결정 원칙 세트'입니다."

정 본부장이 웃으며 말했습니다.

"대표님, 불황에도 끄떡없는 사무실이 되려면 불황이 올 때만 꺼내는 기준이 아니라 좋을 때도, 평범할 때도 계속 다시 꺼내 보는 기준이어야겠네요."

저는 그 말에 조용히 고개를 끄덕였습니다.

"맞습니다. 이 원칙 세트는 우리가 힘들 때만 붙들기 위한 하나의 구명줄이 아니라, 좋을 때도 '우리가 너무 들뜨지 않게 해주는 속도 조절 장치'이기도 합니다. 이게 있으면 우리는 불황이 와도 허둥대지 않고, 호황이 와도 자만하지 않을 수 있을 겁니다."

그날 저녁, 직원들이 모두 퇴근한 뒤 저는 홀로 회의실에 남아 화이트보드에 적힌 다섯 줄을 한 번 더 소리 내어 읽어 봤습니다. 숫자보다 먼저 살릴 줄을 고르고, 지출은 흐름을 기준으로 보며, 사람을 잃는 결정을 마지막으로 미루고, 감정이 격해진 날에는 큰 결정을 미루며, 중요한 판단 전에 원칙을 함께 소리 내어 확인하는 것. 생각해보면 거창한 경영 용어도, 복잡한 이론도 아닙니다. 그저 어려울수록 잊기 쉬운 것들을 한 줄씩 바닥에 못 박아둔 것뿐입니다.

저는 마커를 내려놓으며 조용히 중얼거렸습니다.

"불황에도 끄떡없는 대표와 사무실의 차이는 기적이 아니라 이렇게 적어 두고, 읽어 보고, 함께 지켜보려는 몇 줄의 약속에서 시작된다."

사무실을 움직이는 한 문장

불황 때는 정보보다 원칙이 더 중요해서 무엇을 볼지·어디까지 버틸지 미리 정해둔 대표만 밤에 잠을 잔다.

함께 성장하는 대표가 시장을 이긴다

월요일 저녁이었습니다. 상가 특강을 마치고 사무실로 돌아오는데, 강의 끝에 한 수강생이 했던 질문이 머릿속에서 계속 맴돌았습니다.

"대표님, 요즘 같은 시장에서 어떻게 버티십니까? 솔직히 저는 혼자 버티는 느낌이라 직원하고도 말이 잘 안 맞습니다."

그때 저는 짧게 이렇게 대답했습니다.

"혼자 버티려고 하니까 오래가기가 힘드실 겁니다. 대표 혼자 버티는 사무실과 같이 성장하는 사무실은 애초에 구조가 다릅니다."

말은 그렇게 했지만, 차 안에서 돌아오는 길에 스스로에게도 같은 질문을 던지게 됐습니다.

'우리 사무실은, 내가 앞에서 끌고 가는 사무실인가? 아니면 같이 크려고 애쓰는 사무실인가?'

그 생각을 안고 6층 복도를 걸어 사무실 문을 열자 정민우 본부장이 책상 앞에 쌓아 둔 파일들을 정리하다가 저를 보고 말했습니다.

"대표님, 내일 잡으셨던 '성장 미팅' 일정, 직원들한테 공지 다 했습니다. 다들 약간 긴장하는 눈치이긴 한데… 기대도 하고 있습니다."

그렇습니다. 저는 그 주 화요일 저녁을 '실적 회의'가 아니라 '성장 회의'로 잡아두었습니다. 시장 탓, 경기 탓을 하기 전에, 우리가 정말 같이 크고 있는지부터 확인해보자는 마음에서였습니다.

다음 날 저녁, 사무실 문을 닫고 회의실에 모였습니다.

"오늘은 매출표는 안 봅니다."
제가 이렇게 말하자 몇몇 직원들의 표정이 조금 풀렸습니다.

"대신, 이걸 먼저 보겠습니다."

테이블 위에 A4 용지 묶음을 올려 두었습니다. 맨 위에는 이런 문장을 적어 두었습니다.
〈올해 내가 새로 해본 것 한 가지
실패했지만 남은 게 있는 시도 한 가지
사무실 사람들에게 나눠 준 것 한 가지〉

"오늘은 이 세 줄만 이야기하겠습니다. 숫자 이야기보다 성장 이야기를 먼저 합시다. 이게 쌓여야 시장이 흔들려도 버틸 힘이 생깁니다."

유서연 이사가 미소를 지으며 말했습니다.
"대표님, 오늘은 저희가 좀 더 많이 이야기하는 날이군요."
"그렇습니다. 제가 강의하는 날은 아주 많으니까요. 여기는 우리 사무실이니까 여러분 이야기가 더 길어야 합니다."

먼저 정민우 본부장이 입을 열었습니다.
"그러면 제가 먼저 해보겠습니다."

정 본부장은 잠깐 눈을 감았다가, 종이에 적어 온 내용을 천천히 읽어 내려갔습니다.

"올해 제가 새로 해본 것은 현장에 다녀온 내용을 그날그날 '케이스 노트'로 남긴 일입니다. 예전에는 그냥 머릿속에만 넣어 두고 다음 상담 때 비슷한 상황이 나오면 떠올리는 정도였는데, 올해는 의도적으로 '임대인·임차인 유형, 갈등 지점, 협상에 먹힌 말과 먹히지 않은 말'을 짧게라도 정리해서 쌓아갔습니다. 그것을 3개월 정도 모아 보니 패턴이 보이더라고요. 그래서 지난번 내부 스터디 때도 '권리금 협상에서 대표님들 표정이 흔들리는 순간'이라는 주제를 가지고 사례를 공유해봤습니다."

직원들이 그때를 떠올리며 웃었습니다. 정 본부장은 이어서 두 번째 줄을 읽었습니다.

"실패했지만 남은 게 있는 시도는 줌 라이브 상담입니다. 처음에는 '요즘 다 라이브를 하니까 우리도 한번 해보자' 싶어서 시작했는데, 막상 켜보니까 말이 정리가 안 되고, 실시간 질문에 쫓기기만 하는 느낌이었습니다. 그런데 그 경험 덕분에 제가 상담을 준비할 때 '어떤 질문이 들어와도 세 줄 안에서 답해야겠다'라는 기준이 생겼습니다. 그래서 요즘 현장 상담에서도 괜히 길게 설명하려 하기보다 '핵심 세 줄'을 먼저 떠올리고 있습니다. 라이브 자체는 솔직히 성공했다고 말하기 어렵지만, 그 과정에서 제 상담 구조가 훨씬 단단해졌습니다."

마지막 줄을 읽을 때, 정 본부장의 목소리가 조금 부드러워졌습니다.

"사무실 사람들에게 나눠 준 것은 실패담입니다. 예전에는 실패한 상담이나 놓친 계약 이야기를 그냥 제 안에서만 삼키고 넘겼는데, 올해는 일부러 '이건 제가 이렇게 해서 놓친 겁니다'라고 팀원들 앞에서 이야기하려고 했습니다. 그때 느낀 게 하나 있습니다. 대표님이 항상 '실패도 자산이다'라고 말씀하셨는데, 실제로 그것을 꺼내서 나누기 전까지는 그 말이 몸으로 와닿지 않았습니다. 하지만 요즘은 제가 실수했던 장면을 꺼내 놓으면 후배들이 비슷한 상황에서 조금 덜 떠는 것을 보면서 '아, 이게 정말 같이 크는 거구나'라고 느끼고 있습니다."

정 본부장의 말이 끝나자 회의실 안이 조용해졌다가 박수가 나왔습니다. 이번에는 유서연 이사 차례였습니다.

"저는… 조금 다른 방향에서 적어 봤습니다."

유 이사는 종이를 한 번 접었다 펼치더니 담담한 표정으로 말을 이었습니다.

"올해 제가 새로 해본 것은 '동행을 줄이고, 대신 코칭을 늘리는 것'이었습니다. 예전에는 제가 직접 현장에 나가고, 직접 설명하고, 직접 계약까지 다 끌고 오는 스타일이었습니다. 성과는 나름대로 괜찮았지만, 사무실 전체가 같이 올라가는 느낌은 솔직히 부족했습니다. 그래서 올해부터는 후배 중개사들과 약속했습니다. '앞줄에는 당신이 서고, 나는 옆에서만 돕겠다.' 고객 앞에서 제가 대신 말해주고 싶은 순간이 정말 많았습니다. 하지만 참고 기다리면서 현장을 나와서 카페에서, 사무실에서 '방금 그 장면에서 무슨 말을 했으면 좋았을까?', '어느 타이밍에 질문을 던졌으면 좋았을까?'를 같이 적어 보는 연습을 했습니다. 그 과정이 저도 공부가 되더라고요."

유 이사는 잠깐 웃었습니다.

"실패했지만 남은 시도는 '모든 것을 스크립트로 만들려던 시도'였습니다. 한때는 상담부터 계약까지 전 과정을 대본처럼 만들어서 후배들에게 나눠 주려고 했습니다. 그런데 막상 써보니 종이가 너무 두꺼워졌습니다. 현장은 종이대로 움직여주지 않았고요. 결국 '상황을 통제하려 할수록 오히려 유연성이 떨어진다'라는 것을 깨달았습니다. 그래서 그

다음부터는 모든 장면을 스크립트로 만들려고 하기보다 '이 상황에서 절대 건드리지 말아야 할 한 줄'만 정해서 함께 지켜보기로 했습니다. 예를 들면 '권리금은 마지막에 한 번에 이야기한다', '건물주 앞에서는 전 중개사가 한 팀처럼 보인다' 이런 식의 원칙이죠. 실패한 시도 덕분에 지금의 실전적인 기준이 생긴 것 같습니다."

세 번째 줄을 읽을 때, 유 이사의 표정이 조금 진지해졌습니다.

"사무실 사람들에게 나눠 준 것은 '혼자 잘하려는 마음을 조금 내려놓은 모습'입니다. 제가 예전보다 조금 덜 앞에 서기 시작하자 새로 입사한 직원들이 자기 이름으로 계약서를 쓰는 횟수가 눈에 띄게 늘어났습니다. 그때 느꼈습니다. '아, 함께 성장한다는 것은 내 성과를 나누는 일이 아니라, 내 자리를 조금 비워 주는 일이구나' 이걸 깨닫게 된 한 해였습니다."

다시 한번 박수가 나왔습니다. 다른 직원들도 차례대로 각자의 세 줄을 읽었습니다.

"올해 처음으로 계약서 작성부터 잔금 입회까지 혼자 다 해봤습니다."

"블로그 글을 처음부터 끝까지 제 이름으로 올려 봤습니다."

"상담이 꼬였을 때 도망치지 않고 '다시 한번 정리해서 연락드리겠다'라고 말해봤습니다."

작은 고백들이 이어질수록 회의실 공기가 조금씩 달라졌습니다. 실적표로는 보이지 않던 '각자의 성장 곡선'이 눈앞에서 살아 움직이는 느낌이었습니다. 저는 그 모습을 보면서 진심으로 이런 생각이 들었습니다.

'시장과 싸우는 게 아니라 시장보다 먼저 한 발 성장하는 사무실이 되려면 대표 혼자 공부해서는 안 되겠구나.'

강단 위에서 상가 중개와 경영 이야기를 아무리 많이 해도 그 내용이 내 사무실 사람들의 일상과 연결되지 않으면 그것은 그냥 '김명식 개인 브랜드'로 끝나는 일입니다. 사무실이 이기게 만드는 것은 강사의 말이 아니라, 현장에서 같이 넘어졌다가 일어나는 사람들입니다.

회의가 조금 잦아들 무렵, 제가 먼저 말을 꺼냈습니다.

"여러분, 오늘 나눈 이야기들을 듣다 보니 확실히 한 가지가 보입니다. 우리가 요즘 버티는 힘은 '시장을 이기는 기술'이 아니라, '시장보다 먼저 배우려는 태도'에서 나오고 있습니다. 이게 저는 '함께 성장하는 사무실'의 시작이라고 생각합니다."

정 본부장이 조용히 물었습니다.

"대표님, 그러면 이 성장 회의 같은 자리는 앞으로도 계속 가는 겁니까?"

"당연합니다. 오늘을 끝으로 '한번 해본 좋은 자리'가 되면 우리도 금방 잊어버릴 겁니다. 저는 이 자리를 사무실의 공식 루틴으로 만들고 싶습니다."

유 이사가 고개를 끄덕였습니다.

"연 4회 정도, 숫자 보고 전에 '성장 보고'를 먼저 하는 날을 만드는 거네요."

"네, 정확합니다. 시장 상황이 어떻든, 우리 각자가 한 달 동안 무엇을 새로 해봤고, 어떤 실패에서 무엇이 남았고, 사무실 사람들에게 무엇을 나눴는지, 그것을 같이 확인하는 날이 있으면 좋겠습니다. 그게 쌓이면 어느 순간, 매출 그래프보다 사람 그래프가 먼저 보이는 사무실이 될 겁니다."

회의가 끝나고 직원들이 하나둘 자리를 정리할 때, 김경미 과장이 슬쩍 다가왔습니다.

“대표님, 오늘 이야기를 들으니 제가 숫자를 보는 방식도 좀 바꿔야겠다는 생각이 듭니다.”

“어떤 부분에서 그렇습니까?”

“이제까지는 ‘월말 정산’ 위주로만 봤습니다. 그런데 앞으로는 개인별로 ‘성장 지표’ 같은 것을 만들어보면 어떨까, 싶습니다. 예를 들면 ‘이번 달에 새로 시도한 상담 방식 수’, ‘케이스 노트 작성 건수’, ‘내가 먼저 제안한 콜백 문장 수’ 이런 것들을 조금씩 기록해두면 어떨까요? 숫자로 환산되는 것은 아니지만, 이게 쌓이면 나중에 매출보다 더 중요한 지표가 될 수도 있을 것 같습니다.”

저는 그 말을 듣고 마음속으로 깊이 동의했습니다.

“좋은 생각입니다. 우리가 성장한다는 것을 느낌이 아니라 조금이라도 눈으로 볼 수 있으면, 힘든 시기에도 ‘그래도 우리가 여기까지 왔다’라는 증거가 되니까요. 한번 같이 만들어봅시다.”

경미 과장의 눈빛이 조금 밝아졌습니다.

그날 밤 집으로 돌아가는 길에 차 안에서 조용히 이런 생각을 했습니다.

‘시장과의 싸움에서 이기는 대표는 대단한 눈치와 정보력이 있는 사람이 아니라, 사무실 사람들과 같이 성장하는 구조를 만들어놓은 사람일지 모른다.’

대표 혼자 강의를 다니고, 혼자 공부하며, 혼자 의사결정을 다 해버리는 사무실은 겉으로 보기에는 빠르게 움직이는 것 같지만, 대표가 한번 흔들리면 사무실 전체가 함께 흔들립니다. 반대로, 사무실 사람들이 각자의 자리에서 조금씩 더 배우고, 더 시도하며, 더 나누는 구조를 만들어놓으면, 대표가 잠시 자리를 비워도 사무실은 자기 속도로 움직일 수 있습니다. 그게 바로 '함께 성장하는 사무실'이 가진 힘이고, 그 힘이 결국 시장의 파도를 견디게 만들어줍니다.

저는 요즘 스스로에게 이런 질문을 자주 던집니다.

'오늘 내가 사무실 사람들의 성장을 실제로 도와준 게 무엇인가? 잔소리를 줄인 것인가? 칭찬을 더한 것인가? 아니면 그냥 내가 갖고 있던 기준을 조금 더 구체적인 말로 나눠 준 것인가?'

대표가 시장과 싸우는 데만 온 신경을 쓰면, 사무실 사람들은 그 싸움을 멀찍이 구경만 하게 됩니다. 하지만 대표가 사람들과 함께 크는 데 신경을 쓰기 시작하면, 어느 순간 시장은 우리가 같이 건너가는 배경이 됩니다. 그 차이를 만드는 것은 거창한 전략이 아니라, 오늘도 내 사람들과 무엇을 배우고, 어떻게 나누며, 어디까지 같이 갈지에 대한 아주 솔직한 질문 한 줄입니다.

사무실을 움직이는 한 문장

대표 혼자 잘나가면 회사는 버티지 못하고, 직원과 같이 자라는 조직만이 시장의 변덕을 끝까지 견딘다.

경영은 결국 '나를 단련시키는 일'이다

그날 아침, 평소보다 10분 늦게 눈을 떴습니다. 알람은 이미 세 번이나 꺼놓은 뒤였고, 침대 머리맡에 놓아둔 핸드폰을 잡으려는데 손끝에 힘이 잘 들어가지 않았습니다. 몸이 아픈 것은 아니었는데 일어나기까지가 유난히 힘들게 느껴졌습니다.

'오늘 하루만 좀 늦게 갈까?…'

머릿속에 이런 생각이 스치자 곧바로 다른 생각이 떠올랐습니다.

'대표가 이 생각을 하는 날, 사무실 공기도 같이 늦어진다.'

익숙한 습관이 몸을 먼저 끌어 올렸습니다. 세수하고, 셔츠 깃을 한번 정리하고, 거울 앞에 섰습니다. 얼굴은 예전보다 조금 더 단단해 보이기도 했고, 어딘가 지쳐 있는 것 같기도 했습니다.

"그래도 오늘 할 일은 오늘 끝내자."

혼잣말처럼 중얼거리고, 넥타이를 매는 손을 한 번 더 조였습니다.

사무실에 도착하니 7시가 조금 안 된 시각이었습니다. 복도 불을 켜고, 사무실 문을 열어 안으로 들어가니 밤새 식은 공기가 먼저 맞이했습니다. 예전 같으면 곧장 커피머신으로 갔겠지만, 오늘은 의도적으로 순서를 바꿨습니다. 제 자리에 가서 의자에 앉아, 잠시 눈을 감았습니다.

‘사무실을 지키는 일보다 먼저 나를 세우는 일이 오늘의 첫 번째다.’

요즘 들어 이런 생각이 자주 들었습니다. 상가 강의도, 박문각 강의도, 세종박문각 학원 운영도, 상가 중개 실무 상담도, 겉으로만 보면 모두 잘 돌아가는 것처럼 보였지만, 그 중심에 서 있는 ‘나’라는 사람은 어느 순간부터 늘 한계치 근처를 오가고 있었습니다.

“대표님은 원래 체력이 좋으시잖아요.”

사람들은 이렇게 말했지만, 체력으로 버티는 경영은 오래가지 못합니다. 그래서 언젠가부터 저는 스스로 이렇게 묻기 시작했습니다.

‘오늘은 어디까지가 내 책임이고, 어디서부터는 내려놔야 하는가?’

커피머신을 켜고, 머신에서 나는 예열 소리를 들으면서 컵을 꺼내 놓았습니다. 첫 잔은 늘 제가 마셨지만, 이 시간의 커피는 카페인이 아니라 ‘속도 조절’에 가까웠습니다. 컵에 커피가 떨어지는 소리를 들으며, 저는 그동안 써붙여온 작은 문장들을 떠올렸습니다.

〈감정이 먼저가 아니라, 기준이 먼저〉

〈사무실을 키우려면, 먼저 나를 점검〉

〈함께 성장하는 구조가 시장보다 오래간다〉

사실 이 문장들은 직원들을 위해 쓴 것 같지만, 하루에도 몇 번씩 제 자신에게 들려주는 기준이기도 했습니다. 대표가 무너지면 사무실도 같이 흔들립니다. 그것은 누구나 아는 사실입니다. 그런데 요즘 들어 이 질문이 조금 달라졌습니다.

‘대표가 단단하다는 것은 결국 어떤 상태를 말하는 것일까?’

목소리를 크게 내지 않는 것? 힘든 티를 내지 않는 것? 언제나 해결

책을 갖고 있는 것? 그게 전부가 아니라는 것을 저는 중개 현장과 강의장을 오가며 눈으로 확인해왔습니다. 진짜 단단한 대표는 '버티는 사람'이 아니라, 매일 자신을 조금씩 단련시키는 사람이라는 것을 조금씩 깨닫고 있었습니다.

8시가 조금 넘었을 때 복도에서 발소리가 들렸습니다.

"대표님, 좋은 아침입니다."
오늘도 제일 먼저 도착한 사람은 정민우 본부장이었습니다.
"일찍 왔네요."
"대표님보다 일찍 오기는 힘듭니다."

정 본부장이 웃으면서 가방을 내려놓더니 컵을 들고 커피머신 앞에 섰습니다.
"대표님, 오늘은 표정이 조금 다르신데요. 조금 피곤하신 건 아닙니까?"
"어제 조금 늦게까지 정리하다 보니 그렇네요. 그래도 컨디션 체크는 잘했습니다."
"컨디션 체크요?"
"네. 이제는 매출보다 먼저, 제 마음과 몸 상태를 점검하는 것을 하루 일정 맨 앞에 올렸습니다."

정 본부장이 고개를 끄덕였습니다.
"그게 결국 사무실 전체의 컨디션과 연결되니까요."

조금 뒤, 유서연 이사가 들어왔습니다.
"대표님, 오늘은 강의 없으시죠?"
"네, 오늘은 사무실 풀타임입니다."

“잘됐습니다. 오늘 오후에 직원들하고 짧게 ‘루틴 점검’ 시간을 한번 가져보면 좋겠다 싶어서요.”

“어떤 내용입니까?”

“요즘 다들 자기만의 리듬을 만들려고 애쓰는데, 그것을 한 번씩 나눠 보면 좋겠다 싶었습니다. 예를 들면, 누구는 아침에 콜백부터 하는 스타일, 누구는 먼저 계약서 검토로 머리를 깨우는 스타일, 누구는 블로그를 쓰고 시작해야 입이 풀리는 스타일 등… 각자 자기 방식이 있는데, 서로 공유하면 도움이 될 것 같아서요.”

저는 그 말을 듣고 문득 이런 생각이 들었습니다.

‘대표의 루틴을 만드는 것만큼 직원들이 자기 루틴을 찾도록 도와주는 것도 내 역할이겠구나.’

경영은 사무실을 조율하는 일이지만, 그 출발점은 늘 ‘나’입니다. 내 말투, 내 표정, 내 생활 리듬, 내 회복 방식. 제가 무너진 상태에서 직원들의 루틴을 세운다는 것은 앞뒤가 바뀐 일입니다.

점심시간이 가까워졌을 때 김경미 과장이 두꺼운 파일을 들고 들어왔습니다.

“대표님, 잠깐 시간 괜찮으십니까?”

“그럼요. 앉으시죠.”

경미 과장은 파일을 펼치더니 몇 장의 표를 보여줬습니다.

“요즘 대표님께서 ‘나를 점검하는 기준’을 많이 말씀해주시니까, 저도 숫자 쪽에서 대표님을 도와드릴 수 있는 부분이 있을까 해서 조금 정리해봤습니다.”

종이에는 예전처럼 매출·지출만 적혀 있는 게 아니었습니다. '대표 일정 패턴 분석', '강의 일과 사무실 일의 에너지 사용량 비교', '한 달 기준, 대표 부재 시간 대비 사무실 처리 건수' 이런 제목들이 붙어 있었습니다.

"경미 과장, 이건 뭐라고 봐야 합니까?"

"대표님의 현재 상태를 숫자로 한번 보여드리고 싶었습니다. 솔직히 말씀드리면, 지금은 '대표님이 조금 과하게 쓰고 계신 구간'이 꽤 많습니다. 강의, 상담, 내부 회의, 외부 미팅까지 거의 빽빽하게 붙어 있어서 중간에 숨 쉴 틈이 별로 없습니다. 이 상태가 계속되면 대표님이 지치고, 대표님이 지치면 사무실 전체 리듬도 1~2개월 뒤에는 반드시 영향을 받을 겁니다."

유 이사가 조용히 거들었습니다.

"대표님, 저도 비슷한 생각을 했습니다. 요즘은 대표님이 직접 현장에 안 나가시고 경영과 코칭에 집중하시다 보니, 표면적으로는 대표님이 덜 뛰는 것처럼 보이지만, 실제로는 머리를 쓰는 강도가 예전보다 높아지신 것 같습니다. 그래서인지 대표님 눈빛이 요즘 더 예민해진 날이 간혹 있습니다."

정 본부장도 고개를 끄덕였습니다.

"대표님께서 힘드시면 저희도 자연스럽게 긴장하게 됩니다. 그게 항상 나쁜 것은 아니지만, 너무 자주 반복되면 피로가 쌓이는 것 같습니다."

세 사람의 말을 듣고, 저는 잠시 말을 멈췄습니다.

'지금 이 대화가 누군가에게는 불편할 수도 있겠구나.'

하지만, 대표에게 이런 말을 해줄 수 있는 사람들이 있다는 것은 사무실의 건강함을 보여주는 신호이기도 합니다. 저는 천천히 말을 꺼냈습니다.

"그러면 이렇게 해봅시다. 앞으로 3개월 동안 저도 '저를 단련하는 루틴'을 공식적으로 점검해보겠습니다. 첫째, 한 주에 하루는 강의와 외부 일정을 잡지 않겠습니다. 그날은 오로지 사무실 안에서 생각 정리와 코칭에만 쓰겠습니다. 둘째, 저만 알고 있던 기준들을 문장으로 정리해서 매주 한 번씩 여러분께 공유하겠습니다. 이것을 '대표 노트'라고 부르죠. 셋째, 제가 감정이 올라갔을 때 무조건 10초는 말을 비우겠습니다. 그 10초 사이에 '이 말을 해서 누가 상처받을까? 이 한마디가 오늘 누구를 살릴까?'를 한 번만 생각해보겠습니다."

직원들이 조용히 듣고 있었습니다.

"경영은 사무실 사람들을 단련시키는 일이 아니라, 먼저 대표인 제가 저를 다듬는 일이라는 것을 요즘 들어 더 많이 느끼고 있습니다. 나부터 단단하지 않으면 아무리 좋은 시스템을 깔아도 어느 순간 틈이 생깁니다. 그래서 오늘부터 제가 제일 먼저 단련해야 할 사람은 대표인 김명식입니다."

정 본부장이 웃으며 말했습니다.

"대표님, 이거 거의 저희 앞에서 새해 다짐을 발표하시는 수준인데요."

"그럴 수도 있죠. 하지만 이런 약속은 혼자 마음속으로 하는 것보다 같이 듣는 사람들 앞에서 이야기하는 게 훨씬 효과가 있습니다. 여러분이 제 거울이 되어줄 테니까요."

회의가 끝나고, 직원들이 각자 자리로 돌아간 뒤에도 저는 한동안 회의실에 남아 있었습니다. 창밖을 보니 세종 하늘이 서서히 저물어가고 있었습니다. 강단 위에서 공인중개사들에게 했던 수많은 말들이 머릿속을 스쳐 지나갔습니다.

"계약은 기술이 아니라 사람이 사람을 믿게 만드는 과정입니다."
"상가 중개는 조건보다 '대표와 사무실의 신뢰'로 결정됩니다."

그리고 속으로 하나를 더 덧붙였습니다.
"경영은 사무실을 관리하는 일이 아니라, 매일 나를 다시 세우는 연습입니다."

정말 그렇습니다. 나를 단련하는 일은 근육을 키우듯 한 번에 확 달라지는 게 아닙니다. 아침마다 아주 작은 선택 하나를 바꾸고, 짧은 말 한 줄을 삼키며, 힘들어 보이는 직원 어깨에 한마디를 더 얹어주고, 하루를 마감할 때 오늘 잘한 것 하나와 내일 고쳐 볼 것 하나를 적어 보는 일. 이런 자잘한 움직임들이 시간을 만나 대표라는 사람을 만들어갑니다. 그리고 그 대표의 얼굴이 곧 사무실의 분위기가 되고, 그 사무실의 공기가 결국 시장에서의 '수명'을 정합니다.

불을 끄기 전에, 저는 제 책상에 앉아 오늘의 한 줄을 적었습니다.
〈사무실을 지키는 힘은 결국 '나를 단련하는 습관'에서 나온다.〉

볼펜 끝에서 나온 글자가 종이 위에 또렷이 박혔습니다. 이것은 누구에게 보여주려고 쓰는 문장이 아니라, 내일 아침에 눈을 비비고 다시 사무실 문을 열 그 김명식이라는 사람에게 건네는 약속이기도 했습니다. 경영은 결국 외부와 싸우는 일이 아니라 매일 나 자신을 설득하고, 다시 세우고, 조금씩 단단하게 만드는 일입니다. 그렇게 단련된 대표가 서 있는 사무실은 시장이 어떻게 흔들리든 쉽게 무너지지 않습니다. 그리고 저는 오늘도 그 방향으로 한 걸음씩 걸어가고 있을 뿐입니다.

사무실을 움직이는 한 문장

결국 사무실 경영은 타인을 통제하는 기술이 아니라, 매일 조금씩 나를 갈아 끼우는 조용한 훈련이다.

사무실이 나를 키웠고,
나는 이제 사무실을 넘어 사람과 삶을 경영한다

연말이면 늘 그렇듯 달력부터 눈에 들어옵니다. 하단에 조그맣게 적힌 숫자들이 거의 끝을 향해 가고 있을 때, 사무실 안 공기에도 묘한 정리가 시작됩니다.

그날도 그랬습니다. 퇴근 시간이 훌쩍 지났는데도 불이 꺼지지 않은 공간은 대표 책상 앞뿐이었습니다. 정민우 본부장, 유서연 이사, 김경미 과장까지 모두 돌아가고, 청소가 끝난 사무실은 유난히 넓어 보였습니다.

'이제 진짜 한 해가 끝나는구나.'

책상 위에 펼쳐 둔 노트를 덮으려다가 저는 잠깐 멈췄습니다. 한 해를 보내는 기분이 예전하고는 조금 달랐기 때문입니다. 예전에는 '살아남았다'라는 안도감과 '내년에 또 버텨야 한다'라는 부담감이 뒤섞여 있었다면, 최근 몇 년 사이에는 그 두 감정 사이에 다른 감정이 하나 더 끼어들었습니다.

'그래도 조금은 나아졌다. 사무실이, 사람들이, 그리고 나 자신이.'

중개 현장에 처음 나왔을 때만 해도 저는 '계약'만 알았습니다. 손님을 모시고 다니며 설명하는 일, 눈앞에서 오가는 숫자를 맞추는 일, 계약서를 작성하고, 잔금을 맞추는 일. 공인중개사라면 당연히 알고 있어야 하는 것들, 시험공부와 실전 경험으로 충분히 채울 수 있는 영역에 온 힘을 쏟았습니다. 그런데 어느 순간부터 계약이 늘어날수록 마음은 오히려 불안해지는 이상한 시기를 통과하게 됐습니다.

'이 정도면 잘하고 있는 것인가?'
'사무실은 왜 이렇게 늘 정리가 안 된 느낌이지?'
'직원들 표정은 왜 저렇게 각자 다른 방향을 보고 있는 것 같지?'

'계약'이라는 단어로는 설명이 안 되는 일들이 사무실 안에서 벌어지기 시작했습니다. 누군가는 성과가 좋은데 지쳐 있었고, 누군가는 열심히 하는데 늘 뒤처지는 기분을 느꼈으며, 누군가는 조용히 준비하는데 존재감이 희미해 보였습니다. 그리고 그 한가운데에 늘 대표인 제가 있었습니다.

교육을 할 때면 강의가 끝난 뒤 이런 질문을 자주 듣습니다.
"대표님, 상가 중개 기술 말고… 사무실은 어떻게 운영하십니까?"

서울의 어느 구에서, 지방의 어느 도시에서, 강의장마다 비슷한 질문이 반복됩니다. 그때마다 저는 한 번씩 웃고 나서 이렇게 되묻습니다.
"지금 제일 힘드신 게 뭡니까? 돈입니까? 사람입니까? 아니면 나 자신입니까?"

대부분은 잠시 망설이다가 결국 이런 식으로 답합니다.
"사실은… 셋 다입니다."

사무실 경영이라는 말은 거창하지만, 현장에서 만나는 공인중개사들의 고민은 놀랄 만큼 비슷했습니다. 매출은 오르내리는데 통장은 늘 빠듯하고, 손님은 들쑥날쑥한데 직원의 마음은 잘 읽히지 않고, 강의나 책에서는 '리더십', '시스템', '브랜딩' 같은 말만 쏟아집니다. 사무실 책상 위에는 집합건물 규약, 임대차 계약서, 각종 안내문과 고지서만 쌓여 있는 현실이고요.

그래서 저는 이 네 번째 책을 '완벽한 정답'을 제시하는 책이 아니라, 사무실이라는 좁고도 넓은 세계 안에서 실제로 고민하고 부딪히며 조금씩 길을 만들어온 이야기로 채워 보고 싶었습니다.

이 책의 첫 장을 쓰던 날이 떠오릅니다. 아침 일찍 6층 사무실 문을 열고 들어왔을 때, 가장 먼저 눈에 들어왔던 것은 책상 위 서류도, 컴퓨터 화면도, 매출표도 아니었습니다. 조용히 걸려 있던 직원들 코트, 각자 자리에 놓인 컵의 위치, 아무도 없는 공간에서 풍기는 어느 정도의 긴장과 어느 정도의 편안함이었습니다. '아, 사무실도 얼굴이 있구나'라는 것을 그때 깨달았습니다.

그리고 그 얼굴을 결정하는 것은 결국 대표인 나라는 사실을 외면할 수 없었습니다. 어떤 날은 제가 너무 예민해져서, 아무렇지 않게 던진 한마디에 직원들이 동시에 조용해지던 날도 있었습니다. 어떤 날은 제가 먼저 웃으며 실패담을 털어놓은 덕분에, 마음속에 쌓여 있던 이야기들이 한꺼번에 쏟아져 나오기도 했습니다. 그 차이를 만드는 것은 그날 시장 상황이 좋았느냐, 나빴느냐가 아니었습니다. 그날 아침, 제가 어떤 마음으로 사무실 문을 열었는지, 어떤 표정으로 첫 사람을 맞이했는지, 어떤 목소리로 첫 질문을 던졌는지였습니다. 경영은 거창한 전략이 아니라 이런 생활의 디테일에서 시작됩니다.

정민우 본부장이 어느 날 이런 말을 했습니다.
"대표님, 예전에는 사무실이 그냥 '일하는 곳'이었는데, 요즘은 '내가 어떤 사람이 되어가는지 보이는 곳' 같다는 생각이 듭니다."

그 말을 듣고 저는 마음속으로 한참을 곱씹었습니다.
'사무실에서 보내는 시간이 사람을 깎아내는 시간이 아니라, 사람을 다듬어가는 시간이 됐으면 좋겠다.'
그게 요즘 제가 가지게 된 가장 큰 바람입니다.

유서연 이사도 슬며시 한마디를 붙였습니다.
"예전에는 계약서가 쌓이는 게 기뻤다면, 요즘은 사람들이 자기 이름으로 계약서를 쓰는 것을 보는 게 더 좋습니다. '사무실이 크다'라는 것은 건물 넓이가 아니라 사람의 폭이 넓어지는 거구나, 그렇게 느끼는 요즘입니다."

대표인 제가 보고 싶은 장면은 어쩌면 이것입니다. 어느 날 갑자기 매출이 폭발하는 그래프보다, 각자의 이름 아래 작지만 단단한 변화가 조금씩 쌓여가는 장면. 처음에는 떨리는 손으로 계약서를 쓰던 사람이 이제는 자신의 기준으로 당당히 중개보수를 설명하고, 처음에는 고객 앞에서 말을 더듬던 사람이 이제는 조용하지만 확신 있는 눈빛으로 "이 물건은 이 점 때문에 괜찮습니다"라고 말하는 모습. 그런 장면들이 모이면, 그 사무실은 이미 시장의 흐름과는 다른 속도를 얻게 됩니다.
이 책을 읽고 계신 분들 중 상당수는 이미 여러 번의 파도를 버텨 온 분들일 것입니다. 잔금 당일, 통장에 돈이 들어오는 것을 보며 한숨을 돌린 경험, 연말에 계산기를 두드려 보며 '그래도 올해 여기까지는 왔구나' 하고 스스로 토닥여 본 밤, 손님에게 친절하게 설명했는데 결국 계약은 옆 공인중개사에게 넘어가버려서 허탈했던 날, 직원에게 마음을 썼지만 어느 날 갑자기 인사도 없이 사라져 떠나보낸 기억.

이런 순간들이 쌓이면 사람은 누구나 조금씩 단단해지기도 하지만, 어느 지점에서부터는 '이제는 진짜 지친다'라는 벽에 부딪히기도 합니다. 그 벽 앞에서 필요한 것은 대단한 동기부여 문구가 아니라, '그래도 나는 여기서 한 번만 더 나를 단련해보겠다'라는 조용한 결심 한 줄입니다.

오늘 나의 말투를 한 번 더 돌아보고, 오늘 나의 표정을 한 번 더 점검해보며, 오늘 나의 기준을 한 줄 더 분명하게 적어 보는 일. 그렇게 작은 연습을 매일 반복하는 대표는 눈에 띄지 않게 달라지지만, 그 변화는 시간이 지나면 사무실 전체의 공기에서 드러납니다.

어느 겨울밤, 교육을 마치고 내려오는 길에 한 수강생이 조용히 다가와 이렇게 말한 적이 있습니다.

"대표님, 저는 지금 사무실이 두렵습니다. 나가면 손님을 만나야 하고, 들어오면 직원 얼굴을 봐야 하고, 집에 가면 가족을 마주해야 하는데, 요즘은 그중 아무것도 자신 있게 할 수가 없습니다."

그 말에 저는 한동안 같이 침묵했습니다. 그리고 이렇게 말을 꺼냈습니다.

"지금 그 감정을 느끼고 계신 것 자체가 이미 경영을 시작했다는 증거입니다. 사무실이 두렵다는 것은 결국 나에게 실망하고 있다는 뜻이고, 나에게 실망한다는 것은 무언가를 바꾸고 싶다는 마음이 생겼다는 뜻이니까요. 이 책은 그 바꾸고 싶은 마음을 조금 덜 외롭게 만들기 위해 쓴 책입니다."

저는 완벽한 경영자가 아닙니다. 지금도 실수하고, 감정이 흔들리며, 어떤 결정 앞에서는 몇 번이고 서성입니다. 다만, 예전과 다른 게 있다면 이제는 그 모든 과정을 '나를 단련시키는 과정'으로 받아들이기 시작했다는 점입니다. 그리고 그 과정에서 사무실과 사람들이 함께 자라나는 모습을 보게 됐습니다.

이 에필로그까지 함께 읽어 주신 당신께 마지막으로 한 가지만 권하고 싶습니다. 이 책을 덮는 오늘, 당신만의 한 줄을 써 보셨으면 합니다.

'나는 어떤 사무실을 만들고 싶은 사람인가.'

길게 쓰지 않아도 좋습니다. 멋있는 말일 필요도 없습니다.

'오늘보다 조금 덜 흔들리는 사무실.'
'사람 냄새 나는 공간.'
'함께 버텨도 될 것 같은 곳.'

어떤 표현이든 상관없습니다. 중요한 것은 그 문장을 쓰는 동안 당신의 마음이 향하는 방향입니다. 그 방향을 잊지 않고, 아침마다 조금씩 그쪽으로 몸을 돌린다면, 지금 이 순간, 당신이 어디에서, 어떤 크기의 사무실을 운영하고 있든, 그곳은 분명히 '경영되고 있는 사무실'이 될 것입니다.

사무실이 저를 키웠고, 저는 이제 사무실을 넘어 사람과 삶을 경영하려고 합니다. 그리고 이 책을 읽고 있는 당신 역시 어느 날, 비슷한 문장을 자신만의 언어로 적게 되기를 진심으로 응원합니다.

공인중개사,
사무실을 경영하지 못하면 끝이다!

제1판 1쇄 2026년 1월 30일

지은이 김명식
펴낸이 한성주
펴낸곳 ㈜두드림미디어
책임편집 최윤경
디자인 김진나(nah1052@naver.com)

㈜두드림미디어
등 록 2015년 3월 25일(제2022-000009호)
주 소 서울시 강서구 공항대로 219, 620호, 621호
전 화 02)333-3577
팩 스 02)6455-3477
이메일 dodreamedia@naver.com(원고 투고 및 출판 관련 문의)
카 페 https://cafe.naver.com/dodreamedia

ISBN 979-11-24026-25-0 (03320)

책 내용에 관한 궁금증은 표지 앞날개에 있는 저자의 이메일이나 저자의 각종 SNS 연락처로 문의해주시길 바랍니다.

책값은 뒤표지에 있습니다.
파본은 구입하신 서점에서 교환해드립니다.